交易之路

如何构建
属于自己的投资体系

★

陈凯
（诸葛就是不亮）
/
著

中信出版集团 | 北京

图书在版编目（CIP）数据

交易之路：如何构建属于自己的投资体系 / 陈凯著
. -- 北京：中信出版社，2019.11（2026.1重印）
ISBN 978-7-5217-1107-3

Ⅰ. ①交… Ⅱ. ①陈… Ⅲ. ①投资—基本知识 Ⅳ.
①F830.59

中国版本图书馆CIP数据核字（2019）第218261号

交易之路——如何构建属于自己的投资体系

著　　者：陈　凯
出版发行：中信出版集团股份有限公司
（北京市朝阳区东三环北路27号嘉铭中心　邮编　100020）
承 印 者：北京通州皇家印刷厂

开　　本：880mm × 1230mm　1/32　　印　　张：13　　字　　数：320千字
版　　次：2019年11月第1版　　印　　次：2026年1月第19次印刷
书　　号：ISBN 978-7-5217-1107-3
定　　价：68.00元

做自己的王

献给有志于以交易为生的人们

目　录

初级课程

第一章　如何跳出散户思维

第二章　如何正确理解投机

第三章　如何正确认识自己

中级课程

高级课程

序　言

这是一个专业的时代。浑浑噩噩地参与，稀里糊涂地尝了点甜头，着急忙慌地搬了家当进来，咔嚓一刀，韭菜被割。大多数人还是想做一棵坚强的韭菜，但只有极少数人可以不断进化，在实践中找到自己的位置，找到属于自己的交易模式、赢利模型，最终在这个市场中稳定赢利，成为自己的王。

我有将近20年的交易生涯，这几年一直在培育人才。从交易员到分析师，甚至心理按摩师，我这一路走来感受太多。交易之路从不平坦，有自己的摸索，有同行的交流，有专家的点评，也有师长和前辈的指引。

本书内容来自我2015年在“跟谁学”的在线讲座，关键是如何应用，有兴趣的读者可以参看讲座视频。

本书出平装本，我反复思考过很久。

我以前做过一个精装本，大都作为赠品给我的学生，要么用于收藏，要么作为训练营学习的教材。因为交易本身是非常个性化的东西，我非常担心原本不适合交易的人，拿到这本《交易之路》，误认为这条路十分轻松，结局十分惬意，于是贸然地开始，最后以失败结束。因为这条路的弯路太多了。

我坚定不移地认为我们站在历史的拐点上，属于中国资本市场的时代一定会到来，而且已经慢慢在靠近。资产管理的大时代也终究会跟随而来，绝大多数的人都会面对一个与过往截然不同的股市，我们还是要不断学习，不断探索。假如可以对想从交易中获利的人有所帮助，那我们还是应该前进一步，力争在书中把对各种交易的思考、交易体系的建立，以及交易技巧的学习全部厘清并展示给更多的人。

交易之路，我们一路同行。

初级课程

★

第一章

如何跳出散户思维

第一节　市场种类

我们的市场包括股票市场、期货市场、金融衍生品市场、债券市场，以及其他有特点的金融工具（可转债、分级基金）市场。我们市场最大的特点是散户众多。

一、股票市场简介

（一）A 股双向扩容

我们参与最多的是 A 股市场，A 股市场以散户为主，中户、大户都有。机构这些年发展非常快，因为 A 股市场迎来了双向扩容时代。所谓双向扩容，就是上市公司涌现，机构投资者也大量出现，整个过程伴随着两轮大的牛熊市。

1. 第一轮牛熊市

第一轮牛熊市是从 2006 年开始的。那一轮大牛市，大部分上市公司解决了股权分置问题，实现了全流通；大部分央企与国有银行实现了上市。从 2007 年开始，A 股已经变成了宏观经济的晴雨表。过去，因为大部分股份不能流通，股市和实体经济还没太大的关联。

2. 第二轮牛熊市

第二轮牛熊市，实际上是从创业板开始的，以 2009 年创业板挂牌、股指期货上市为标志，这是另外一次双向扩容。这次双向扩容与上一次的双向扩容已经不一样了。不一样在哪儿？上一轮牛市的双向扩容，实际上对散户没有特别大的伤害，而这一轮牛市的双向扩容，对散户的伤害是很大的。我在很多场合都说过，这是一个非常残酷的去散户化过程。

（二）去散户化过程

这个去散户化的过程主要体现在以下几个方面。

1. 金融衍生工具的出现

金融衍生工具出现之后，会产生更多的交易手段，以及更加复杂多变的对冲方法。对于这些方法，一般的小散户完全不具备操作条件，也没有这样的操作思维。

我在证券公司做了很多年的业务，2001—2002 年的时候，上海证券交易所交易大厅的股民主体，基本上是四五十岁的大妈。这些大妈很可爱，自称阿姨，管你叫小阿弟。2009 年之后，这群人的日子其实是比较难熬的，因为她们的知识层次到此为止，很难提高。这是去散户化的一个特点：这批人基本上“牺牲”了。

2. 市场结构和力量对比发生了改变

这原来是一个纯散户的市场，现在变成了一个散户很多、散户的力量很弱同时又很容易被引导的市场。这就导致所谓的“割韭菜”是割不完的。大量的“新鲜韭菜”怎么都能长起来。所以，不管什么样的操作方式，只要能够吸引人群从一边往另外一边去，总是能够获得比较大的收益。

3. 监管层的过度保护

我们的监管层对于散户的保护是过度的。我这么说可能很多人不同意，但实际上你参与过海外市场交易就会知道，中国的股市也好，证监会也好，对于散户实际上是过度保护的。

以最简单的兜底为例。我们的股民赔钱了，有人把证券公司的营业大厅砸了；有人跑到上交所门口裸奔，举个牌子，上面写着“还我血汗钱”；有人分级基金做亏了，跑到证监局门口拉横幅；超日债违约，那不行，得围着奉贤区政府好好地闹。“只要赔钱了，你就得赔给我，因为我相信的是政府。”这些事情只有在中国才可能出现，在别的地方是不可能的。

我印象比较深的，大概是 2007 年，南京的一个营业部，有个老太太，本来要买茅台股份，结果买了茅台的权证。这个权证实际上是一个认沽权，最后赔得什么都没有了。最终，券商把钱赔给了这个老太太。过度保护导致去散户化过程始终没有加速。以我个人的推断，去散户化过程，在今后的许多年中，会是一个非常残酷的过程。因为我们已经进入了金融衍生品大发展的时代。

二、期货市场简介

期货市场本身是一个小众市场，商品期货这几年在一点点萎缩。大概 100 个投资者里也就几个人在做商品期货。由于金融期货的大发展，商品期货在整个期货行业的占比越来越小。

本身期货行业的地位就不如证券行业，银行是很强势的，券商次一级。券商大量收购期货公司，这就导致整个期货行业越来越边缘化。目前，中国共有 4 家商品期货交易所和 1 家金融期货交易所（上海期货交易所、大连商品交易所、郑州商品交易所、上海国际能源交易中心，以及中国金融期货交易所）。

商品期货的市场结构相对来讲是比较稳定的，参与人群都是很固定的，都是非常成熟的投资者，有很好的风险承受能力。这种风险承受能力体现在好多方面，比如说他们赔钱了从来不闹。

在国内市场，大家的风险承受能力是不一样的。买房的人是最脆弱的，一看房子还没拿到手，房价已经每平方米跌 1 万元了，立刻把售楼处砸了。股民其次，是围攻证监会的。最稳定的，反而是这些做商品的真正意义上的“赌徒”，做的东西也更加专业。商品本身是研究供需的，股票更多的是讲预期。

商品市场的参与结构近些年发生了一些变化，最典型的就是各种对冲基金越来越多。2013 年是中国对冲基金的发展元年，国内对冲基金这几年快速发展，从最初的一些结构化的东西，陆续发展到伞型，基金行业在不断壮大。这种情况最先出现在期货市场，一点都不让人意外。因为国内的期货资管，这几年水平确实很高。

我之前在香港，跟当地的朋友聊天的时候，他们问我：“你们做商品，大概一年的收益能有多少？”如果我们做无风险收益、低风险收益的商品的话，一年有 20% 的收益率就觉得还可以。我告诉他们大概一年有 20% 的收益率吧，但说这个的时候，我感觉有点惭愧，因为内地很多做商品的，爆发力很好、很稳健，能把收益率做到百分之四五十、百分之五六十，甚至百分之七八十。而境外的同行觉得，这太不可思议了。他们一年的收益率也就只有百分之三点几或百分之四点几，还不如一根中阳线，这在内地根本就没人看。

三、金融衍生品市场简介

在中国证券市场，衍生品的出现是从2010年开始的。2010年的4月是我国证券市场发展具有里程碑意义的时刻。从这个角度考虑，我认为应该感谢尚福林。他在任期内，解决了两个最大的问题：第一是股权分置的问题，他把中国上市公司原来大部分不能流通的股份变成了可以流通的股份；第二是开创了中国证券市场的衍生品时代，股指期货就是他主推的。

1.股指期货简介

什么是股指期货呢？它是基于股票现货的一个指数期货。人们对于股指期货的争议曾经非常大，证券交易所曾发布公告，要求提高沪深300、上证50、中证500股指期货的保证金，并上调其手续费。我的观点其实是比较鲜明的：期指是中性的，有多就有空，有空必有多，我开了一张空单，那么肯定有一个人拿了相应的一张多单，因为多空是平衡的，不存在我可以利用期货去怎么样的问题，但这些都是理论上的东西，实际情况可能并非如此。

股指期货之所以让大家看不懂，是因为它贴水比较大。举个例子，现货如果是3 000点，而期货只有2 800点或者2 900多点，这么大的贴水意味着什么？这么大的贴水就相当于空头说，我俩一起跑400米，我先让你跑50米，然后我再跑，照样比你跑得快。你可以认为这是空头很嚣张、很自信，也可以认为它是龟兔赛跑里的那只兔子，它在犯错误，这两种观点都可以。你如果觉得自己是后者，那应该去做多；你如果觉得自己是前者，想跟着他一起做，那就去做空；你如果觉得这个性价比不高，也可以不做。

实际上，金融衍生品在全球市场范围内，交易是非常活跃的。现在网上对于期指的印象有点“过街老鼠”的感觉，我认为网上的这种观点是比较幼稚的。衍生品与指数之间其实是相对的，并没有一定的多或者空的属性，它仅仅是一个衍生品。2015 年 5 月之前，那种迅猛的上涨，也包含了期指的作用。它为什么会涨？为什么有那么大的升水，它还在涨？而存在这么大贴水时，它反而在跌？这里有不同的交易情绪。

2.期权简介

目前，国内的金融衍生品主要还是期指。期权当下的情况不是特别活跃，但是也有资金投向期权，这可能跟国内的期指逐渐被限制有关。因为不让做期指，大家就去做期权。不论期权还是期指，对于个人户门槛都是比较高的。这样就衍生出来很多地下交易场所，在这里我提醒大家，不要去这种地方。

四、债券市场简介

从业之初，我是研究债券的。债券，还有一个学术名称叫固定收益。为什么叫固定收益？就是你在买债券的时候，其实已经知道了会获利多少，或者亏损多少。但是，我们一般不会看到亏损还去做。也就是说，债券实际上是一个知道起点、知道终点的品种。那么，债券的风险在哪里？风险在过程。交易债券需要的专业知识更多一些，受宏观经济的影响也更大一些。

五、可转债和分级基金

还有一小类是比较有特点的一些品种，在我们国内市场上也是很特别的：一个是可转债，一个是分级基金。

1. 可转债简介

可转债这个品种只有中国有，海外市场是没有的。可转债表面上是债券，但也有转股的性质，类似于一个带有认股权证的债券。这个认股权证，到底值多少钱是由市场博弈决定的。从历史数据来看，可转债价格在存续期内很少有低于160元的时候，一般都会高于130元。为什么会出现这种情况？因为可转债的存续期基本上都是5～8年，那么在这5～8年里，只要有一次牛市，这只可转债基本上就“上天”了。

2.分级基金简介

分级基金是这几年新出现的。这个品种的争议也比较大，大家都认为分级基金B份额的下折会导致很多人莫名其妙地亏损。其实，这还是因为交易的人没有研究透它，研究透的话，可以发现这些分级基金其实有很多玩法。

比如，我现在做现货，买现货抛期指锁定，同时把现货的拟合用分级基金来做，根据基金仓位进行调整。这样的话，我在分级基金上可以用A加B的溢价或折价来进行相应的套利，只要我的资金足够多，周转足够快，其实是无风险的。分级基金套利，每年裸套大概能套出12%以上的收益率，对于大额资金管理，非常有吸引力。

第二节 交易方法

眼下全市场的交易方法，基本有四大类：投机、套利和对冲、无风险套利、固定收益。

一、投机简介

以我自己的经验来看，投机的本质就是“赌”。大家要意识到这个问题。以前有个朋友说他想带一些交易员，问我怎么选。我说：挺简单的，找七八个你觉得不错的，带他们进场，一人给200元让他们去“赌”，然后观察他们。如果有的人一把全投进去，这种人不管输赢都不能要。为什么呢？太富于冒险精神。我们去“赌”，一定要站在一个角度，不能输到底地“赌”。一共200元，一把梭[①]，后面怎么办？还有的人一直在看，一直都不敢下，这种人也没什么前途，他没有找到方法。真正有前途的是一直在看，看完之后，买了10元，又买了20元，当他认为对的时候，把剩下的钱全部押上去了。这种人是非常有前途的，哪怕这次测试输光了，也值得大力培养。投机的本质就是“赌”，就是看风险收益比。

那么，风险收益比怎么样才符合我们的风险收益要求？这是我们在投机时最关心的。有一句话，我经常跟学生们说：小行情小做，大行情大做。什么意思？你要识别这个机会到底是一个好机会，还是一个坏机会，或者是一个可以不要的机会。如果小行情做得很大，你会很吃力，挣不到钱，还要冒很大的风险。而大行情做得小，则

① “一把梭”的说法起源于纸牌游戏，意思是把全部筹码都押上，胜负在此一局。——编者注

意味着明明可以挣很多钱，你却赚了一点点，这也很痛苦。这是一个怎么识别机会的问题。投机也是最简单的：一买一卖。低买高卖，手上有股份上午卖下午买，或者是买自己有的股票，买完之后再卖……这么多投机的类型，里面又分短线、中线（波段）、长线。

1. 短线

短线的特点是快。短线的“短”，体现为持股时间短。持股时间短是必然吗？不是的。你今天买了，涨停了，明天开盘又一字板，后天还是一字板，如果它能涨 30 天涨停板，你真的可以拿 30 个涨停板，但前提是你知道自己在做什么。

我过去有一个同事，以每股 3 元多的价格买的山东金泰，该股票一路涨停板，每股涨到 22 元。股价涨到 16 元的时候，我曾对他说：如果我是你，早卖了。后来股价从 22 元回落下去，人生大梦一场。这实际上体现了他的交易策略和交易思路。

如果你是做短线的，你的初衷就是短线，那你的交易角度就应该着眼于短线。对于短线,我们看什么？需要研究上市公司业绩吗？不需要。我们做短线做的是什么？做的是情绪，是短期预期，是市场感染力和传染力，说白了就是图形。图形好看，大家往上的情绪就很高；图形不好看，大家往下的情绪就很高。图形也有很多讲究，比如我们到底在做什么周期。周期几乎是短线的核心。

2. 中线

中线也叫波段。大家可以把 K 线图拉开来看，波段清晰的个股的特点是什么？是高低点的变换节奏非常有规律。

波段的重点是高低点节奏，关键是寻找阻力、压力和支撑。我们研究的是整个走势高低点的结构：是高点越来越高，还是低点越来越低；是高点变低、低点变高的夹板，还是高点变高、低点变更高的明显上升通道；是横盘整理往下去，还是往下打，打不漏又强硬地起来。

至于这家公司正常的业绩，它的 ROE（净资产收益率）是什么样的，两年之后新的投资会产生什么样的收益，这些很少体现在短线里，一般也不会体现在中线里，大部分都体现在长线里。

3. 长线

做长线的要诀是找便宜的。长线让我们赔大钱的，不是买的股票不好，而是买的股票都很好，但是买得都很贵。比如中国石油，这只股票不好吗？非常好。为什么赔钱？因为是以每股 48 元买的，要是以每股 4.8 元买，肯定不会赔钱。做长线关键是找到好价格。那么，做长线选什么样的个股？

第一，和人类的衣食住行密切相关的个股。这是人类永恒的需求，这些需求不会因为风格转变或者科技进步出现大的变化。大家可以想一想，巴菲特为什么不买科技股？因为科技更新得太快了。例如，我们现在去考察一些中概股、“互联网 +”概念的股票，你敢做长线吗？不太敢，这些股票明年这个时候说不定就不在了。

第二，行业的主流和政策重点扶持的股票。这种企业一定代表着比较主流的行业发展前景，而且多数都是政策扶持的重点。我们不可能去夕阳行业里选长线股，那等于是在沙子里面淘金。为什么不直接去金矿里面淘金呢？

第三，与同类企业的股票比贵一点点的股票。跟同类型企业的股票比，它的股票价格总是贵那么一点点。为什么会贵了一点点？因为它的气质确实跟别的公司不一样。比如我比较喜欢的医药股天士力，当年医药股整体的 PE（市盈率）都是 35 倍左右，而它是 45 倍，它后来的表现就是好。包括片仔癀，还有东阿阿胶，都是一样的。

4. 技术面

争议最大的就是技术面和基本面。先说技术面，道氏理论有三个前提：第一，市场交易价格涵盖一切信息；第二，历史会重演；第三，价格以趋势方式演变。但实际上以我个人的经验来看，历史绝对不会重演，市场的交易也不可能体现所有的信息。那么，我们应该怎么看待技术分析？

我讲一下自己的经历。2002—2004 年，我纯粹是以技术面做股票的，做得非常短，大概每天打一个来回，全部卖完，全部买完，第二天重复这样做。在这个过程中，我对技术分析的看法发生了根本性转变。我以前喜欢看一些经典技术图形和技术指标，后来我发现这些都不是关键点。那什么东西最关键？其实我们做短线，做的是市场的情绪。市场情绪激昂的时候，我们要勇敢地往里冲；市场情绪出现转折的时候，我们要敏锐地感觉到，该了结的时候要了结。

5. 情绪的技术度量

情绪有两个问题需要解决：第一个是情绪的方向，即所谓的转折点在哪儿；第二个是怎么去度量。只要解决了这两个问题，基本上短线就应该做出来了。

因为在我的交易哲学里，我认为市场是错的。如果市场是错的，那我永远都在猜测，或者说是在度量和感受市场相应的拐点，在这些拐点上，去进行一些操作。在识别拐点的时候，我用的是背离，用 MACD（指数平滑异同移动平均线）指标。当价格出新高，MACD 没出新高，我认为这是顶背离；当价格出新低，MACD 没出新低，我认为是底背离。判断 MACD 是高还是低，我用 DIF（差离值）指标，这个指标是用长的减短的或者用短的减长的，取的是绝对值，我把这个指标稍微修正一下，变成一个相对数，然后在软件上乘以 10 000，放大 1 万倍，让它看起来更清晰。

DIF 指标修正前后的公式如下。

原来的：

DIF：EMA(CLOSE，SHORT)–EMA(CLOSE，LONG)

修改后的：

DIF：(EMA(CLOSE，SHORT)–EMA(CLOSE，LONG))/EMA(CLOSE，LONG) * 10 000

有朋友说：大家都用就不起作用了。绝对不是这样，大家都用它也仍然起作用。为什么？因为很多人没有用，他们以为自己用了，其实根本没有。我们都说，截断亏损，让利润奔跑，大家都在这么做，但是有几个人做到了？根本没有人坚持。这其实关系到执行力的问题。

6. 基本面

大家思考一下，基本面是通过什么在发生作用？是通过市场情绪来发生作用的。大多数时候，事实是什么不重要，预期才重要；甚至预期也不重要，预期的转折才重要。假想一下，你有一个孩子，他在班上的学习成绩特别差，每次都考倒数第一。突然有一天，他回来跟你说：爸爸，我这次考全班倒数第二。你是不是特别开心，想好好奖励他？结果他说：主要是原来倒数第二的这次没来考试。你恨不得想抽他。这就是预期在转折，其实孩子成绩根本没变，但是你的情绪在变。

7. 技术面派和基本面派的区别

因为基本面的东西是通过预期作用到价格上的，所以，我们就有两种交易方式：第一种方式，去提前交易基本面的预期将产生的力量；第二种方式，忽略预期，直接去交易技术面发生的结果。这就是基本面派与技术面派的根本区别。

二、套利和对冲简介

1.套利

关于套利，我举个最简单的例子。2013 年广药吸收合并白云山，吸收合并价格和当时的价格刚好有偏差，如果想参与吸收合并，持有广药或者白云山的股份，那么，它俩哪个更便宜，就买哪个。永远买便宜的那个，这是最朴素的只占便宜不吃亏的套利思维。

还有更复杂一点的套利。比如，把中国石油和中国石化的历史数据都用复权价复上去，用中国石油的股价除以中国石化的股价，可以得出一个比价。因为两者的业务差不多，当它们的比价明显在上轨的时候，意味着中国石油比中国石化的股价高；反之，在下轨的时候意味着中国石化比中国石油的股价高。那么，在上轨的时候，可以把中国石油的股票换成中国石化，在下轨的时候再换过来，这样就把相对收益做成了绝对收益。

其实，这个技巧更多体现在债券上，比如重庆的某两个区发行的两只债券，这两个区大体差不多，实行的利率也一样，但是这两只债券的收益率不一样。那么在同一时间，谁的收益率高就买谁，把收益率低的卖掉，换收益率高的，这等于是在做骑乘。有网友说，分级A 的隐含收益，也可以轮动着去做。完全可以。这样的话，可以把任何大类里边有勾稽关系的相对收益，都逐步做成绝对收益。

再举个例子。在上一轮牛市刚起来，2014 年年底到 2015 年年初的时候，当时还没有上证 50 和中证 500 指数。我跟几个朋友说，如果有兴趣的话，你们现在应该买沪深 300 指数，买这个指数的ETF（交易型开放式指数基金）。当期指大升水的时候，拿现货；当期指升水回落，拿期指。这样不光做了整个指数上涨的收益，连期现套的收益也做了。

还有一些更加复杂的操作。比如，有个朋友问我：中证 500 指数贴水 10%，可不可以买中证 500 指数的期指，同时买大量的创业板，或者买中证 500 指数的 A 类分级？他的逻辑是什么呢？期指贴水 10%，允许有 10% 的下跌，如果继续下跌，整个分级基金 B类下折，就会导致 A 类涨起来。这个思路非常好，但是难点在哪儿呢？难点在于两边资金怎么配。

2. 对冲

对冲是个非常宏观的概念，我简单讲一下对冲的含义。所有的股票或者证券组合的波动，我们可以分为两个部分：跟随系统上涨或者下跌的，我们把它叫作贝塔；完全不跟随系统变化的，我们把它叫作阿尔法。因为系统性风险是我们不能控制的，所以，我们希望把系统性风险冲掉，这就是对冲。

对冲的注意事项主要有以下几点。

第一，不要为了对冲而对冲。对冲，冲的是什么？冲的是无法克服的风险，这是一个大前提。现在，很多人在盲目地做对冲，比如：有人买了点白糖，觉得自己不抛点东西心里不舒服，于是抛了点棉花；还有人买了点股指，抛了点螺纹钢。这样做对吗？也许对，但是这样对冲意义不明显。真正的对冲，一般都有很深刻的含义或者现实的逻辑。

举个例子，我觉得全世界的资金要从发展中国家向美国本土回流，基于这个大的逻辑框架，应该怎么构建一个对冲模型？构建这样一个模型是比较简单的。这些资金去美国，要去干什么？去买美国的资产。美国资产有两类：一类是债券，一类是股票。资金从东南亚市场流出，对东南亚的股市和资产不利，那我可以买美股，空东南亚股。这种对冲隐含的含义是：在比烂的情况下，发展中国家的股票不如美国的股票；在比优异的情况下，发展中国家的股票仍然不如美国的股票。比烂的情况下，发展中国家的股票更烂，比好的情况下，美国的股票更好。

对冲有时候也会体现在具体的某一个商品上。比如，我们买铁矿石和焦炭，同时抛螺纹钢，变相地做了一个虚拟的钢厂。当炼钢的盘面利润很大，我认为利润会收窄的时候，买铁矿石和焦炭，同时抛相应份额的螺纹钢，我这是在做空钢厂的利润。反之，当知道要阅兵、提倡环保，短期我可以反向操作，这又是另外一种对冲。

第二，要痴迷于逻辑。我们一直关注逻辑点，然后通过这个逻辑去扩散。就好比一张网，两个相关联的逻辑点就是网的两个点，我们把它们拎起来之后，网就被拎起来了，这个网有先有后，有主有次。

比如：2013 年，可以轮着做空各个国家的货币；2014 年，轮着做多各个国家的股票；2015 年又反过来，轮着去做空各个国家的股票。

比如美国要加息，资本要回流，所以我们看到新加坡、马来西亚、泰国的经济状况都很差，因为美联储前主席耶伦说，中国和希腊都很重要，而中国是最大的不确定因素，于是风险传染，美股也暴跌。最后，日本 80 万亿日元的 QE（量化宽松）还在进行中，竟然也破位了。它是一层一层塌陷的，那么在这个塌陷的过程中，有没有人可以做到先空这个，空完，再换到另一个空？当然可以，只要能把整个网拎起来，就可以做到。我身边就有这样的人，他空了全世界，而且空得有前有后，出去玩一趟回来，保证金还翻了好几番。

第三，主线逻辑链条只能有一个。有一点希望大家明白，在套利的链条里，主线逻辑只能有一个。我曾经说过，不能因为一个事实去发明一个逻辑，不能因为一个现象去发明一个逻辑。这是做套利的人最容易产生的误区。自认为这个逻辑完美地解释了现实，所以这个逻辑是对的，其实他已经掉沟里了，下一次可能错得很致命。

比如，我做得最多的美盘是大豆和玉米。在美国，大豆和玉米的种植地是重复的，这些地被分成了三部分：一部分种大豆，一部分种玉米，另外一部分轮休。如果玉米的收益很好，第二年还会种玉米。当玉米的收益很差时，第二年会换种大豆。那么大豆和玉米的价格，一定只有一个主线逻辑，就是争地，哪个的产出更好，我就愿意多种哪个。你说会不会有特别聪明的农民，今年种的这个特别好，明年坚决不种。有，但是这样的农民少，还有可能在行情好的时候他已经预售了。所以，主线逻辑链条必须只有一个，这才是套利，绝对不能主线关系一会儿是这个，过一阵子又变成那个。这样的话，到底听谁的？到底哪个东西在起作用？你已经乱了。

第四，关注逻辑点。当下商品市场，很多人的逻辑链条是在来回变的，他们把这个叫作“交易哪一段逻辑就去谈哪一段逻辑”，其实已经把套利做成了短线。那么，这种思维不对？那也未必，毕竟人家挣钱了。赔钱的人是没有资格嘲笑挣钱的人的，谁要能告诉我一个始终错误，但稳定赚钱的方法，我可以拜他为师。

这只能说明他们对市场的感受更加敏锐，可以从一个主链条里衍生出很多次要的矛盾和逻辑，他们也知道哪些次要矛盾和逻辑在哪一个时间点可以变成主要的东西，甚至他们就是中间的推手。比如：这阵子他们在做多，然后大肆渲染，开闭门会，开沙龙，讨论，在微博上使劲发表言论，向空头劝降；过一阵子准备做空了，又倒过来了，“你们赶紧跟着我把多头打死，打不死也要打”。这也是一种方式，我们要尽量识别它。

第五，做一下贝尔宾测试。有朋友问投机和套利是不是可以结合。二者可以结合，但是对从业者的要求会更高，从业者既要关注宏观层面，又要关注微观层面，既要带望远镜，又要带显微镜，确实是比较难的。我推荐大家做一做贝尔宾测试，想在套利和对冲上做得好，你的 PL 分值不能太低。我们把交易员分成伟大的、优秀的、普通的、平庸的，你如果想从优秀的交易员变成伟大的交易员，那么 PL 分值一定要很高。

三、无风险套利简介

1. 衍生品交易

国内现在做无风险套利的人越来越多，他们主要是利用市场的无效性。因为国内证券市场散户众多的结构，导致市场的有效性很差，换言之，它的无效性很强。市场“抽风”的时候很多。“抽风”的时候，它随时都往南墙撞，过一会儿再往北墙撞，在两个极端之间游走。所以我是喜欢做无风险套利的，在两边游走，对我来讲特别有利。

比如，当期指大升水的时候，我可以买现货抛期指。2015 年 5 月以前，期指每个月都是升水的，升水最猛的时候是 2014 年 12 月，沪深 300 指数升水 160 个点。这是什么概念呢？就是有人在期指上用超过 6% 的价格去做多。那后来呢，又是大贴水，沪深 300 指数曾经贴到过 200 点，中证 500 指数一路贴的也超过 10%。也就是说，做空的人愿意付出 10% 的额外成本做空。

这其实都是市场极端情绪的一种体现。这种极端情绪也许对，也许不对。怎么利用这种情绪呢？如果是大升水，买现货抛期货就可以了。如果是大贴水，逻辑上，应该买期货抛现货，但现货你抛不了，没有券也没有股。怎么办？我们可以用期权去构筑这个现货，结果发现期权也大贴水，贴得非常凶。

不管期指还是期权，其实都是一些聪明人在玩，这是一些聪明人的态度。会不会有些人聪明过了头？可能也会有。2003—2004 年我经历铜那轮大牛市的时候，当时铜的价格为每吨 3 万元，下个月的合约为 2.9 万元，再下一个月是 2.8 万元，一年之后的合约为 2.25 万元。3 万元的铜，一年之后的价格比现在便宜 7 500 元，也是大贴水。当时，一家期货公司的研究员喊出来，“3 万空铜不设止损”，一年半后，铜的价格就已经到 8 万元了。我不知道他的日子现在过得怎么样，他其实是聪明过头了。市场究竟是对的还是错的？这个问题，我们在高级课程中专门探讨。

期指、期权和现货基本是一个三角，大体的构筑类型是，买现货抛期指，哪个贵就把空单甩在哪个上面，哪个便宜就把多单甩在哪个上面，只占便宜不吃亏。我们拿上证 50 指数来举例。我们有上证 50 期指，有 50ETF，有 50ETF 的个股期权，有新加坡 A50 期指，这实际上是四个部分。如果这些都构筑好了，就是一个逻辑非常严密的闭环。只要在这个逻辑框架内，市场所有的无效性都能够瞬间地被捕捉到。只占便宜不吃亏，长年累月地做下来，你就真的是大赢家。

2. 吸收合并

吸收合并是出现在一级市场的一些机会。比如，广汽长丰合并成广汽集团整体上市。

再来看 B 股的一些机会。我在 2015 年 3 月的时候说过：我认为 B 股的机会，会出现在美元纯 B 股里边。为什么是美元纯 B 股？因为它要解决问题，榜样已经出来了，新城 B 直接 B 转 A。

为什么我说不要做港币的纯 B 股，因为港币的榜样是万科 B。大家可以看一下万科 B，从 B 股变成港股涨了吗？根本没涨。那我们为什么不去做美元的纯 B 股呢？美元纯 B 股还有二次现金选择权，简直是无风险收益。

3. 可转债转股

可转债转股虽然是有机会的，但是还存在一种风险：它当天不能完成，当天有融券的话可以，当天不能融券就不能完成。它的逻辑很简单，比如，我 100 元买一张可转债，然后按照转股价转成股票，同时把股票卖掉。

我如果兜这么一圈把 100 元变成 103 元，那就赚了 3 元，如果钱变少了，那我就赔钱了。最早出现可转债的转股套利，应该是招商银行的可转债，这是很多年前的事了。这种机会现在越来越少。

4. ETF瞬时套利

还有一些情况就更加少见了，因为都是机器在盯着。比如 ETF 的瞬时套利，ETF 的现货价格和净值有价差，一下子就有人做了。可能有上千亿元的资金在盯着，我们基本上抓不到这样的机会。

5. 分级基金简介

分级基金现在机会很大，A 加 B 的折溢价非常多，而且现在大部分的券商都已经支持盲拆了，这就导致市场的有效性和原来相比不一样了。分级基金的流动性是最大的问题。比如今天申购母基金，明天盲拆，后天 A 加 B 到账才可以卖，这两天的隔夜，怎么规避掉？

当初我是用期指来规避的，我做银华深证 100 指数。还有一种方法，我直接去拟合，比如把沪深 300 指数按照各个行业进行分类，根据行业分级的权重，以及这个分级母基金的持仓，构建一个现货篮子，同时抛上相应的期指，整个系统的贝塔就等于 1 了，我就可以去做一些无风险的合并套或拆分套。

大家记着，无风险交易是很专业的内容，不专业是看不出无风险机会的。现在市场的有效性逐渐增强，无风险的机会可能越来越少了。

四、固定收益简介

固定收益也是一项非常专业的内容。大家可以去搜索一下“美林时钟”，它在大类资产配置中的大逻辑框架是很清楚的。固定收益和权益类资产轮动效应是比较紧密的，权益类动完之后，固定收益类大多数情况下也要动。尤其是中国目前越来越倾向于走长期低利率的路线，长期低利率会导致固定收益类产品的收益率相当好，有兴趣的朋友应该去研究一下。

（一）债券简介

1. 债券的等级

首先我们要了解债券的等级，等级越高，风险越小。国债的等级是 AAA，是最高等级，因此也叫金边债券。

2. 债项的评级

债券有两个评级：第一是债项评级，是单独对这一债券的评级；第二是发债主体评级。比如张三，他本身有一个发债主体评级。他先找李四借了一笔钱，用自己的房子做抵押。他又去找王五借钱，用自己的车子做抵押。那么，他向王五借这笔钱的抵押物就比向李四借钱的抵押物差得多，那么这两只债券的债项评级就不一样。

理论上，债项评级应该比发债主体的评级要高，至少应该相等。也就是说，如果张三的主体信用是 AA，那么他发的债券，债项信用一般来讲应该是 AA+ 及以上，最起码是 AA。如果一只债券，债项主体和发债主体评级一样，比如张三，他的债项评级是 AA，发债主体评级还是 AA，说明他为这只债券做的所有的增信措施都是无效的。如果有效的话，这个债项主体的评级就不该是AA，至少应该是AA+。

所以，当大家看到债项与主体两个评级一样，基本上可以不用看了，所谓的增信，基本上都是在忽悠。

有没有发债主体评级很差，但债项评级特别高的债券？也有。最典型的例子是广纸债，它的发债主体评级是BBB，债项评级是AAA。为什么它的债项评级会是AAA级？因为建设银行广东分行为它提供了不可撤销的担保。

3. 债券的分类

国内的债券现在分两部分：一部分是利率债，一部分是信用债。信用债，又分普通信用债和高风险债。其中，高风险债就是欧美的垃圾债。

4. 债券的风险

目前，国内交易所市场的债券，自有交易所债券以来就没有违约过，你说这个风险怎么定义？很多人说风险是零。从来没有违约，永远都到期兑付，那它的风险就是零。然而，风险都是零的话，我们要评级干什么？就应该去买最高风险的债券（事实证明，买最高风险的债券还真的赚钱了），现在价格为六七十元的债券有很多，如果都不可能违约的话，我们就应该扑上去买这些最便宜的债券。实际上这种认识是不对的。大家一定要明白，我们的交易所债券为什么一直没有违约？因为有兜底的。

信用兜底，一直存在。但实际上，证券相关部门要做的一件事情就是要把风险兜底斩掉，同时还要杜绝区域性金融风险的发生。既要不兜底，又要不发生金融风险，我认为这基本上不可能实现，但是刚兑一定会被打破。

我认为信用债应该还有一次爆破，这个爆破其实就是打破刚兑。这是债券眼下的风险。

5. 骑乘效应

什么是骑乘效应？举个例子：假如现在 1 年的定期利率是 2%，5 年的定期利率是 3%，如果我可以拿到 5 年的定期利率，而我的钱 1 年定期就可以取，这是不是很好？其实，这就是我们所说的骑乘。

比如有只债券，还有 7 年到期，它的到期收益率一定比 1 年到期债券的收益率要高得多。那么，当它的期限从 7 年变成 1 年的时候，其到期收益率可能从 6% 变成了 3%，而从 6% 到 3%，用了 6 年的时间，这 6 年的收益率可绝对不是 6%，久期越长，这个骑乘效应就越明显。这其实是收益率曲线导数的问题。

那么，我们应该怎么应用骑乘效应？就是前面讲的，有两只一模一样的债券，到期日也差不多，收益率我总是从低的跑往高的，这就是应用骑乘最简单的办法。

（二）配置的意义

更多的时候，我们配置债券，是作为资产配置的一个方向。我现在越来越觉得：我们赚钱是赚在配置上，而不是赚在具体的操作上。比如过去 10 年，如果我们都把钱配在房地产市场，那可能比做股票要轻松很多。那么，今后的 10 年呢？

第三节 交易理念

交易理念，我认为是比较重要的，能让你少走弯路。交易理念主要有以下五种。

一、盈亏同源

什么是盈亏同源？你的优点就是你的缺点，让你挣钱的东西也会给你带来相应的损失，这就是盈亏同源。以前，我招聘的时候总喜欢问应聘者：说一下你最大的缺点是什么？有些人就耍小聪明：我最大的缺点就是太认真，认真到较真。其实，他没有理解我这么问的意思。

盈亏同源有两层含义。第一，你的性格和你的交易模式是匹配的。因为你的性格很勇敢，所以可能在需要勇敢的时候，你总能抓到很好的收益；相应地也会因为勇敢，去冲动地做一些事情，导致亏损。第二，亏损是交易的一部分。认识到亏损是交易的一部分是很关键的，只有认识到这一点，你才会愿意接受停损这个概念。我以前有一个朋友，他总是认为："我怎么能允许我是亏损卖出的呢？我买的股票从来不亏损卖的。"他是这样的一种逻辑。结果，后来股票被 PT（特别转让，公司连续三年亏损，暂停上市），就没了。因此你要意识到亏损是交易的一部分，碰到亏损的时候想开点儿。

二、风险控制和资金管理

关于风控，我一直有个比喻。你对面的绿灯亮了，在两侧是红灯的情况下，你敢闭着眼睛过马路吗？当结果不能承受的时候，哪怕风险再小我们都不应该去尝试。保证自己不死，这是风控的第一要素。

对于资金管理，我们能做什么？识别什么时候用多大的仓位，也就是我说的大行情大做，小行情小做。我以前说过：知道买，知道卖，知道加减，近道矣。我们做交易就是要解决这三个问题：什么时候买，什么时候卖，什么时候加减。这个加与减指的就是资金管理。这需要靠自己不断地去摸索，因为可能我的加与减，并不适合你的加与减。

三、自洽的交易哲学

什么叫自洽？就是你能自圆其说。我一直跟大家说盲人摸象的道理，盲人摸了象的某个部分，就认为象是这个样子。市场就是头大象，我们每个人都在摸市场的一部分，只要摸到了这一部分，就够了。摸到这一部分之后，专注地做这一部分，只要这一部分是可以自洽的，那就可以了。

比如，我认为市场是错误的，所以就选择能够识别出市场是错误的技术指标，然后选择对应的交易模式去做拐点。只做这个拐点，当拐点向趋势演进的时候，可能我的获利已经足够了，那我就平仓，然后去等下一个市场扭曲的机会。这是我的自洽，每个人不同，无标准答案。

四、循序渐进的交易方法

交易方法循序渐进，体现在三个方面。

第一，交易系统是可以修改的。

第二，要有应对意外的办法。

比如我是做顶背离的，顶背离我必须空进去，但是如果我的顶背离错了呢？下一个顶背离又出来了，股价出新高了，面对这两种情况我怎么办？那就出来呗，该砍砍，执行就行。虽然你的交易系统是自洽的，但也要有应对意外的办法。

第三，交易方法要和交易哲学匹配。

每个人的交易哲学都在不停地演变，就像我自己，2002—2004年，我认为市场是对的，2009年忽然发现我找到了一种更舒服的交易方式，我的整个交易哲学完全变了。这跟自洽的交易哲学实际上是相关的，今天你认为市场是对的，你就用市场是对的方法，用趋势类指标做；明天你认为市场是错的，那就用背离或者拐点去做。两者必须是互相匹配的。

五、不回撤和不砍仓的交易

现在，我更愿意做一些不回撤或者不砍仓的交易。就是我一直跟大家讲的，要学会享受“1+1”，不要去做“7–5”，还有人做的是“11–9”，甚至有人做的是“9–11”。学会做“1+1”，这让你没有负担，晚上睡得着。慢就是快，不回撤，真的很厉害。

本章小结

必须跳出散户思维

这一章主要为大家分析了市场现状，大家要把握最核心的一点：国内A股市场有一个最大的特点，散户众多。如果你也是个散户，挣钱的概率会很低。想要挣钱，不做被人赶来赶去的乌合之众，必须从散户的思维、散户的角度跳出来。接下来，我们就要去研究，怎样才能跳出散户思维。

第二章

如何正确理解投机

第一节　杠杆等级

所有的交易品种，都有一个杠杆率，我把市场的交易品种按照杠杆率的标准进行划分，从高到低排大致是：期货、期权、债券、股票、分级基金和可交易开放式基金（LOF）。

有关杠杆等级参见表2-1。

表2-1　杠杆等级表

交易品种		杠杆率	杠杆倍数	
期货	商品期货	5%	20倍	
	金融期货	15% ~ 10%	约10倍	
期权			20倍	隐含波动率低，杠杆倍数大
债券			不超过5倍	
股票			1 ~ 2倍	
分级基金			1 ~ 2倍	
LOF			1 ~ 2倍	

一、按杠杆等级划分交易品种

（一）期货

期货大致可以分为两类：一类是商品期货，一类是金融期货。

1. 商品期货

商品期货每个品种的保证金是不一样的，最低的保证金为期货合约价值的5%。比如，在郑州商品交易所，甲醇最低交易保证金为合约价值的5%，那么，它的杠杆倍数就是20。

2. 金融期货

2010年4月16日，沪深300股指期货合约挂牌的时候，最低交易保证金为中金所（中国金融期货交易所）收合约价值的12%，登记公司收3%，合计大约是15%，杠杆倍数不到7。后来，保证金逐渐下调，基本上在合约价值10%的水平，相当于10倍杠杆。

杠杆比例越大，意味着投机氛围越浓。在全球金融期货当中，10倍杠杆不算高，也并不低。比如，标准普尔的最低保证金大概是合约价值的6%，日经可能更低一点。那么，沪深300、上证50、中证500股指期货的交易保证金标准已经提高到合约价值的40%，按这个比例计提已经不能算期货的保证金了。

（二）期权

期权的保证金比期货要略低一点。现在做一份上证50ETF，合约单位是10 000份，按照2元多的价格计算，也就是2万元市值，开仓保证金大概为20%。

期权的资金杠杆使用比例和隐含波动率有关系，如果隐含波动率比较低，它的获利杠杆倍数就会很大。比如，在美国市场，做一些价外期权（又称虚值期权），可以一夜之间获得700倍，甚至800倍的回报。相应地，回落也特别快。

国内期权市场是一个相对小众的市场，过去每天成交量在两三万张。目前，国内期权的交易也活跃起来，也出现了一天数十万张的成交量。这是因为 2015 年 8 月 26 日，沪深 300、上证 50 和中证 500 股指期货日内开仓被限制以后，想投机的人转到了期权市场，期权的交易就活跃了。

（三）债券

很多人不知道债券可以上杠杆，债券的上杠杆方式就是我们通常所说的正回购。

操作原理：买入债券→债券质押入库→提交入库后折算成标准券→回购交易。

在折算标准券的时候，每一只债券都有相应的折算标准，有些折算率为 0，有些折算率比较高，比如，第一档折算率为 0.9，第二档是 0.7，第三档是 0.5。理论上讲，如果债券全价是 100 元，按照 0.9 的折算率计算，它质押入库之后就变成了 90 元的标准券，可以正回购出来 90 元。

实际上，在你第一次入库的时候，券商端不可能把标准券给你全部折成可用资金，而且登记公司不允许券商放超过 5 倍的杠杆。也就是说，如果你用 100 万元资金去买国债做正回购，可以做到 600 万元的头寸。

（四）股票

股票在没有开通融资融券业务之前，都是没有杠杆的。比如，用 50 万元只能买 50 万元股票。有融资融券之后，可以把这 50 万元的股票提交担保品，申请融资额度，再融出来 50 万元资金，这些股票的杠杆就起来了。股票的杠杆率，大多数券商是 1∶1，有些券商可以做到 1∶2。

1. 牛市的自强化

2015 年的牛市，个股杠杆起了非常大的推动作用。

融资融券是从 2011 年开始的。2013—2014 年，融资融券在制度和交易规则上发展得很好，可以融但是没有人融，所以整体的规模和量并没有起来。融资融券的规模和量真正起来始于 2014 年 11 月，当这个市场开始往一个趋势加强的方向走的时候，在个股杠杆的推动下，这种自强化的趋势没有对手交易的时候，泡沫被吹得很大，中间经历过两次暴跌。

2. 第一次暴跌

2015 年 1 月 19 日，证监会清理券商两融，当天所有期指全部跌停，券商股瀑布式暴跌，场内融资从野蛮生长一下变成了规范发展。但是，行情还在往上走，融资的需求还在，怎么办？我们看到当时各种各样的互联网金融，大力在推所谓的配资和结构化产品，这些融资需求纷纷在场外进行配资，我听说最高的可以配到 10 倍杠杆。

3. 第二次暴跌

因为股票的杠杆只能往上加，不能做空，那么行情的方向就是一路往上。在赚钱效应出来的时候，因为不断地加杠杆，行情加速上涨，赚钱效应更加明显，刺激更多的人融资上杠杆，这是一个正反馈。但是这个反馈有反身性在里面，当这个反身性不可持续的时候，就会突然巨幅地转折。这个转折实际上大家都经历了，2015 年 6 月底，证监会联合银监会一起清理场外配资，引发了第二次暴跌。

（五）分级基金

分级基金的杠杆，体现在基金合约里。大部分分级基金的 A 份额和 B 份额的资金比例都是 1∶1，相当于 B 份额借 A 份额的钱来炒股。借了多少钱呢？比如，初始的时候母基金是 1 元，A 份额是 0.5 元，B 份额也是 0.5 元，那么，B 份额就借了 A 份额 0.5 元来做股票，承诺给 A 份额固定收益。这是分级基金的基本模式，这种模式与结构化产品是一样的，只是 A 份额和 B 份额是可交易的，2015 年还出现了母基金的即时交易。

分级基金的杠杆跟什么有关系？

第一，跟分级基金 A 份额、B 份额合约有关系。比如，它的初始合约的资金比例是 1∶1、1∶2，还是 2∶3？

第二，跟母基金的产品投向有关系。比如，它是债券基金、股票基金，还是混合基金？

第三，跟母基金的持仓比例有关系。

比如银华深证 100，因为它是指数基金，所以几乎是满仓的，那么 B 份额就相当于 2 倍杠杆。如果是一个券商 B，B 份额和 A 份额的比例虽然是 1∶1，但是母基金持仓只有 75%，那么它的杠杆就比 2 倍要低。

（六）可交易开放式基金

可交易开放式基金就是我们经常说的 LOF 基金。还有一类最特殊的LOF,就是ETF,又称交易所基金。这些基金是不能上杠杆的，除非通过融资融券的方式，那么这与个股的杠杆就重复了。

二、杠杆的作用

第一，杠杆是交易者的刀。所有市场上的交易品种，满杠杆从大到小的标准排序是：期货、期权、债券、个股、分级基金，以及可交易开放式基金。杠杆是什么？是一把由你掌握的刀。杠杆运用的技巧在于择时。杠杆交易是你的权利，而不是你的义务。但是，有一类杠杆，既是你的权利又是你的义务：只要买了分级基金的B份额，因为B份额是向A份额借钱的，所以B份额是永远带杠杆的。

第二，借钱炒股一定赔光。不管有多少钱，只要借钱上了杠杆，碰到一次长熊市的时候，一定躲不过。分级基金的B份额一定会下折。那么，为什么还有这么多人愿意去做B份额，B份额的价值体现在哪儿？体现在适当的时候，我们可以用它借钱炒股，但是杠杆的运用一定是阶段性的，而不是长期的。

第三，长期使用杠杆一定赔光。我听说很多银行股粉丝，买了银行股上杠杆。他们认为：银行股的红利可以对冲融资成本。先不谈融资成本，仅仅这个操作，在漫长的熊市里面，也是一定会被打止损出来的。我不知道对于2007年熊市，大家还有什么记忆？98元的云南铜业跌到6.8元，当股价被腰斩，再腰斩，第三次腰斩的时候，有多少资金都会灰飞烟灭。

所以，绝对不能长期使用杠杆，绝对不能长期使用高倍杠杆。因为如果这样，即便遇到大牛市，一次回调，照样亏光。这也就是为什么期货难做，做期货的人经常说“浮盈加仓全部泡汤”，“逆势死扛再创辉煌”。前一句的意思是，哪怕挣钱，杠杆太高，在波动的过程中也会赔光；后一句的意思是，如果你没有杠杆，心里会舒服很多。大家应该好好体会这两句话。

第二节　流动性等级

上面是用杠杆率标准划分交易品种。接下来，我们用流动性再次划分交易品种。问大家一个问题：现在全市场可以T+0的品种有哪些？

有关流动性等级参见表2-2。

表2-2　流动性等级表

交易品种	交易制度
债券、可转债	T+0
A股	T+1
B股	T+0回转交易，T+3交收
ETF	延时T+0
期指	T+0

一、按流动性等级划分交易品种

1. 债券

债券，包括可转债，是可以T+0的。那天有人跑过来做可转债，为什么？他觉得做可转债 T+0，流动性好，当天买当天就可以卖。

2. A股

A 股不可以当天买当天卖，是交易结算制度决定的，并不存在特别复杂的交易难度。中国股市在 1996 年之前一直实行的是 T+0，后来改成了 T+1。

3. B股

B 股的清算、交割、回转都可以是拆开的。比如最早的时候，我们的 B 股是 T+3 交割的：今天买的，3 个交易日才会到账；今天卖的，3 个交易日才给你清算资金。但可以 T+0 交易，当天买的份额，当天可以卖，当天买进多少可以卖出多少，可以冲销，我们管这叫回转交易。那么，国内为什么把回转交易停了，因为回转交易会极大地鼓励投机。

4. ETF

ETF 有两种交易方式：第一，一级市场的申购和赎回；第二，二级市场的买入和卖出。ETF 的交易准则是：当日申购的当日不能赎回，当日买入的当日不能卖出，但是当日买入的股票当日可以即时用于申购，当日申购的 ETF 可以实时在二级市场卖出。比如，当日买入全样本成分股，买完用全样本的成分股申购 ETF 份额，申购完份额之后可以在二级市场上把 ETF 的份额卖掉，因为赎回都是篮子股票，你可以把股票都卖掉。

那么，它相当于一种变相的 T+0。以前有很多人在日内做 ETF

的瞬时套利，做到后来，发现瞬时套利的机会没有了，就去做延时套利。所谓延时套利，其实就是做 ETF 的波段。这就是为什么行情起伏的时候，可以看到 ETF 的交易量总是比较大。

5. 期指

有了股指期货之后，股指期货的 T+0 功能和波动性比 ETF 要好很多，手续费也便宜，于是很多做 ETF 延时套利的纷纷转去做期指，ETF 的 T+0 功能就被抛弃了。股指上调保证金增加手续费以后，一些资金会重新回到 ETF。

二、流动性的价值

市场需要流动性，大部分时候是应该给流动性一个溢价的。什么叫溢价？因为流动性好，所以定价高一些。那么，定价高一些的产品是好产品还是坏产品，这个怎么定义？再比如，是不是一个好的产品，它的流动性一定就好？

三、交易的本质

这就引申出一个问题：交易的本质是什么？有交易产生是大家对这个价格认可，还是不认可？假如你是买方，在 10 元的价位买了一只股票，其实你的购买行为里有两层含义：第一，你心里认可 10 元是你可以接受的价格；第二，你心里认为 10 元钱卖的是个傻子。多头空头对骂，“真傻，你在这儿做多”，“真傻，你在这儿做空”。所以，交易的本质是对价格不认可。

四、流动性应该是溢价还是折价

有一种非常奇怪的现象：在交易所市场，越好的债券越没有流动性，大家都惜售，你要卖可能卖得很便宜，但你要买又会买得很贵；而在银行间市场，越好的债券，质押越高，流动性越好。

所以，流动性到底是该给溢价，还是给折价？只能看标的。比如，被限制以前的三大股指期货，尤其是沪深300期指，是全市场流动性最好的，已经不存在所谓溢价或者折价了，因为大家都去考虑它。往往投机的人越多，这个交易的定价越公允；投机的人越少，反而价格越偏离价值。

五、债券的流动性

债券的流动性在当下市场其实是不好的，而且有一个问题：越好的债券流动性越差，垃圾债券反而流动性很好。通常我们关注的是风险等级不高、上下波动好的债券，比如122890（10凯迪债），票面利率比较高，有吃息的功能，风险等级AA+，有抵押和担保，不可能违约。这种债券在市场中就是极品。

六、股票的流动性

2015年3月以来，全市场的流动性历史罕见，这一轮牛市创造了很多第一，我认为最经典的是创造了日成交。大家可以想象一下，这个日成交是在没有放开T+0的情况下创造的，假如现在允许T+0，你们觉得这个市场的成交量一天会到多少？肯定是个天文数字。这种天文数字的行情是不能持续的。

我们要特别珍惜现有的这些交易品种。同样的一把刀，归根结底看你怎么去用它。不管你怎么用，它还是那把刀。

第三节　风险等级

上一节中提到的交易，在实战当中，它们的风险是什么？我再把这些交易，按照交易的风险，第三次划分，大家一定要把握这里面的核心。这些交易按风险从低到高排序，依次为：逆回购、券商现金类理财、国债（利率债）、信用债、可转债、指数基金、现货股票、股指期货、期权。

有关风险等级参见表 2-3。

表2-3　风险等级表

风险等级	交易品种
无风险	逆回购
	券商现金类理财
	国债
低风险	信用债
	可转债
	指数基金
	现货股票
高风险	股指期货
	期权

一、无风险交易品种

1. 逆回购

风险最低的交易品种是逆回购。我们认为逆回购几乎是无风险的，债券回购期限有：1 天、2 天、3 天、4 天、7 天、14 天、28 天、91 天和 128 天。卖出的价格是年化收益率省略了百分号，比如，卖出价格为 5，即以年化收益率 5% 把钱借出去，如果做 1 天国债回购（204001），则第二天清算时，返还资金，在第二天白天，资金可用不可取。

2. 券商现金类理财

第二类无风险的交易品种是券商现金类的理财产品。比如，原来我们做股票，证券保证金是在券商端存着，这些资金仅有极少的活期利息。为了获得数倍的活期利息，同时不影响证券投资，我们可以自动认购券商的理财类、现金类产品，但是取钱的时候要提前一天预约。这里的风险是券商挪用保证金和倒闭的风险。

3. 国债

国债也叫利率债、金边债，是国家信用。当国债都不能兑付的时候，这个国家的货币信用就基本崩溃了。所以，它的风险是极低的，几乎是无风险的。

二、低风险交易品种

1. 信用债

信用债自有交易所债券以来就没有违约过，到期都按时还本付息了，那这样的话，一个 AAA 级的债跟一个 BB 级的债有什么区别？所以，我们看到交易所的债最典型的特点就是：利差不大，间隔不宽。不像海外债券，比如美国的 10 年期国债，收益率可能只有百分之二点几，但是它的垃圾债收益率能有 15%。

我们呢？国债收益率最低，AAA 级国债收益率为 3.8%，AAA 级信用债收益率为 4.0%，AA 级信用债收益率为 6%。一些类垃圾的债券收益率也不是特别高。这是因为：我们的市场不规范，还没有经历过一次违约事件的冲击。同时，市场的产品不足，导致一些低等级债的信用风险没体现出来。我们没有做空工具，不能够利用它的信用风险来做空这个债。所以，我们整个交易所的债券市场风险等级是比较低的。

2. 可转债

我们去关注可转债这个品种的时候，会发现一个很有意思的现象，大部分的可转债最终都转股了。为什么呢？因为对于上市公司，发可转债就是一次融资，它会想尽办法让投资者转股，这样的话它没有还本付息的压力。想实现债转股只有一个办法：让转股的人觉得划算。怎么样才能让转股的人觉得划算呢？股价涨到转股价上面去。所以在可转债历史上，低于 130 元的很少，没有转股的更少。在我印象里，大概只有武钢债没转。

3. 指数基金

大概 10 年前，我对指数基金有过很深入的研究，我的结论可能会让很多人震惊。

第一，75% 以上的基金经理是跑不过指数的。

第二，如果定投一个基金的话，做指数基金。

比如，2010—2013 年的熊市，全市场指数基金收益率最好的是深证 100 指数基金。当时很多做期现套利的人，是怎么做的呢？刚开始是用深证 100 的 ETF 和上证 180 的 ETF 去拟合沪深 300，加起来 280 只个股，基本和沪深 300 样本股重合。拟合的时候，用 70% 的上证 180 加上 30% 的深证 100 做配比。后来发现深证 100 明显好于上证 180，就变成 100% 的深证 100，然后空期指，用深证 100 做现货。在当时，这一年能够跑赢市场将近 10%。

第三，做指数最好的做法是择时。

大家有没有想过，标准普尔 500 指数或者欧洲 50 指数，为什么长期趋势这么好？因为它们把亏损的成分股都剔除了。但是买个股，是不可能做到这样选股的。这就是 75% 的基金经理跑不过指数的原因。选择定投指数基金，道理也在这儿。

择时对于指数来讲是最有效的。比如，我以前建议朋友定投上证 50，低于某一个价位的时候两倍投，高于某一个价位的时候减半投。因为市场“抽风”的时候太多了，按照这种方法，从 2007 年 5 月到 2010 年 3 000 点的时候，实现了赢利，跑赢了市场。

4. 现货股票

相信大多数的朋友买股票，要的都是资本利得，不是股票红利。那么，现货股票的风险体现在哪儿？一是股价下跌，二是没有流动性。流动性的问题，挺要命的，如果参与海外市场，一定要考虑这个问题。

三、高风险

1. 股指期货

股指期货的风险相对大一些，首先在于杠杆运用得不合理，其次在于波动。比如，小行情大做，杠杆上得比较高，突然间遇到大波动，爆仓了。

很多人不理解爆仓是什么意思，以为爆仓是可用资金为负，其实不是的，是你的权益为负。比如，一个人用100万元的保证金做期货，平仓之后，只剩几分钱，没有可用金了，亏光保证金，就叫爆仓了。

穿仓，情况更严重一些。正常情况下保证金是你自己的钱，穿仓是已经赔到了期货公司席位上，倒欠期货公司钱。比如，有人满仓买甲醇，结果连续跌停，第一个板跌4%，第二个板跌6%，到第二个板，他已经彻底爆仓。这时候，他想利用三板强平规则，等第三个板被交易所强平，结果交易所没管，直接把他给坑了，还得倒赔期货公司钱。

2. 期权

期权也有风险，比如，你卖了期权，别人要行权了，你买不到货。

四、风险偏好

1. 风险偏好和性格有关

一般来讲，风险偏好和性格相关。有些人赌性很足，把把梭，有些人不喜欢赌。在交易中，一定要选择适合自己的交易品种。但是，风险偏好会改变。比如，有些人原来是风险厌恶者，后来变成了一个风险爱好者。更多的人随着自己的资产和管理资金的规模越来越大，对于风险的认识逐渐深刻，会慢慢变成一个风险厌恶者。

2. 风险和收益相匹配

请大家思考一个核心的问题：风险和收益相匹配的含义是什么？风险越高，收益越高；风险越小，收益越少。那么，这就引申出来，你的风险收益比是什么样的？

3. 合理的风险收益比

通常我们做商品期货，在常规杠杆、正收益为 3 ∶ 1 才可能会做。对于个股来讲也是这样，比如，当时有朋友问我：你怎么看中国中车？我说：这只股票从 4 元涨到 40 元，已经 10 倍了，还要怎么样？其实，这是用常识就能判断的，但是有些人看不清，在那个关头，就是着魔了，这其实就是贪婪之心。我自己也干过这种事情。“事前猪一样，事后诸葛亮”，没有经历你是感受不到的。

五、晋级三部曲

所以，想迈向成功，必须要经过三步。

第一步，经历过一轮牛市，知道挣大钱的感觉是什么。

第二步，经历过一次大的亏损，知道为什么赔钱。赔大钱都是源自性格的某个缺陷，早点认识它，在自己成长起来之前认识到，比到后来一次输到爬不起来要强很多。

第三步，知道买，知道卖，知道加减，足矣。

第四节　交易框架

一、投机要素

投机要素表达包含两层含义。第一，在什么时候买什么投机品。这其实关系到资产配置的问题。比如：当觉得房地产很火的时候，去买房子；牛市来了的时候，去买股票。第二，在什么时候干什么事。这其实具体到了操作的问题。

二、牛市来了买什么

通常来讲，当你确认牛市趋势出来的时候，应该去买杠杆最高的东西，满仓大杠杆。这是好手的标志。这时候你就可以运用杠杆等级表（参见表 2-1）、流动性等级表（参见表 2-2）、风险等级表（参见表 2-3）这三个工具，自己去选择。那么，很多人会说：你怎么知道牛市来了，如果我们都知道牛市来了，不是可以挣很多钱吗？其实，这不仅仅是牛市来没来的判断，更在于判断之后的应对。

三、牛市来了怎么办

第一，要选好“武器”。你随时都可以认为牛市来了，只要做好风险管理就行。比如，2013 年 6 月，期指大贴水，我觉得这时行情应该已经到比较低的位置了。但是，我既不敢做多股票，也不敢做多期指，于是，选了可转债。我从 2013 年年底做到了 2014 年七八月，到了 2014 年 9 月，终于被个股的火爆给“勾引”进去了。

第二，要做好防御。以牛市看涨为例：第一种，融资做多个股，不涨不跌，亏资金利息，如果跌了，两边都亏；第二种，买期指，如果期指月月升水，亏升水的费用，这实际上是时间价值；第三种，买看涨期权，有可能会损失权利金；第四种，做多分级基金的 B 份额，不涨的话，分级 B 的溢价就是损耗；第五种，做多指数基金。有很多做法可以选择，关键要确定自己的底线在哪里，知道错了之后怎么办。

四、如何判断牛熊转折

确定牛市来了，在我的交易框架里有很多因素，比如 2013 年，我为什么认为牛市要来了。

第一，长期阴跌，大部分个股绝对价格很低。翻一翻那个时候的 K 线图，你会发现，从 2010 年 3 月到 2013 年五六月，指数从 3 000 点跌到 2 000 点，跌下去了 1/3，股价为三四元的股票一抓一大把。

第二，市场长期萧条，绝大多数人不谈论股票了。比如，从业人员找不着对象。这是一个非常好的判断依据。

第三，市场好手在往里扑。在这次牛市前面，我印象特别深刻的是，在 55168 论坛，我看见我的一位朋友竟然在选权益类的产品，选个股，准备往里扑。因为我俩都是偏好低风险和无风险套利的，偏好低风险的人选择高风险产品通常有两种情况：一种是在长期阴跌的情况下，觉得价值来了；还有一种是面对连续的暴涨，终于被勾引进来了。第二种情况很危险，但前一种，我认为是一个好的判断标准。

第四，在牛熊转折的同时，图形上也会有背离出现。我的经验是：在大趋势的转折中，大多数的人都是对的。可以想象一下，大盘跌到 1 800 ~ 1 900 点的时候，到底是看多的人多，还是看空的人多？肯定是看多的人多。在这个大趋势里大部分人就是对的，只不过在行情一点点走的过程中，这些原来判断对了的人，逐渐走到了对立面去。随着走到对立面的人越来越多，下一个转折又来了，于是他们的判断又对了。

第五，在散户从一边往另一边走的过程中，要去关注那些熟手。但不是大 V，大 V 因为他们的立场问题，粉丝一多，就不愿意认错了。如果将来我有这个倾向的话，大家一定要提醒我，也算是帮了我。

五、熊市和震荡市生存

对比着上面这些内容，大家好好想一想，熊市看空的时候怎么做，选哪些品种？震荡市怎么做，选哪些品种？

比如，在震荡市，看一看期权的波动率是不是特别大。如果隐含波动率很大，在震荡市是会逐渐收窄的。那么你可以卖出上证 50ETF 期权，卖买权、卖卖权都可以，或者两个都卖，拿权利金。当波动率持续收窄，到某一个区间，你要特别警惕，因为这个震荡区间有可能随时被打破。

比如，《华尔街见闻》曾说，VIX 恐慌指数[①]飙升到 40%，全球恐慌情绪上来了。这是什么意思？在过去几年美股长牛的过程中，VIX 指数的波动率始终在 12% 左右，而飙升到 40%，意味着该指数的波动率翻了三倍。而 VIX 指数是有期权的，保证金极低，你如果花 5 万美元满仓做，这一把能做到将近 100 万美元。国内波动指数，我们现在能够想到的就是期权，用上证 50ETF 期权去看。

① 1993 年，芝加哥期权交易所推出了指数期权隐含波动率加权平均后得到的 VIX 指数。该指数有“恐慌指数”之称。——编者注

第五节 行情特点

本节将介绍一下各类品种的行情特点。个股的特点，大家自己去发掘。指数和分级基金，属于特点不是那么突出的产品。这里我主要讲不太常见，但现阶段谈论比较多的期货和期权。

一、期货的行情特点

1. 期货的两个属性

期货的两个属性包括投机属性和仓单属性。什么是投机属性？投机属性就是我买，我卖，我看涨，我看跌，是预期的问题。什么是仓单属性？比如马上要交割的工业品 9 月合约，一般都是 9 月 15 日前后进行交割，今天是 9 月 5 日，那么，9 月 7 日周一开盘的 9 月合约价格，是由谁决定的？是由仓单价格决定的。要交货的人，已经把货交到了仓库，生成了仓单。这个仓单，既可以作为实物交货，又可以在市场上流转，甚至质押。

举个例子，现货仓单 200 元，期货价格 220 元，这种情况可能吗？我完全可以购买大量的仓单，或者主动去注册仓单，在期货市场抛上去，有 20 元的无风险收益。现货仓单 200 元，期货价格 150 元，这种情况也不可能。一方面，150 元做空的人收不到仓单；另一方面，150 元接了之后没法往后转抛，市场上处理不掉。这是商品期货的两个属性。

2. 共振

金融期货也一样。前三周基本上都是投机的，到第四周，进入交割周的时候，它的交割属性就会很明显地体现。比如，2015 年 9 月 2 日，我想做多中证 500，它当时贴水 800 多点。但是当天已经周三，周末是个风险因素，所以我会过了这 4 天再做。为什么呢？因为过了这 4 天就只有 10 个交易日了，10 个交易日贴水 800 点，贴水超过 15%。那么，我是在博弈什么？我是在博弈：有一天现货反弹导致期指的补贴水。补贴水就是期指的交割属性在起作用，而现货又在反弹，期指的投机属性也在起作用，当两个属性都朝一个方向起作用的时候，是我们做所有投机品的时候都特别渴望的一种状态——共振。这就是投机属性和交割属性共振，这个时候就是一个绝佳介入点，大概率能挣钱。

3. 多空博弈

此外，期货和股票是不一样的，它里面有一个博弈和“掰手腕”的过程。比如，大家认为一个 500 元的东西太贵了，要跌到 300 元，两年之内它也许会跌到 300 元，但在跌的过程中一定会出现锯齿状的波动，这种波动就是多空在博弈。

比如，今天上午出 GDP（国内生产总值）数据，那么在十点半这个瞬间，交易的就是 GDP 数据是超预期的，还是不及预期的。如果是超预期的，对商品来讲那就是好，就应该买；不及预期，就应该卖；在预期附近，就应该观望。那么，这个时点，大家是在交易 GDP 数据。

但是，每个阶段多空博弈的对象都不一样的。可能昨天交易 GDP 数据，今天交易一项政策，明天交易报纸上的一篇文章。所以一定要分清短线、超短线、多空博弈和长期趋势之间的关系。

4. 周期

这里要讲一下中级课程要讲的“周期”。你交易的东西，长期趋势是什么，中期趋势是什么，短期趋势是什么，这里就有周期的问题。所以，我们谈“共振”，更多的时候是谈共振的周期性，希望它共振的周期点在同一个位置发生作用。在第七章第三节，我会详细地跟大家说怎么去找共振。

5. 超短周期的无序性

期货的另一个特点就是超短周期的无序性。超短周期的波动是没有规律的，无法测量，更不用去度量。那么，有没有人利用超短周期的无序性波动去挣钱？很多做高频的，不就是在做这个吗？比如，纽约的黄金、国内的黄金，在做无序波动的时候，出现了一个缝，那我就进去了。包括三角倒汇：欧元兑美元、美元兑日元、日元兑欧元，三者无序波动产生了缝，我就冲进来，把它抹平。

如果一个市场上这样的力量被限制了，会出现什么情况？会使超短周期的无序性波动具有趋势性，也就是测不准，这个市场就无法预测。现在我们的市场就是这个问题。所有平抑市场波动的要素都在被限制，比如期货、程序化交易。将来会出现什么呢？无序性波动更多。对于散户来讲，生存是容易了还是更难了？如果往上涨，生存就容易；如果往下跌，生存就会更难。

超短周期的无序性波动，不用过多地研究。很多人去研究闪电图，去交易所要来容量非常大的闪电图，如果不是做程序化交易的话，这些都没有意义。你只要意识到它存在就行了。

二、期权的行情特点

1. 保险特征

期权有非常明显的保险特征。所谓“保险”，就是说买期权的人相当于付了一笔保费（权利金）。那么这笔保费，在隐含波动率比较大的时候是比较贵的，在隐含波动率比较小的时候相对比较划算。隐含波动率大的情况下我们去做期权的卖方，胜率更大。如果做投机，则应该找隐含波动率小的时候去做。

2. 隐含波动率

大多数时候我们不应该充当期权的卖方，如果充当卖方的话，要有很好的退路。比如 2015 年 7 月底，50ETF 期权 1603 合约对应上证 50 指数，大约波动 1 800 个点，在 1 300 ~ 3 100 点之间波动，那个时候可以做期权的卖方，只要 2016 年 3 月期权合约价格落在这个区间，都是挣钱的。但是因为距离 2016 年 3 月时间太长，收敛了可以赢利了结；不收敛，可能平不了仓。这里就有一个对隐含收益率量化，以及长期挣小钱和短期挣大钱的矛盾。

比如 VIX 期权，做期权卖方的话，标的价格经常是每个月升水 2 美元，比如，8 月是 12 美元，9 月是 14 美元，10 月是 16 美元，空单换月，8 月空到 9 月，9 月空到 10 月，一路换过来，每月能挣 2 美元。但是如果有一次，标的价格从 14 美元飙到 40 美元，立刻会损失惨重。

那么，这个风险管理怎么去做？比如 50ETF 的 1603 合约：卖一个买权，卖一个卖权，一旦接近上沿的时候，如果不足以对冲，弥补的措施就只有一个——再做一张期指多单。但是如果它在接近上沿的位置来回抖，那你就会损失手续费，这个操作就没有意义了。

三、行情背后的原因

这些行情特点，背后的原因是什么？是预期在起作用。预期是什么不重要，预期的转折才重要，甚至预期的转折的转折才重要，这是个二阶导数。核心是预期在这些品种上是怎么体现的。

本章小结

散户的突破

我们都是散户，但要形散神不散，要做到外在是个散户，但内心不是散户。那么，我们就要有以下这些概念，这是跳出散户思维的第一步。

1. 对手盘的概念

我带的很多交易员都觉得，期货好难做，股票日内交易好简单。为什么？对手盘不一样。期货的对手盘是谁？是我呀。我在里头都不挣钱，你们能挣钱？但是日内 T+0 的对手盘是谁？是大爷大妈们，不挣钱说明你比他们还差。巴菲特有一句名言：上麻将桌之前，你要知道谁是傻瓜；你要是不知道谁是傻瓜，你就是傻瓜。道理是一样的：对手盘弱的地方，我们去；对手盘强的地方，我们不去。

2. 周期博弈的概念

在博弈的过程中，哪怕是下跌周期，行情也会突然有个大反弹。

比如原油曾跌得那么厉害，而三根阳线就涨了 20%，凡是单向做空的人都会直接“死”得很惨。期指大贴水也一样，从顶上下来，但是中间非常猛的几波反弹，也是涨停板出现的。

我们要有这样的思路：博弈是周期性的、阶段性的，重点是不一样的。哪怕认为长线应该闭着眼睛空的，当市场突然间谈论得特别多，人人很恐慌的时候，应该兑现掉一部分利润，也许一个周期性的博弈马上就要回来了。

3. 预期转折的概念

预期转折在技术图形上体现得非常明显。尤其对黄金、美元而言，预期转折在图形上特别灵敏。这是因为大家对它们的基本面研究得非常透彻，技术图形包含一些基本面信息要素。预期转折怎么找，可以参见第一章第二节的背离。背离指标到底怎么设置，怎么去表达这个预期转折，是非常关键的。

4. 期现结构的概念

期货做的是预期，是对远期的价格发现，现货是现实，期货和现货之间，也就是预期和现实之间永远存在差异。

期现结构的特点是：在一轮大行情里，现货涨的时候比期货涨得多，跌的时候比期货跌得多。体现在交易价格结构上就是，在高位的时候是现货升水，在低位的时候是现货贴水，在相对顶部区域，期货比现货便宜，在底部区域，期货比现货贵。为什么期货的波动幅度没有现货大？因为大家预期到顶，远期就不涨了，然后真的跌下来了。跌到一定程度之后，远期认为见底了，远期就不跌了，而现货还在跌。

期货贴水一定是顶部，顶部一定会出现期货贴水吗？不一定。这只是一种现象，但是在某一个区间，期现结构如果出现巨幅的波动，你要密切观察。

比如，2014 年 6 月，期指大贴水，然后大升水，又大贴水。这说明什么？说明期货找不着现货的位置，远期博弈非常剧烈，这是情绪变化的现象，这个时候你一定要密切关注，很可能要变盘。是不是一定变盘？不一定，或许高位震三次之后，预期又一致了，期指大升水又起来。比如，2014 年 12 月，期指大升水；2015 年 1 月 19 日，期指跌停直接杀成大贴水；2015 年 3 月大升水，又起来一波，5 月又大贴水，所以当这种期现结构在短期之内出现巨幅波动的时候，一定要小心。中证 500 曾在 1 万多点的时候一直在贴水，有两个交易日大升水 500 个点，三天之后又回到大贴水，贴了五六百个点，那时候，你有没有想到情绪出问题了？如果想到情绪出问题了，同时发现市场的波动也特别大，就要想是不是要变盘了，要小心一点。

5. 收益率适当性管理的概念

每个人对收益率的要求是不一样的，刚工作的时候，我有两万元存款，全仓去博，没事啊。我一人吃饱全家不饿，爸妈当时不用我养。如果老婆孩子热炕头都有，而你却把你们家买房款准备 5 倍杠杆融资，那是赌命。所以，收益率适当性管理，决定了你的投资哲学和交易哲学，也决定了你选配的战术。

第三章

如何正确认识自己

第一节　认识你自己

我们做投机，首先要明白自己是哪种类型的人，要有自知之明。如果不了解自己，等于还没有把自己武装起来，就冲上了战场。

一、交易性格

认识自己有很多方面，这里主要谈的是交易性格的问题，即什么样的性格适合什么样的交易。它体现在以下几个方面。

1. 收益率要求

大家想一想，你对收益率是什么要求。有些人对于收益率要求不高，比如以我的性格，我认为收益率为 20% ~ 40% 就可以了。而有些人，70% 的收益率都嫌少，甚至要求收益翻倍，年年翻倍，月月翻倍。这两种对于收益率的要求反映了交易者的不同性格，相应地，他们的交易性格也不同。什么叫交易性格？你在交易的时候体现出来的性格中的某一些特点，就叫交易性格。交易性格非常重要，它关系到你要选用什么样的操作方法，决定了你的交易哲学和操作习惯。

2. 操作习惯

有些人性格很慢，属于慢性子。你让他去做短线，不可能，他下不去手。而有些人是急性子，你让他多拿一分钟股票都很难。比如我有一个朋友，他做交易的时候，经常说“我扛到收盘”，说完这句话，15 秒，他基本上就平仓了，不可能扛到收盘。这是性格和操作习惯的问题。

3. 思考问题的角度

思考问题的切入点很重要，比如，我会顺着一个逻辑去思考，把这个逻辑串联起来，看看能不能串联成。在生活中，我更愿意相信对方，而不愿意去跟对方抬杠。而有些人，思考问题永远都是从负面因素考虑的，“你说这话什么目的”，“你说这话肯定对我不利”，“你说的也不对”，这些是这类人的口头禅。像这种人，他就是爱抬杠的性格，你让他去做短线，去顺势操作，不可能。这类人应该做什么呢？可以做套利，他们的交易框架就应该从头到尾都认为市场是错的，要去跟市场抬杠。相应地，他要选用一些度量市场错误的方法来做交易。

4. 反省错误的方法

有些人反省错误都是从自己出发：我哪里做得不好，哪里做得还不错。还有一些人，他反省错误的时候习惯责怪别人：都是那个电话打过来了，所以我没平仓；要不是那次断线了，我也不会赔这么多钱。那么，这种反省错误的方式是对还是错？不一定。不要觉得第二种反省错误的方式不对，他这样反省错误，也许是让他心理平复的一种很好的办法。这种心理平复，其实是很关键的。

5. 价格偏好

价格偏好指的是对于股价敏感不敏感，喜欢高价股还是低价股。有人喜欢贵的，觉得一天涨 8 元挺好的，忘了这股价其实 400 多元；还有一些人从来不买 15 元以上的股票，认为 15 元以上的股票都是坑。如果不买贵的股票，那他对收益率的要求也许反而很高，这是在价格偏好方面。

6. 行为障碍

比如：让我去追涨，我永远不会追；让我在跌停板上杀跌去卖，我永远不会卖。有没有这样的人？我身边就有这样的例子，他跟我说："我做股票绝对不砍的，肯定不割肉。"这也是一种性格。那么这种性格体现在交易上，他是死扛的，10 元买入的股票跌到 9.5 元，只要不涨到 10 元以上，这只股票跟他一辈子。

二、交易对性格的影响

我们每个人的生活习惯、性格和爱好，都会体现在自己的交易行为上。比如，有人听人家一句话把股票买了，听人家一句话把股票卖了。产生这种现象的原因，是他的交易性格就是这样子的。

尤其是在杠杆交易中，大家可以仔细思索一下，当你做股票，或者在个股上上杠杆，或者做期权品种、期货品种的时候，有没有感觉到：杠杆会导致你自己的问题成倍地出现，让你的优缺点放大。

我自己的感觉是：杠杆会极大地放大一个人的缺点。如果是一个胆小的人做杠杆的话，他就更加不敢出手；如果是一个胆大的人，在做杠杆交易的时候，他会立刻变得比原来疯狂得多。为什么我说慎用杠杆，就是这个道理。当把握不大，没有想好退路的时候，你最好不要用杠杆。一旦你用了杠杆，你的弱点立刻就表现出来了。

我们做所有的交易，其实都是在跟人性战斗，性格弱点有两个最本质的东西：第一个是贪婪，第二个是恐惧。做交易的过程，就是我们跟这两个弱点战斗的过程。贪婪，往往意味着顶部的形成；恐惧，都是砍出来的底部。在第十四章，我会详细地说我对贪婪和恐惧的一些反思，以及对贪婪和恐惧的一些度量方法。

三、短线交易需要的性格特点

做短线交易，需要什么样的性格特点？之前我让大家做过贝尔宾测试，我认为这个测试是一个非常好的可以揭示人的性格的测试。

1. ME、CW高

在贝尔宾测试中，ME 代表你的执行力，CW 代表你的决心，即英文中的 determination。我不知道大家玩不玩游戏，如果玩足球类的游戏，在找罚点球的球员时，一定要找 CW 好的球员。为什么？因为 CW 好意味着他敢果断出手。那么，ME 是什么？ ME 是敢出手，而且敢按照自己的方式和方法执行。做短线交易，我们要的就是这两点。CW 和 ME 一定要高，一项高一项低、瘸腿不行。

2. 简洁明快

短线交易员的性格特点是：简洁明快。什么叫简洁明快？说去哪儿就去哪儿，现在就走。说干什么事情，目的清晰，态度明确，方法得当，到了就做，做完就走。为什么好的女交易员，个性都不太像女孩子？一般女孩子的性格是多愁善感，优柔寡断，喜欢比较。但是，一旦她们开始做短线交易，这些性格全部都得改掉，逐渐地改光，去适应这四个字：简洁明快。

比如一个交易员去买衣服，肯定不会先在港汇比一比，然后发现恒隆也有一家店，再跑恒隆穿一穿，比较之后，最终到浦东八佰伴把衣服买了。一个好的交易员去买东西，基本上就是：我已经想好了，要买这件衣服；我缺一双鞋，到这家店里看到一双鞋，是我经常买的牌子，不错，拿过来试一下，可以，穿脚上就不脱了，付钱走人，简洁明快。

3. 执行力好

根据我的观察，身边做短线交易做得好的，A 型血的人居多，B 型血的人也多，AB 型血的人就没有。O 型血的人做得好的也有，但最多的是 A 型血的人，为什么呢？ A 型血的人守纪律、执行力好。AB 型血的人通常比较纠结，最不利于做交易。

4. 依靠系统，纪律严明

做短线的要诀，就是八个字：依靠系统，纪律严明。依靠系统是什么？是你的决断力，到这个系统位置我就要做，一定要做。其实是系统给了你做决断的勇气。纪律严明，该做的时候就要做，不该做的时候就要平。这是最关键的。

四、长线交易需要的性格特点

1. 心态开放不偏执

为什么心态要开放？我在雪球上发帖子的时候就发现，有些人就是来跟你抬杠的，你说朝东，他一定说要朝西。他要的根本不是观点，他只是为了反对而反对。这种人就属于略偏执，或者说是杠子头。

还有一些人的偏执体现在哪儿呢？认死理。我微信群里有一个朋友，永远做多的："跌是为了更好地涨"，"涨是为了将来更猛烈地涨"，"现在的下跌是为了到时候百倍上涨"。

偏执型的人，不要做长线，会严重亏损的。我一直强调，我们不能去做不能错的事情，特别偏执的人去做长线，他一定会错的。

2. 自信

自信体现在哪里？体现在对自己坚信的东西有底线的自信。无底线的自信，有可能会带来比较大的灾难。比如，在高位大量去融资的、想一年赚 10 倍的，往往都是没给自己设定底线。

3. 有底线

比如，2015 年某期货大佬的期指多单，你说他有底线吗？他成功过，平时挺有底线的，但是在这个当口，他的底线就逐步在往后退。自信和有底线，这两者本身略有一些矛盾，前者是去做的问题，后者是执行的问题。如果一个人很自信，认为这只股票非常好，愿意去赌，没问题，但亏了多少钱必须出来。这就是有底线的自信。

4. 大局观

很多人在做长线的时候，眼睛盯在每天股价的涨跌上：昨天涨了五毛，今天跌了三毛，后天涨了两毛，大后天又跌了五毛……

其实，这样是不对的。做长线要求的是大局观，在大概率的时候，去做大概率的事情就可以了。

长线做事，短线做势。长线做的“事”是事情，短线做的“势”是情绪。你刚入行就跟老板讨论：我今晚加班，为什么只给了我两倍工资？明明今天是法定假日，按照《劳动法》，你要给我三倍工资。这样的人将来会成功吗？也许会，但是很累，他成功的概率很低，速度很慢。这跟我们做长线交易是一模一样的，既然做的是长线，心态就放好，基本面没有发生问题的时候，不要过于计较。

我自己做长线的经验是，从自己身边的东西入手，做熟悉的、有把握的。不是曾经流行过一个词吗？能力圈。你就做自己能力圈里的事。做自己能力圈里的事,一定要克服一个障碍。什么障碍呢？就是干什么说什么不好。比如，以前我是证券从业人员，大家一说起证券行业就是：这行不行，烂死了。研究电子的朋友会说：这行废了，这行根本就没有前途。这是不对的。我们从事的这些行业，哪怕你再看不起它，在这个行业里出现大涨的股票都是很正常的。我们要用开放的心态去理解自己的行业。

5. 高情商

高情商体现在哪里？体现在对事物的发展变化比较敏感，当这个事物起变化的时候，能够比较早地感受到。比如，2007 年的时候，我朋友做中粮屯河，2007 年那么大的牛市，这只股票没怎么涨；2008 年大盘跌的时候，它开始涨，大盘从 5 500 点跌到 3 000 多点，而它的股价翻倍了。当时，很多买了这只股票的人喜出望外，但是他感觉不对，这只股票该涨的时候它不涨，该跌的时候它不跌，应该已经到头了。

比如 2015 年 9 月，我一直认为期指日内开仓限制以后，整个市场应该处于一种阴跌状态，但是它就是不跌。这说明什么？说明现货还是挺强的。当时我们的观察点要看它能不能维持，说不定有一些观望的资金陆续还会再进来，但这里边可能会有一些变化。因为我也在思考自身的一些行为，像我当时空仓的，如果过了国庆节，行情还是不跌，是不是要进来买一点，配置一些。这时用“情商”这个词可能不是很恰当，但这种敏感度，是做长线交易需要的。

五、交易成功者的性格特点

我身边做交易成功的例子有很多，我所指的成功跟他们现在钱多钱少没太大关系。有的人，哪怕只有 10 万元，但是已经很稳定，每天从这个市场里能挣一两千元、两三千元，他一样是一只小鳄鱼，但早晚要成为大鳄鱼。这些成功者共同的特点如下。

1. 温和

什么叫温和？不抬杠。有抬杠的工夫我干什么都行。你可以看一看，在网络上，只要是跟粉丝对骂的，基本没戏。你连别人的不同看法、对你的评价都忍受不了，怎么去接受市场对你的评价？市场的评价，可从来不会风平浪静、如你所愿。你看涨，市场马上下跌，抽你一耳光；你刚看空，市场马上又上涨，再抽你一耳光。你能怎么样？这地方专治各种不服、不温和，三天就让你精神分裂了。

2. 谦虚

我们现在私底下聚会的时候，说行情，说观点，但是从来不说头寸，也不说头寸的方向，只说怎么看。比如，“你对美元怎么看”，“我觉得可能在盘整吧”。谁都不说方向，也不会去问你现在做什么头寸。我们只会问：你觉得现在有没有什么机会啊？这种话可能多一点。从来没有人会直接问你什么头寸，说了没用。因为那是别人的观点，你要怎么去用？

我自己的经验是：我看所有人的观点，都是以一种去找他漏洞的方式，会在心里揣摩。现实中我不能这样，这样的话攻击性太强，别人就不愿意跟我交流了。比如有人说了很多话，那么我就会在心里想：他说的这些话，在逻辑上有没有问题，有没有漏洞？我会尝试着拿自己的疑问去问他，如果他的回答没问题，那我就认为这个逻辑是对的。你接受任何一个观点都应该是这样的：看到一个观点，首先要问一问，它的逻辑在哪里，或者你自己总结它的逻辑在哪里。这个逻辑有没有漏洞？如果有漏洞的话，可以去问问他，看看他怎么回答。

我特别乐于跟人交流我逻辑上的问题，这也是我喜欢在雪球上发一些带有我观点的帖子的原因。我为什么会这样做呢？因为当我把逻辑和观点摆出来的时候，如果有人能来跟我交流，找到了我逻辑上的某一个错误，也许我会避免亏好多钱。如果我在网上发了一个帖子，引出来一大堆人攻击我，但是他们的所有攻击全部一点意义都没有，根本不能说服我的话，扭头我就把这个头寸加倍了，因为我坚信必将挣大钱。而且这个经验就没错过。我抛出一个观点，反对的声音很多，支持的声音也很多，这是我最开心的时候，因为只有这样的观点才有讨论的价值。

3. 攻击性差

交易做得好的人，通常都有一个口头禅:“你说的有道理”，“有道理”。10 句话里面至少有两句是这样的。大多数交易者，对于事物的观察都是比较细致的，对于谎言的识别特别敏感。你说两句话，他马上就知道你是不是言过其实，是不是在吹牛。我认识的一个朋友，业内都知道的，身价十几亿元，天天说自己是个学生。去期货公司开会的时候，他拉着一个刚入行的年轻人说：请教一下，这个行情你怎么看啊？对方精神一振正准备说呢，直接被他老板给摁住了。为什么？人家性格是这样，没有什么攻击性，就算听到你的话在逻辑上有问题，也是心平气和地跟你表达。

六、性格是天生的吗

那么，这些性格特点到底是先天的，还是后天形成的？大家可以想一想，你温和的态度是先天的，还是后天的？在对待他人观点方面，你小时候和现在有什么不同？比如我们小时候对待老师的批评总是不能接受的，或者老师的批评可以接受，但不如我的人永远不能说我，敢说我马上跟他翻脸。

我其实是急性子，跟我不熟的朋友都说我挺温和的，其实自己家人知道，我有时候性子很急。但是在交易上，我相信我是一个温和的人。不管什么事情想好了做，吃亏了认，也不抬杠。所以这些性格，有些是先天的，有些是后天的。你如果先天具备了一些优势的话，后天就更好养成。你如果先天没有这些优势，甚至先天是劣势的话，后天要做的事情就比较多，比较痛苦。

据说在华尔街，有的交易员为了让自己温和、少攻击性，男性会注射雌激素。他们为什么这么做？为了让自己别那么冲动，在交易上心态更平和一些。

第二节　自我塑造

一、先天性格特点

根据我自己的观察，先天形成的性格特点，比如乐观和悲观、内向和外向、纠结和简洁，这些是很难改的。

1. 乐观和悲观

有些人天生就是乐观主义者，整天笑呵呵的，赚了20万元这样，赔了20万元也这样。你可以说他们傻，但是这种傻在交易中就特别有效。为什么呢？他们赔的时候不走心，不走心的人再处理下一笔就简单。

2. 内向和外向

内向和外向也是天生的。有的孩子生下来就内向，不爱说话，你怎么说都没用。有些孩子很外向，人来疯，人越多越兴奋，刚开始蹦桌子上，最后翻着跟头撒欢儿。

3. 纠结和简洁

有些人天生就纠结。很多人的强迫症是从小形成的，我见过一个朋友，他的强迫症到什么程度？出门的时候，要把自己所有的鞋子摆一顺，鞋带都系成一个样子，这种人天生就纠结。但有的人则相反。

二、后天性格特点

1. 平复快

一旦出现交易差错之后，平复得是快还是慢，这是后天要训练的。我举个真实的例子。曾经有一个同事接电话报单，客户要求卖出,结果他打成买入,啪一下涨停板了。电话那头客户当时就疯了：怎么回事，怎么给我买了，赶紧卖两倍！结果，他一下又打成买单，这回直接封死了。客户真的快疯了，快崩溃了。还好，第二天高开，直接平出来了。这是为什么？因为他平复太慢了。后来，我们发现这个问题后，一旦出现交易差错，就让这个交易员先不要做，停一停。为什么？因为他的平复也许需要时间。

大家想想，自己有没有孤注一掷的时候，什么时候自己最容易孤注一掷？大家去赌场看看，押大小，连开了十三把大，第十四把，肯定有人玩命地往小上押。为什么？他错了十三次，这次一定要翻本，一定要博个大的。所以，在连续错的时候，人们最容易孤注一掷。怎么让自己平复得快？要会安慰自己。怎么安慰？比差不比好，这是一个办法。郁闷死了，今天刚砍了两笔仓，这时你不要去跟今天挣钱的人比。你要跟今天赔得比你多的人比，一定要找个比你差的。群里面有时候开玩笑：女朋友不要你了，没关系，她也没要我呀。你这么去比，心态就好了。

2. 懂舍离

什么叫懂舍离？要会放弃。机会有，很小，不值得做，放弃不做。不做不赔，一做就赔，越做越赔，做得越大赔得越多。这其实是走入恶性循环了，要懂得放弃。

放弃有很多种，比如放弃利润，或者放弃自己认为的一个敏感价位。大家有没有吃过这样的亏：本打算挣够 50 万元就不做了，结果自己的市值永远停在 49.8 万元。有吗？估计这种人很多：我必须以 20 元整的价格把这股票卖了，结果股票涨到 19.75 元再也不涨了。做交易你要求那么完美干什么？完美主义者就这点差：明明该走了，差一点到 20 元，我忍忍 20 元再走，结果涨到 19.75 元再也不涨了。

3. 温和

温和是可以后天养成的，这叫养气。儒家文化里有“居移气，养移体”，讲的就是怎么样才能成为一个温和的人。其实我个人认为，成为一个温和的人，首先这几点一定要避免。

第一，不抱怨。要做一个不抱怨的人，只要这一点做好了，你温和的性格已经成了一大半。

第二，少用反问句。不管大家是当面交流、打电话，还是上网交流，都尽量少用反问句。攻击力体现在哪儿？首先，反问句多；其次，自己永远要说最后一句话。这两点你只要改掉一个，火气就大大降低；改掉两个，基本上别人都会认为你是一个没什么攻击力的人。

第三，推己及人。在日常交流中，学会欣赏别人，同时理解别人。别人的观点很偏激，能沟通就沟通，不能沟通也报以理解。

4. 口服心服

这个市场专治各种不服，总归你会被它打服。服体现在哪里？

第一，可以平静地接受结果。

不服的表现是什么？大家想想小时候我们什么样，坐地撒泼，又哭又闹。但是我们做交易这样有用吗？跟谁哭，跟谁闹？要口服心服，这是第一步，平静地接受结果。

第二，认真地检讨、思索自己的问题。

口服是外在表现平静接受，心服是内在平静地检讨自己。我刚才错哪儿了？这笔交易为什么会错？中间有没有机会？有机会的时候我为什么没抓住？这是心服的内容。这两个步骤都很重要，因为这影响我们心理的平复。

5. 乐于砍仓

我的老师曾经提出来一个观点：有的时候对于砍仓认错、砍仓都是要乐于接受的，甚至是很开心的。这个我目前做不到，但是我能理解他说的很开心地砍仓是什么意思。他的本意其实有两层：第一，我砍仓了，是按照我的计划砍仓的，我开心，开心是因为这件事情从头到尾都是按照计划在做，最后执行到位了，我为自己做到了砍仓而高兴；第二，我们的交易是有成功率的，我这一笔砍仓了，意味着我下一笔砍仓的概率就小了，我为下一笔交易有可能成功而开心。

大家有没有想过，什么时候我们可以坦然地面对亏损？是我们内心接受它的时候。我以前带营销团队，很多营销员不愿意打电话。为什么？打 1 000 个推销电话，大概有 20 个人可以听完，2 个人愿意接受你的推销，打 1 000 个电话，要失败 998 次。但我也遇到过一个打电话乐呵呵地，主动找我要求打电话的营销员：他们的电话都可以让我来打。我就问他：你是怎么做到的？他说：998 个电话，打一个排除一个，我每打一个电话，离成功就近一步，我把 998 个电话都打完，最后 2 个大概率都是成功的，我为什么不高兴？在交易中形成这种思维方式是非常难的，包括我自己，也做不到这一点。

6. 诚实

我认为最后一个比较关键的后天形成的性格是诚实。

第一，内心没有负担。

什么叫没有负担？实话实说，不编造。一句谎话要用十句谎话来掩饰，吹个牛皮，要用二十个牛皮来弥补。人的精力是有限的，把精力浪费在吹牛皮和编瞎话上，其他事情做得就少了。吹牛无济于事，这行最实事求是。

第二，诚实才能更好地检讨自己。

这一行是最实打实的，淘宝上有卖修改交割单软件的，那不是自欺欺人吗？我们要的不是自我安慰，要的是实打实的稳定盈利。只有诚实了，才能够面对自己的内心，诚实是交易成功的前提，是成为强者的第一步。

第三，诚实和内心强大互为因果。

你会发现交易做得非常好的人，他们的内心都很强大。诚实和内心强大是互为因果的。因为诚实，所以强大，事无不可对人言。因为内心强大，所以没必要撒谎。我为什么要撒谎？我不求你，不想占你便宜，也没有想过要利用你，没必要搞那些虚头巴脑的事。

三、最理想的交易状态

先天的性格、后天的性格在交易中交织，你不可能做到这一阵子改得很好了，然后这个错永远都不犯了。某一类型的错误，你会犯的时间周期会越来越长。比如：这种冲动的错误，我原来一个月犯三回；自我修养、自我净化之后，我三个月犯一回。这是一个非常好的进步。

那么，在塑造交易性格的过程中，我们都希望自己进入最理想的交易状态，让内在的交易性格和外在的交易技巧形成共振。这就像顿悟，很难言说，但是外在会有反应，通常表现出来的就是：微出汗，睡得着。

手心略有些出汗，心里有点紧张，后背有点发凉。这时候你的身心系统很兴奋，但是这种兴奋又不影响睡眠，是一种睡得着的兴奋。睡得着意味着你对这个头寸是有把握的，没有坐卧不宁。

我带的学生，初学做日内短线的时候大都经历过这种状态，这个时候我会告诉他们：现在你们已经进入了最好的状态，你们要体会这个状态是什么，要记住你们是在什么情况下达到这个状态的，你们以后要做的就是重复这种状态。

我的一个学生现在做短线，成功率非常高。他第一次做短线成功的时候，是什么状态？就是我说的这种微微出汗、很期待的状态。做一阵子之后，他的内心不断强化，他就会问：周末怎么不开市呢？做着做着，你会发现交易变成了例行公事。

我的一个朋友说他现在做这行完全变成例行公事了，那怎么办呢？上量啊。做 1 万股不出汗，那就做 10 万股；做 10 万股不出汗，那就做 20 万股。上量，马上让你出汗。必须再次找回那种微微出汗的感觉，不能停留，在一个瓶颈停留的时间越长，就越难突破。手顺的时候把量加上去，手不顺的时候，把量减下来，手马上又不出汗了，这样的心态就很好。

这是最理想的交易状态，我们要让自己、身体和心情都进入这种状态，这样才会快速成长。

第三节　热爱生活

一、日常生活对交易性格的影响

1. 热爱生活

《天龙八部》里有一个扫地僧说过：佛法在求渡世，武功在求杀人，两者背道而驰。只有佛法越高，慈悲之念越盛，才能练习更多的绝技。但是，到了这种境界，就会不屑于去多学杀人的法门了。交易的道理和这其实是一样的。

交易会给你很多负面的情绪，要化解这些负面情绪，单靠你的个人修养是不够的。我白天在盘子上赔了 10 万元，晚上回到家里还能很有耐心去应付女儿的问题、太太的问题、家里的烦心事吗？不可能，我们都是吃五谷杂粮的人，不可能有这样的修养。那怎么办？我们要热爱生活，用自己对生活的热爱去抵消这种负面情绪。我的一位朋友，做完单子之后，很郁闷，去游泳去了，游泳的时候看看美女，一会儿心情就好了，这是一种平复。

2. 适度游戏

什么是适度游戏？就是要学会放松。我的经验是：在日常生活中，可以考虑玩一玩游戏。比如电子游戏、电脑游戏这类的小游戏，而不是游戏人生。玩游戏要适度，所谓适度，就是衡量做一件事情时我们能不能做到四点：对身体好，对心情好，对出名有帮助，能带来利益。

比如有一阵子，我喜欢玩数独游戏，为什么呢？因为做短线交易大部分都是靠直觉的，浑浑噩噩的时候想让自己用逻辑思维来思考问题，让自己通通脑子。我以前的一个朋友，右手用鼠标两个月，换左手再用两个月。这种适度的小游戏能让心情转换一下。

3. 幸福而不乏味的生活

生活要靠自己去找惊喜，这其实也是热爱生活的一个体现。

4. 伴随一生的爱好

我认识一个朋友，他在台湾做交易做得很好。他的爱好是什么呢？弹钢琴。他学钢琴是自己看着视频摸索的，没有请过老师，每天弹 15 分钟。他跟我讲：他的梦想就是将来有一天，可以把卡农钢琴曲弹下来。他现在每天坚持弹 15 分钟，已经弹了 21 年。其实，这就是伴随一生的爱好。

5. 要远离负能量的人

要远离负能量的人，因为他们给我们带不来什么好的影响。有个大佬说过一句非常经典的话：下辈子只做投机，不结婚。可能他的太太给他的负能量是比较多的。他的感慨就是我说的远离负能量的人。这个世界确实不是所有的事情都是阳光的，但是我们要尽量去找阳光的东西，而不要只盯着黑暗的。黑夜给了我们黑色的眼睛，我们要用它冲这世界翻白眼，而不是闭着。

6. 多找自己的问题

如果有人抱怨说：唉，今天赔钱是因为那个软件，又把买单打成卖单了。马上就有一个声音对他说：如果头一次出现这个问题的话，你可以说一次；第二次再说这个问题，就不应该了；第三次再说，跟软件根本没关系，就是你的问题。

二、如何克服性格弱点

下面讲几个小技巧，告诉大家产生性格弱点的时候，该怎么去处理。这些都是我用真金白银换来的经验，希望大家能够注意并学会这些技巧。

1. 持仓犹豫不决的时候全卖光

当你对自己的持仓犹豫不决的时候，卖光。卖完了之后，如果你还想再买回来，就买回来；如果你不想买回来，说明就是该卖了。比如你买了某一只股票，晚上睡不着，特别纠结，不知道这只股票到底是该留还是该卖。好，那就在第二天早上把它卖光。卖完了之后再想，还要不要买回来：如果想买回来，就不要犹豫了，这个头寸基本上没问题，就买回来；如果不想买回来，那说明这只股票就是该卖了。

其实一个交易者，在面临头寸要出现亏损之前，是有预感的，是很紧张、很纠结的。这么一买一卖，虽然你在持仓上损失了点儿手续费，甚至损失了一些冲击成本，但是你再也不会犹豫不决了。就我自己的经历而言，当持仓犹豫不决全卖完的时候，我能把它买回来的概率，不足十分之一。这是一个救过我很多次的小技巧。

2. 在下决断的时候站起来

有时候没有决断力，不知道自己到底该不该做：想做，怕做错；不做，又觉得亏了。这时候该怎么办？站起来。在下决断的时候站起来，会让你避免很多的无效交易、低效交易，甚至是完全不必要的交易。站起来停那么一下，两秒钟，你的情绪就完全不一样了。这是一个非常简单但有效的方法。

3. 学会深呼吸

当要做一个重大的决断时，你也站起来了，这时候可以深呼吸，让自己平缓一下。尤其是在出现大额盈利与大额损失的时候，要深呼吸一下。做深呼吸在医学上的原理是什么，我不知道，反正我自己做很有效果。每当要做一件事情，但是又不确定一定要做的时候，我就深呼吸一下。此时，我基本上就可以确定要做还是不要做。包括在交易室有时也这样，一旦他们日内 T[①]得很开心的时候，我突然间吸一口气，然后说“这股票还剩多少股”，他们就知道，我肯定是要准备卖股票了。

4. 少说话，晚表态

尽量少说话。这一条最关键的是一定要避免早表态。我经常举

---

①日内 T 是一种操作方法的简称，就是当天买入的股票在当天卖出。——编者注

这个例子。尤其是在做短线的时候，我们是在做什么？我们是在帮人打架。多头和空头在打架，你不要一开始就上场。帮多头，你傻？多头来了个小个子，空头无比强大，你去帮多头？你让他俩先打，打到你觉得差不多的时候，再上去帮忙踹一脚，既享受胜利果实，又不承担亏损责任。少说话，晚表态，一定要学会这一点。

所有市场控制的手段，都是逼你先表态。比如，涨停板直接打上去，如果我是做盘的人的话，实际上就是在逼你表态：你追还是不追？你追，可能我就给你了；你不追，上面都是我的封单，明天再涨一个。当然，这已经变成市场操纵的一种技巧，这种技巧大家学了没有用，但是要会分辨：这是他在让我表态，他越是让我表态，我越是要晚表态。

表态太多的原因是：总害怕错过机会，所以每次都要表态。不要这么想，因为这个市场的机会太多了，没有任何一个牛市是不可错过的。不要觉得“这辈子我绝对不能错过这样的一个好机会”，不要这么想。当这么想的时候，你离赔大钱或者吃大亏已经不远了。

三、交易小游戏

有几个游戏，我认为大家在集体活动的时候可以玩，对大家的性格塑造会有一定的帮助。

1. “杀人游戏”

在玩这个游戏的过程中，我们可以看到每个人的性格是什么样子的。这个游戏主要锻炼我们的观察能力。

2. 猜名字

比如说我在心里想到一个人的名字，他可能是一个真实的人，也可能是一个虚拟的人，然后大家比，看谁能够用最短的时间把这个名字猜出来。比如我心里想的名字是奥巴马，然后你就可以来问我问题。你问的这些问题，我只能用“是”或者“否”来回答。你会问：这是个活着的人吗？我说：是。好，继续猜。你问：这是个男人吗？我说：是。你问：是个外国人吗？我说：是。你接着问：是个黑人吗？我说：是。你又问：是一个政治家？当我说“是”的时候，你可以问“他是不是美国人”。这样一来，就把曼德拉排除了。“奥巴马对了吗？”“对了！”这就猜到了。谁用的时间最短，谁就是赢家。这个游戏主要锻炼大家的逻辑归纳能力。

本章小结

交易性格的塑造

我一直说，我愿意带刚刚毕业的学生，愿意带“一张白纸”。为什么？因为“一张白纸”没有坏毛病，只要认可我的方法，我让他做什么，他就做什么，他是很容易成型的。但是很多熟手，自认为有很多经验，其实这些经验都是坏毛病，很难改，在交易性格塑造的过程中，这些人会很痛苦。

有些人在生活中也是爱幻想的文艺青年，但是坐在电脑前，交易软件开着，幻想就没有了。为什么？这是长期训练的结果。这种训练一开始会让人觉得很痛苦，如果不是一张白纸，会更痛苦，因为要把坏毛病都改了。如果你是一张白纸，这个过程就简单一点，经历的痛苦就少一点。

交易性格塑造是一个非常困难的过程，但是在交易的过程中，又是必需的。你必须要去做这一步，如果你不去塑造自己的交易性格，不让自己的交易性格跟你的交易习惯、方法相匹配的话，就永远成功不了。这是成功的前提之一。

第四章

如何才能不再亏损

第一节　面对亏损

一、损失的种类

损失大体上有两大类：资本利得的损失和机会丧失导致的损失。

1. 资本利得的损失

比如，10 元钱买的股票，跌到 8 元，我把它卖了，那么我就亏了 2 元钱。这就是资本利得的损失。

2. 机会丧失导致的损失

比如，甲和乙两个人都买了同一只股票。股票涨到 20 元的时候，甲卖了，乙没卖；等股票跌到 15 元，甲以 15 元又把它买了回来，然后股票又弹到 20 元。在这一过程中，乙丧失了股价波动带来的机会。因为机会丧失而导致的损失，大部分都是死捂造成的。

死捂往往是因为很多人觉得机会太少，抓住一次恨不得干到死，觉得机会不能错过："哎呀，我卖了，明天就涨停了。"所以一等再等，哪怕错了，也不愿意认错。我劝大家不要这么想。这种机会的丧失，在做短线交易的时候尤其显著。所以，我们做短线，买了之后发现没效果或者效果差，转身就卖了，不会在单只股票上耗费太长的时间。

3. 没捡到钱算不算丢

机会产生的亏损，有人叫“机会成本”。那么，它到底是成本还是损失？我的做法是：从来不把这种机会成本当作自己的损失。大家可以想一想，没捡到钱能不能算丢？一定不能算丢，因为毕竟没有实亏。在这个市场上，只要你还没有实亏，就还没有出局。

二、亏损的原因

我按照短线、中线和长线对亏损产生的原因进行了划分。下面，我们分别来看。

（一）短线亏损的原因

1. 交易的随意性

短线亏损的原因，排在第一位的，是我们出手的次数太多，交易的随意性太强。对此，我深有体会。我在 2002—2003 年这两年做的量非常大，当时我统计的成功率是 40% 多，其中我做的随意性很强的交易，通常都是赔钱的。这是短线产生亏损最重要的原因。

2. 成功率的“极限容忍度”

我们对于交易的成功率是有容忍度的。比如：成功率达到了 80%，我们的心情可能特别好；而成功率为 50% 时，我们就没那么开心；当成功率为 40% 时，因为错的时候比对的时候多，我们很容易进入一种特别焦灼的状态，从而导致技术水平失控，马上还可能会亏损一笔大的。

3. 大仓位

由此，衍生出来短线交易的仓位问题。对此，我的主张是：如果你是一个纯短线的爱好者，那么你在短线交易的时候就应该满仓做。为什么？第一，因为是短线交易，所以每次的亏损幅度都很小，是限定死的；第二，相应来说，你的盈利幅度也不会太大。因此，如果不满仓做的话，意义不大。至于杠杆类的交易，比如期货交易，如果做短线，更应该把杠杆用足。

4. 满仓需谨慎

因为是满仓操作，所以需要相当谨慎。我自己的经验是：当满仓去做一件事情的时候，我们总是比较谨慎的。反而是不满仓操作时，比如你有 100 万元，先投入了 30 万元，你可能就没那么谨慎了。因为你想着自己是每股 10 元买的，如果股价跌到 8 元，就再补 30 万元；如果股价跌到 5 元，就把最后的 40 万元都投进来。可最后，股价跌到了 2 元，你受不了，砍了。反而是准备满仓做的时候，你会找一个特别好的价位，才敢往死里干。不然的话进去先亏 20 万元，你下次一定老实。

5. 频繁交易

在短线交易里，频繁交易的后果是：一方面会导致成功率大幅度下降，另一方面也会让交易成本激增。最关键的是，这样操作对于修复交易心理特别不利。每个人都是有承受极限的，我自己的承受极限是三次。连着错三次，我可能就不太会去下手第四次了，肯定要休息一下。

（二）中线亏损的原因

我所说的中线就是波段操作。在板块轮动、慢牛市，或者一些宽幅震荡的行情里，我们做波段的概率会比较大。一般会选一只自己熟悉的股票长期做，或者中长期做。

1. 波段区间

波段操作的前提是：贵的时候卖，便宜的时候买。但是这种格局,是会被打破的。它被打破的标志是:原来的低点或者高点被打穿。高点被打穿，意味着加速，至少是一个区间扩大；低点被打穿，有可能是一个破位，这个时候应该离场。在波段操作里，大部分时候并不是“我卖了，把它给卖飞了”，因为那代表后面行情上涨时没捡着钱。多数情况都是打漏了低点，没有平。出现这种情况，一般是由于一些人长期做某只股票，自认为对它很熟悉，缺乏警惕性。面对这种情况，只能用严格的交易纪律来规避。

比如事先把波段的顶和底等各种结构关系画清楚。比如：高点在变高，低点也在变高，这是一个上升通道；高点在变低，低点在变高，这是一个夹板通道；高点在变低，低点也在变低，这是一个缓慢的下降通道。要把每一种通道类型的操作和进场点、出场点事先规划好。只要事先把交易纪律制定好，介入和退出都不会有太大的问题。

2. 波动率

虽然事先做好了规划，但在实际操作中，我们还可能遇到情况突变，这时最简单的判断依据就是波动率。大家记住我的结论：市场中长期高波动率的个股，是不可能跑赢指数的。也就是说，在高波动率的个股上做中线的波段操作，在大势上是跑不过市场的。我们应该关注波动率从低向高的个股，这些个股才具有强的可操作性。我认为：波动率是相当精准的判断依据之一。比如，一只强势个股，如果它的波动率变低，那你一定要提防它阴跌。因为波动率变低，意味着这只个股里的资金不活跃，而资金不活跃，会导致这只股票在原有的趋势上产生转势，如果它之前是强势的，立刻就会转为弱势。与之相应的是，如果一个长期低波动率的个股突然间上下乱蹿，那么这是变盘的前兆。尤其是长期慢牛的股票，基本上每天都有 1% 的涨幅，突然高位加速，然后一根大阳线接着一根大阴线，这是非常明显的信号。

3. 振幅

大家可以把波动率指标加到自己的观察要素表里。波动率以振幅来计算，我们可以用贝塔系数来描述。举个例子，大盘每天的上涨下跌区间是 1%，如果有只股票，它的上涨下跌区间是 5%，那么我们就认为它的贝塔系数是 5。一只股票的贝塔系数越大，说明它的波动率越高。相应的，在选板块、选股票时，如果你要在短线和中线上有操作性，一定要选波动率高的股票。但是在长线上，你一定要选波动率低的股票。

（三）长线亏损的原因

长线亏损最主要的原因，不是你选的股票不好，而是你买得太贵。这句话希望大家好好地体会。能让人们愿意做长线的个股，一定是潜力非常好的。比如中国石油上市的时候，发行价是 16.8 元，第一天开出来是 48 元。你说这家公司好不好？当年上市的时候它是亚洲最赚钱的公司，非常好的一家公司。但是呢，它的股价太贵了。

我问过身边很多做长线的人，大家都认为做长线的核心还是价位，即买的位置是好还是不好。很多人觉得：我一定要选那种价值成长类的股票，或者说做价值投资我是不怕的。你可以不怕，但是前提条件是你不能买得太贵。长线亏损最主要的原因是：太乐观了，买得太贵了。

跟大家分享一个心得，这是中级课程要讲的，我这里先提一句。长线选股，我们选什么？我们一定要学会选有争议的个股。什么叫有争议的个股，就是有人说它好，也有人说它不好的股票。说它好的人有很多，说它不好的人也有很多。道理很简单：众口一词说好，那它肯定贵了。2007 年的中国石油，大家都说它好，那它一定贵了，定价定到 48 元。众口一词说不好，肯定有它不好的道理，里边说不定就是陷阱。所以，我们要学会去选争议比较大的个股。所有长线金股，它们的特点都是：在启动阶段，伴随着巨大的争议；然后一路涨，　路争议，一路涨；到最后大家不争了，一起看好，到顶。

三、导致亏损的原因

导致亏损的原因，其中有一些是技术问题，有一些是交易理念问题，还有一些是交易思路问题。比如：怎么去认识中线的顶底，做短线的技术方法是什么，是做背离的还是做布林线的。再比如：有人做长线，正常情况下应该关注整个行业的情况、公司的情况以及成长的情况，但是他们却在思考要公布的业绩报告是不是超预期，或者做短线的关注公司董事长换人，这些人都走偏了。

比如 2015 年上半年快牛时：水平高的应该去做短线，闭着眼睛买一个集合竞价，打一个强势股，一会儿就涨停；水平差的就捂着，死捂。然而在熊市里，就不能做长线，做长线很受伤，应该做短线，顶多做波段。而且就算是做波段，也是盯着一个做，一旦发现波段不行了，立刻放弃。这是交易思路的问题。

我的切身体会是，在牛市做短线对操作要求非常高。2006 年，我基本上没怎么挣钱，因为我以前练的是做短线，所以 2006 年放跑无数牛股。所以，在牛市中，你如果能选中一只好股，一直捂着不动，大概率能超过 90% 的人。但是那些获得非常高收益的人，比如 2015 年上半年有人做到 6 ~ 8 倍的收益率，那一定是做短线的，只有这些人才能够一直追着热点跑。

四、交易理念三贴合

我的交易理念主要是三贴合：交易哲学和人生观贴合，人生观和对世界的认知贴合，对世界的认知和交易技巧贴合。这就是所谓的“道”和“术”要统一。

什么是交易哲学？你认为这个市场是什么样的，市场的本质是什么，你是怎么理解这个市场的，你对这些问题的认知就是你的交易哲学。

对于我来讲，我认为市场是错的。在观察世界的时候，我对世界的认知就是：这个世界其实大多数时候是无序地、没有规律地在波动着，可能一个偶然的事件就会导致整个事实偏离原来的轨道比较远。既然我有这样的交易哲学和世界观，那么我的交易技巧一定是去找拐点的。所有的交易技巧都应该以这个为主，这是核心。

那么，如果你认为市场永远是对的，你就应该是一个趋势爱好者，就应该顺着趋势的路子去找你的交易技巧。至于你的交易哲学是对还是错无关紧要。为什么这么说呢？因为市场本身太大了，只要让自己的交易哲学符合市场的一部分就行了，你只需要挣这一部分的钱。不可能说我今天认为市场是错的，所以我要做顶底，明天我认为市场是对的，出趋势的时候我再去追趋势。我们不能这样操作，这样会做成精神病。

所以，交易理念必须是正路子，一定要三贴合，同时我们自己的心态也要开放。不要觉得别人跟我的认知不一致人家就是笨蛋，不要这么想。在这一行，能稳定赢利就行。稳定赢利的办法就是：在做对的时候多挣钱，做错的时候少赔钱。

有一次看新闻，上海电视台在马路上采访一位女士，问她现在还看不看股票。“不看了呀，我都已经赔这么多了，都打三折了，所以我彻底不做了。本来想挣个小钱,结果现在只能给女儿留嫁妆了。”这就是交易理念完全错误。她本来要干什么，最后干了什么，交易理念没有正过来，她不可能赚钱。

第二节　停止亏损

一、亏损和停损

1. 亏损是交易的一部分

亏损是交易的一部分，这句话，值得大家反复体会，不体会到是不过关的。既然交易会错，那在制定所有的交易技巧、方案时，都要把自己会错这种可能性考虑进去。你不能说：我压根儿没想过，我不可能错。

我认识一个朋友，他就说他从来不会割肉。有可能他之前这么多年从来没有亏损出局的情况。但是如果有一次他错了，也不准备认亏出局，会是什么后果？2007 年，云南铜业股价最高 98 元；2014 年，其股价最低跌到 6.78 元。这样的个股跌了 30% 时，你有勇气斩；跌 60%，你还斩得下去吗？反正我是斩不下去了。很多人过来问我："我 15 元买的股票，现在 8 元，应该怎么办？"我真不知道该怎么办。换作是我，不到 12 元可能就已经抛了。但是他已经拿到 8 元了，我让他现在卖，他可能卖吗？他找我问就是求个安慰，希望我说这只股票的好话，然后他可以踏实地从 8 元拿到 2 元。我也知道他是这个心理，就跟他说得比较直白：我让你卖，你卖吗？

2. 以防万一的观念

我们所有的停损操作，都是基于一个保险性的观念：以防万一。这种感受在股票市场体现得不明显，因为股票市场进行的不是杠杆交易，如果你做了融资融券的话，肯定会理解"以防万一"这句话。为什么这一轮行情有很多人赔了很多钱，最后连本金都亏光了？就是因为他们没有这种底线思维。有些杠杆很大的品种，像标准普尔指数，如果是 6% 的保证金，跌 100 点，那你就快亏光了。所以，一定要给自己一个安全阀。

二、规划止损

明确了止损的必要性，接下来的问题就是怎么去规划止损。以下这三条，希望大家每次去做交易计划的时候，都考虑到。

1. 明确的止损依据

你为什么要止损，止损的标准是什么，必须要明确。我们小时候都学过：红灯停，绿灯行，看见红灯就要停。什么时候你要砍仓，这个必须要明确，不能含糊。比如，你觉得自己不舒服的时候就砍，那你什么时候不舒服，是前一天晚上头疼脑热不舒服，还是跟媳妇打了一架不舒服？这里的度到底在哪里，必须要明确。

止损依据是一个核心的问题，应该是保持开平仓的一致性：你因为什么去买的，就应该因为什么去卖。这跟盈亏同源是一个原理。比如，我看某只股票的图好看，就买了，那么当破了均线，图不好看的时候，就应该把它卖了。绝对不能我看某只股票的图好看，买了，当它图不好看的时候，一看它报表挺好的，前后不一，止损依据就不对了。你买的逻辑没有了，这样是不对的，前后逻辑一定要一致。这就是开平仓的一致性。

2. 简单的止损处理

止损处理一定要简单，不要很复杂。我上次看到一个朋友制订的止损规划，是用另外一对套利头寸去覆盖股票现货持仓的下跌。技巧很高，但是太复杂了，不够简单。复杂的规划你处理起来，可能会有意外。本来股票下跌，你只要去考虑股票的流动性就可以了，结果你做了一个套利对子，又要去担心那个套利对子会不会出问题。所以，止损一定要简单。

3. 及时平复自己

止损以后平复要快，要及时地安抚自己。你可以跑到群里求安慰。没关系，给你发个两分钱的红包，只要高兴一下，有利于自己平复。

简单概括，规划止损就是：事前规划，事中执行，事后恢复。我们做止损规划一定要把这三条都考虑到。

三、短线止损的技巧

1. 建仓区间概念

首先，我们得明白建仓区间的概念。什么意思？我要买一只股票，假如这只股票现在的价格是 10 元，那么通常情况下，我认为在 9.8 ~ 10.2 元这个区间都是建仓区间。在这个区间内，我们可以把止损设到 9.8 元以下，跌破 9.8 元我再止损。建仓区间概念对大资金来说可能更关键，当然大资金也会有一个砍仓区间，股价到警戒位置，必须往下杀。在建仓区间里，我们既不谈止盈，又不谈止损。

2. 止损的位置

止损的位置在哪儿，这是最关键的问题。为什么关键？因为它决定了你的执行，到哪个位置你要退出。

3. 止损的设定

止损位置的设定，在短线上有三个标准：

第一个标准是技术图形上的支撑位，这是一个具体价位。因为做短线，大家都是在做情绪、做波动的。股价波动的原因是资金的进出，而资金进出的原因是情绪问题。既然短线是在做情绪，那么相应来说，技术图形看起来也就更加简单一点。因为很多人的情绪在技术图形上都是有共振的，所以具体的价位可以很简单地在技术图形的支撑位或者阻力位上明确地设定。这看上去像算命，但实际上给了你一个最重要的执行依据。先不管设定得科不科学，只要设定就比没设定强得多。

第二个标准是突发事件和新闻，我把这叫作事件止损。什么意思？你是做短线的，买进去 8 天了没反应，是不是该走？或者突然听说这家公司的董事长被抓了（当然，牛市的时候经常出现董事长被抓是重大利好的情况，可能是因为这意味着公司马上就要进行重组了），或其他一些新闻，遇到这种情况时，第一时间毫不犹豫地出来再说。

大家一定要有交易员的思维，而不是分析师的思维。你走在马路上，啪一道闪电，把你前面的人劈成灰了。看到这种情况，交易员的反应是赶紧跑，而分析师的反应是原地站着不动，思考为什么闪电劈在这儿，那个人是不是有问题，下一道闪电会劈在哪儿，下一道闪电劈在旁边的概率是多少，劈到自己身上的概率有没有，自己应该撑着伞去应付闪电还是应该往旁边跑……还没想完，啪，又一道闪电下来了。我们在第一时间发现不对，一定先溜，走为上。

第三个标准是某个看着很不爽的人，这是一个超级反向指标。因为有很多人的反射弧比较长，市场都狂欢完了，他最后一个跳起来。他只要一跳起来，那行情真差不多了，但是你不能跟他说，你说了，他的心情会很不愉快。我们有个研究员，就是这种风格。反正他一激动基本上这波行情就到头了：恐惧到头了，兴高采烈也到头了。这个秘密千万不要让这个人知道，让他知道就不灵了。

四、中线和长线止损的技巧

1. 震荡区间被打破

举个例子，有一只股票在漫长的震荡行情中，顶底在 12 元到 9 元之间来回磨。突然有一天，12 元这个顶部被突破了，你第一时间应该先把你的多头仓位守住，如果你在 12 元往下抛了点，先把抛的那些捡回来。为什么？因为也许突破是对的。区间一旦被打破，你一定要很小心。比如一根中阴线把你的支撑位、重要的均线支撑位全部打漏，然后 MACD 指标迅速扩大，绿柱马上放大，震荡区间明显被打破了，一定不能再去做顶底操作。

大家可以看一下标准普尔指数，在 2015 年 4 月以来形成的顶部，就是一个非常明显的顶部。它的高位大概就在 2 100 点，最高不会高过 2 200 点，但低也不会低于 2 050 点，一直在两百点的区间来回震荡，一旦突然漏到 1 900 点以下，这就是背离，整个震荡区间完全被打破了。这时候，你低位的空单也许就要少平，因为平了之后，可能好价位你拿不回来。反之，震荡区间被打破了，我们反方向的单子是一定要走的。

2. 背离的形成被扭转

高位顶背离，低位底背离，如果一个顶背离之后没多久，同时间周期又形成了一个冲破前一次顶背离的指标，那就说明这个背离已经被扭转了，原来的顶背离已经不再是顶背离了。比如 MACD 出新高了，这时，我们在操作上就不能再用波段的眼光去看待了。这时如果用波段去做的话，你的止损一定要设得很小。可能随时一个爆拉，直接就把你拉出去了，也许趋势就要来了。实际上，很多人在做趋势的时候，也在关注震荡区间，为什么？因为在等震荡区间的打破，也就是在等趋势。

3. 周期的共振

周期的共振是一项非常深刻的内容，在第七章我会详细地介绍。但是，我希望大家能够有一个印象，在波段操作中，也是有周期的。如果是在日 K 线级别做波段的话，正常情况下，你要关注的是比日 K 线高一个周期的周 K 线和比日 K 线低一个周期的小时线。通常，我们应该等小时线和周 K 线的方向一致，但是刚好和日 K 线方向相反的时候，去做买入或者卖出。大家可以先记住这个结论。

什么叫顺大势，逆小势？我们把周期划分成大、中、小三段。在大周期和小周期上，我们方向要一致，而在中周期上，也就是我们正常观察的这个周期上刚好是逆着的。比如说我要做买入，那么首先，周 K 线要是上升趋势，小时线也开始上升趋势，并且日 K 线刚好调整到位，从一个下降趋势中均线走平，这个就是典型的顺大周期小周期的势，逆你目前操作的中周期的势。这就是顺大势、逆小势的交易。首先，你的短周期切入点很敏感，另外，长周期是往上的。相应的，如果我们看到周 K 线趋势都走坏，然后小时线再次走坏，这基本上就是一次加速突破的形成。这种交易会让大家的切入点非常好，无论是做中线还是做长线，买入就赢利，对增加你持仓的信心有帮助。

4. 买卖逻辑要一致

在波段操作和长线交易中，最容易犯的错误是，买卖逻辑不一致。有朋友问：买卖逻辑不一致怎么改？你说怎么改，连最基本的你都做不到，就别做了，不然的话肯定会吃大苦头。包括听消息都是一样的，千万不要做的事是：最后连跟你说消息的人都卖了，你还不卖，还跟他说“你别卖，我研究过了，你的消息不对，消息里边可能漏了一二三四五”，还跟福尔摩斯一样。

五、浮动止盈的技巧

1. 用利润去冒险

浮动止盈和止损其实是一回事儿。我们没挣钱，那是止损，有盈利了之后，浮动止盈就要跟上。这里的核心思想就是一句话：挣的钱，落袋为安，一定要先揣一部分到兜里，这等于是我在用盈利去赌未来。10 元买的股票涨到 15 元了，好，我想得很清楚，跌到 13 元我就卖，最起码这 5 元利润，我留住了 60%；股票从 15 元又涨到了 20 元，那我就有 10 元的盈利了，回吐 40% 就是 4 元，我也觉得有点多，那就只吐 20%。这实际上是一种最朴素的思维，要尽量把本金保住，可以用利润去适当冒险，甚至可以用利润去进行特别大的冒险。

2. 利润回吐之后强制平仓

在利润回吐一部分之后，要强制性地平仓。这实际上就是我们常说的止住亏损，让利润奔跑。大家可以仔细地观察一下自己持有的赚钱的股票，看一看这些股票，最大的调整幅度能有多少。你可以给自己设一个止盈比例，这一比例是因人而异的。我的一位朋友经常说：我准备拿到收盘，利润吐光。他只要说这话，必然吐光，这就很邪门了。

3. 为什么不愿意止盈

怕的是本来你只打算吐 20% 的利润，可吐了 20% 之后，你又觉得我可以再吐 20% 跟它赌一赌，这就完了。开平仓不一致，制订的计划不执行。浮动止盈最根本的一点就在于，我们一定要意识到机会是很多的。可很多人不愿意止盈，为什么？因为他们觉得自己手上的就是最大的机会，不愿意走。

我的朋友，买了南车北车后跟我说，一定要参与合并。我跟他说这玩意儿已经涨 10 倍了,已经完全透支了将来的成长性。他纠结：要是不去参与一下合并，我这辈子就白活了。后来，他在股价为 40 元的时候没走，但在股价为 32 元时走了。还不错，他走了，有人在股价从 40 元跌到 32 元的时候没走，这辈子都不走了，股价最后跌到 13 元，大梦一场。这种情况太多了。所以大家一定要意识到，机会无处不在，千万不要在意某一只股票。

没有任何一个牛市是不能错过的。我从业十几年，经历过的超过 100% 上涨和超过 50% 下跌的行情，已经三个来回都不止。你想想看，如果职业投机，我们至少要做 40 年，你说哪一次不能错过呢？

以前有一句很流行的话：人生就是打孔机，一辈子只有七次打孔的机会。如果你天天在想，七次，好像很少一样。可换个角度想，七次啊，除了少部分人以外，大家这辈子能谈几个女朋友？你要这么想，其实就想得很清楚了。机会很多，没必要每次都拼，更没有必要在不值得拼的东西上去拼。比如最简单的，一只股票如果长线已经涨了 10 倍，你还去跟它拼，觉得它能涨 20 倍。那有没有这种可能性？也许有，但概率太低了。而且长线股有一个显著特点，那就是：上一轮牛市最牛的股票，在紧接着的三到五年，一点机会都没有。涨，涨不起来；跌，一路都是阴跌。你就应该忘了它。尤其是在牛市早期，面对已经完成10倍涨幅的股票，你赶紧跑，往后跟它没关系。它已经完全透支了将来的成长性了。

4. 给自己设个安全阀

关于浮动止盈，我自己的体会是：在执行层面很容易界定，做之前具体价位基本上就已经定好了，困难在于执行。我认为浮动止盈更像是一个让人保持警惕的安全阀，大家总有被胜利冲昏头脑的时候，有了这个安全阀，就会少犯这种冲动的错误。另外，通过浮动止盈，我们会在风险聚集的时候，把仓位逐渐降下来，而不是在风险不断聚集的过程中去上仓位。

在2015年前后的这次行情中，为什么很多散户亏得比较多？那是因为在牛市的早期，他们买得不够多。2015年春节前后，我们遇到炒股的人很容易就聊到股市，大家会聊我挣了多少，你又挣了多少。过完春节之后，大家基本上都有钱了，年终奖发了，压岁钱收了，学费也拿回来了，使劲买股票。结果，低位买的人少，高位买的人很多，低位筹码太少，高位筹码太多，这样就把成本摊高了。遇上下杀，这些人直接就被“杀死”了。

六、养单子的技巧

这其实涉及养单子的问题。对于这一点，我这里先简单说几句，第八章会详细讲解。养单子有一个前提就是底单一定要厚，在底下的时候仓位一定要重，反而涨着涨着，仓位要轻了。

那么，应该怎么养单子呢？起始阶段一定要厚，你的止损点一定不能大；在趋势出来的时候，过了某一个位置只能减仓不能加仓；然后再过某一个位置，如果是杠杆交易的话，几根大阳线一冲，多单可能就要了结，或者几根大阴线一跌，空单也要了结了。因为这种突然的加速，在杠杆交易中基本上都是一边被打死了。当一边被打死了，如果另外一边还不去兑现利润的话，你马上也会被洗掉，所以加速的时候一定要走。商品这种亏太多了，一些人在大加速的时候不走，总想着跌停板，下边还有三五个跌停被交易所强平。其实，第二天利润就被全部打光，你要是敢加仓，直接连你的本金都打掉。但如果是个股，在加速的时候，可能会再等一等，但是在大波动、大交易量的时候也应该撤掉。

这是浮动止盈给我们带来的福利。我摸索到现在，见谁就跟谁说，一定要学会浮动止盈。浮动止盈，会让我们的持仓心态和交易心理都比较舒服。

第三节　止损之后

在止损之后，我们应该让自己尝试着做到以下几点：

一、错三笔停一停

止损之后的心理恢复是非常关键的。我连着错三笔，一定会站起来，甚至把电脑关了。因为这时候情绪很容易失控。错三笔的时候，一定要让自己停一停。最怕的是错了三笔之后，去放大赌第四笔，这是一种非常差的选择，基本上就是灾难的开始。

在这个市场中，很多人把挣到的钱全部亏回去，甚至把本金亏光，都是因为孤注一掷。我一直跟大家说，投机市场是一个特别反人性的地方，人所有性格上的缺陷都会在这儿被完全地放大。如果你有这种心态的话，一定要去克服它，否则会很危险。如果你做不到这一点，就不要在这个市场上做。

二、站起来深呼吸一下

停一停，不是去责骂自己，埋怨自己，而是先让自己暂时冷静一下。做单子的时候站起来深呼吸一下，你会立刻平静很多。如果再做到错三笔停一停，我相信你在交易上就会少犯一些很低级、很冲动的错误。我也犯过这种错误。我给大家讲的这些都是我吃过亏的，是用真金白银换回来的教训。

三、不顺手的时候减仓

我还有一个经验：当错了的时候，减量操作。比如你原来都是买 100 万元的，如果这一笔 100 万元买错了，那下一笔就买 80 万元，或者买 90 万元都行，虽然只减了一点，但你的心态会放松很多。

四、拿不准的时候就出来

在第三章我跟大家讲过，不确定在这个头寸该不该拿的时候该怎么办。先出来。出来了之后，看你还要不要再做回去，如果你想再做回去，那就再做回去，无非就是亏点手续费。虽然错一两角的价位，但是你不纠结了。这样操作在多数时候都会救我一命。包括以前的 PTA、早期的焦炭，都是这样。

五、心态调节

做交易一定要想得开，从最源头就应该知道，我们的交易是允许亏的。所以，亏了就亏了，不要想太多。另外，对于交易上出的问题，不要把它量化成具体的数字。我印象特别深的是，上大学的时候刚炒股，我买的第一只股票挣了点钱，当时我就在脑子里把它换算成两个半月的包子钱都有了，后来，我又差点把一年的住宿费亏掉。这个时候，心态调节很关键。

六、远离负能量

止损最重要的一件事情是：远离负能量。有很多人浑身都是负能量的，离他远点。女孩子找男朋友的话，尽量不要找交易员，因为他做单子已经很郁闷了，回去以后再碰到一个跟他作的，当他觉得跟你在一起，你负能量较多的时候，他就把你止损了。

本章小结

用对生活的热爱来对冲负面情绪

对于停损之后的心理恢复，每个人的习惯不同。我的习惯是，这种恢复都是自我完成的。有些人喜欢唠叨出来，有些人喜欢去发泄，比如去唱歌什么的，这其实都是一种心理恢复。你只要自己会调节就行。

如果家里边有一个做股票的，我希望大家能够推己及人。我做股票，亏钱了，回家最怕什么，或者最烦什么？2004 年，我把当时仅有的积蓄投在股市。有一天晚上我在刷碗，我媳妇问我：咱们股票怎么样了？我头都不敢抬，当时是亏了将近 40%，只说“还行吧，也就那么回事吧”。为什么头都不敢抬？怕啊，特别怕。那么相应，如果你家里有个做股票的，暴跌那几天，你一回家就跟他说：“哟，今天泡方便面吗？”他砍死你的心都有。所以，你希望别人怎么对待你，你也去怎么对别人。但是你自己不能装鸵鸟，绝对不能别人不问，你自己也不问。

关于止损之后的心理恢复，我是最有研究的。我们现在在交易室里，每天是互相黑。为什么互相黑？锻炼大家的抗干扰能力。有些人做个交易，拉着窗帘关着灯，这是不可能做得好的，他太容易受外界干扰。我们现在是大家互相在那儿逗着玩，互相开玩笑。如果在这样的环境里，你仍然能把交易做好，那就没问题了，去哪儿做都没问题，都是响当当拿得出手的。

中级课程

★

第五章

如何正确参与市场

第一节　市场参与者

国内市场的特点和生态，我想从几个方面来讲，首先讲参与者的分类。国内市场的参与者基本上可以分为五大类：公募、私募、游资、散户和产业资本。

一、公募

1. 公募发展的起点

国内公募的发展是从 1998 年开始的。2000 年发表的《基金黑幕》一文，把公募的盖子揭开了。在市场早期，我们的公募主要以封闭式基金为主，直到现在，仍然有一些封闭式基金。2002 年 11 月 8 日，第一只开放式指数型基金华安上证 180 指数增强型基金成立。这是一个标志性事件，从这个时点开始，国内证券市场的公募就转向了以开放式基金为主。

公募基金，在海外又叫共同基金，其实就是供一些散户购买的。因为海外市场去散户化的程度比较深，所以散户很少。那么，散户怎么参与这个市场呢？对于资金量比较多的散户，就参与私募，也就是所谓的对冲基金；对于资金量比较少，或是仅有一点资产来配置的散户，那就认购一些公募基金，就是所谓的共同基金。

2. 公募大发展

公募占国内市场整体交易的比重非常大，这得益于尚福林。尚福林在任期内，提出了“双向扩容”的理念，一边扩充上市公司的上市资源，一边大力地发行基金。所以，我们的公募基金发展历程虽然短，但是规模非常大，是市场难以忽视的一股力量。这股力量，我们将其称为所谓“正规军”里的一部分。

券商的自营，因为现在所占的规模很小，所以我没有将其包括在内，但可以把券商归到这一类，因为它的运作模式和公募的运作模式及风控模式非常类似。

3. 公募的弱点

公募基金天生有一些弱点，这些弱点其实会被利用，或者说是会被市场传染的。一旦公募基金的行为趋同，或者说是交易风格趋于一致，立刻就会产生一些比较大的问题。

二、私募

1. 私募发展的起点

过去，私募属于灰色地带，比如会涉嫌非法集资。2002 年，银监会发布《信托投资公司资金信托管理暂行办法》，允许成立集合类的信托来参与证券市场，这是市场迈向私募的第一步。既然是信托计划，那么相应地，它就属于一种阳光化的产品，所以这是私募发展的起点。

2. 私募大发展

私募发展真正的高峰期是在 2009 年以后。在 2007—2008 年这波大行情中，很多私募的规模都还比较小，还是一个小众市场。但是2009年之后，各类结构化的产品，通过信托的方式，涌入市场。最多的时候，中融信托的100多个信托账户全部用完了。当时，结构化信托产品的最小单位基本上都是6 000万元，入市节奏非常快。

但是，第一轮私募基金入市并不顺利。从2010年3月开始，出现了一轮漫长的下跌。在这个过程中，很多私募惨遭淘汰，尤其是结构化的产品。相应地，非常有实力的私募，一直坚持到了现在。当前国内阳光私募的发展非常迅速，真的让人刮目相看。私募发展这么快，我认为得益于以下几个事实。

第一，全民投资理念的加强。

以前我们中国人手上钱少，人均收入和人均可支配收入不高，所以私募行业或私人银行业发展缓慢。但是从2010年开始，经过了一轮牛市和一轮熊市，又经历了一轮牛市的反弹之后，老百姓对于投资已经有了非常大的需求，这促使私募发展起来。

第二，市场逐渐完整。

不像以前只是单向做多的市场，在2010年有了股指期货，全市场有了做空工具之后，私募和资产管理都有了较大发展。为什么呢？因为有了对冲工具，就可以去追求绝对收益，而不再是追求相对收益。没有做空工具时，我们的比较基准就是上证指数或市场综合指数，如果市场涨了40%，而我们赚了25%，虽然绝对收益挺好，但实际跑输了市场。有了做空工具以后，哪怕在行情不好时，也可以通过做空期指买多现货的方式，做一些阿尔法的东西来实现绝对收益。

第三，交易模式多样化。

随着做空工具的出现，涌现出很多交易模式，市场发展迅猛。

这些交易模式包括期货行业和股票日内交易、高频交易、量化交易、自动化交易、程序化交易，以及 2013 年之后兴起的融券 T+0 等很多交易模式。

3. 私募的弱点

大家可以想一想，由于期指是被限制的，所以大多数私募的日子很难熬。很多私募沦落到和公募差不多的境地，其唯一优势在于它的仓位可以自己控制。有些公募，比如股票型基金，其仓位下限由 60% 提高到 80%，这意味着这些公募基金其实在市场里面只能等着“挨枪子儿”了。

三、游资

1. 热钱

第三类市场参与者是游资，很多私募本身也是游资的代表。还有一些游资，因其资金量比较大，能够引导市场的行情。游资的特点就是热，永远是最烫的钱，去追最热的板块。

游资和私募的区别在于：私募是阳光化的，注册并接受监督；而游资可以是不阳光化的。比如，我们看到的阳光私募有可能是某信托第几期集合资产管理，但是游资可能就是张三，下面有张六、张八、张九等几个个人股东。

2. 涨停板敢死队

大家一定要明白：游资不坐长线庄，主要是以短平快为主的短线模式。游资从 2002—2003 年开始兴起，其中的代表人物是徐翔。这种模式最早出现在宁波解放南路银河证券营业部。其操作方法非常简单：打涨停板，俗称“涨停板敢死队”。当初“敢死队”做的股票，在形态上都有共同的特点，我总结就是六个字：开阔地，大平原。

第一，开阔地。

这些股票的股价长期阴跌，距离市场平均套牢成本非常远。比如，市场上一轮换手的平均成本是 20 元，那么现在其股价可能只有五六元。这是从 2001 年开始的大熊市一路下跌造成的。

第二，大平原。

这些股票在底部盘了相当长时间，而且成交量没有放出来。这种形态意味着抛压很轻，一旦上涨，惯性会非常好。

这种形态的股票，我大概跟着做过一年多，基本上每天都要换股，当天涨到 6% ~ 7% 的时候追板追进去，第二天高开就卖掉。运气好的话两天就能挣 10% ~ 15%；运气差的话砍 1% ~ 2%；运气特别差的时候砍 5%，基本上第二天就走。采用这种方式在熊市的时候可以保护自己，在牛市的时候，可以点燃整个市场的做多情绪。

3. 游资的模式

在我的认知中，这种操作模式是非常犀利的，到现在我们仍然可以用这种模式赚钱。为什么？因为这种模式其实是在赚“T+1”的钱。有一些交易制度，看上去像是在保护散户，但实际上对散户是非常不利的。

比如游资打涨停板，涨停板封住当天跟着游资追进去的资金是走不了的，所以不用管当天跟进来的这些资金的抛压，第二天只要能把情绪维持住，问题都不是很大。在熊市里可能做一天或者一天半的行情，在牛市里可能做 5 天、10 天，像特力 A，甚至可能做 20 天的行情。当做到一定程度时，后面的涨停板实际上已经是散户在往上推。

比如全聚德这只股票，2007 年刚上市没多久，一连五六个涨停板。交易所开始查，认为这是严重的市场操纵，一定严查到底。后来过了两个星期，这件事情不了了之。我有个朋友是在交易所工作的，我就嘲笑他说：你们又这样，每次都雷声大雨点小，搞得大家对你们都没信心了。结果他说：等着吧，马上就出数据，到时候你们一看就知道为什么雷声大雨点小了。后来我才知道，这只股票的人均买入量还不足 1 000 股，股价基本上都是散户买上去的，尤其是后几个涨停板。这就反映出在游资点火之后，散户的惯性到底有多大。

4. 引爆热点

这种模式犀利在哪儿呢？其最关键的就是游资引爆市场的热点，利用资金推出一个赚钱效应，把热点扩散，然后引入散户进行追买，不断地换手，把行情推向极致。实力强的游资，打出来的行情时间长、惯性大，散户就愿意去追。散户越追，这种惯性就越好，大家就越认可。这是一个自强化的过程。所以我们看到，大家在不同时期追着不同股票跑。

四、散户

在市场参与者中，散户是最盲目的一个群体，也是最弱势的一个群体，因为他们什么工具也没有。

大家可能体会不深，在我认识的散户当中，有水平高的，也有很多水平低的，在我看来，他们在这个市场里面赢的概率几乎没有。但是他们很有热情，必须要做，不让做他们还闹；赔了钱闹，赚钱了也不走，最后把钱赔光。

散户最大的问题就在于盲目性，非常容易被从一边赶到另外一边。操纵市场最简单的办法就是：把散户从一边赶到另外一边，然后再把他们赶回来，在这赶来赶去的过程中利润就出来了。在赶过来赶回去的过程中，你会发现少了一批散户。这就是通常所说的割韭菜。

对于我们来讲，自己也是散户，虽然我们是个散户，但也要有散户的觉悟，争取做个有头脑、不被割的散户。

五、产业资本

1. 股改之前

在股改之前，产业资本对于中国资本市场的影响力接近于零。当时，同股同权不同价。比如法人股，二级市场交易价格是20元，但是重组的时候，协议转让价可能只有4元，甚至3元，只要比净资产高一点，符合国资委或其他主管部门的审批要求就可以了。所以，当时的产业资本在股票市场上，几乎没有任何增持冲动。偶尔也有个例外，比如我们经历过方正科技、延中实业（旧名）举牌一些三无的个股，争夺控股权。但实际上，通过资本市场做大做强，实现整个产业链收购的产业资本，几乎看不到。

2. 德隆系的倒掉

2003—2004年，出现了一个大的资本系的运作。德隆系的唐万里和唐万新兄弟，采取的就是产业资本整合的模式。他们先收购上市公司，通过信托的方式大量持有这些上市公司的股票，控股以后，再通过产业运作和资本运作，把资产往上市公司里装，提升这些上市公司的盈利能力，整合产业链，最后达到高位减持的目的。

但是他们忘了一点，在这个过程中是卖不了的，最初阳光介入的那一部分股权，永远出手不了，只能出手流通股。但是，要出手流通股，就必须买流通股。这就导致了他们自己坐庄，自己包装，自己把上市公司养大，甚至把利润往上市公司里装，比如当时的合金股份（旧名）、湘火炬（该公司已被潍柴动力股份有限公司吸收合并，并终止上市）和新疆屯河（旧名），花了大量的资金从产业链上去整合，但是没有熬到非流通股可以转让，没有实现高位减持的目的，最终资金链断裂，几乎新疆所有的金融机构都被拉下了水。

事后很多人同情德隆系，觉得他们运气太差，只要再熬一年，大牛市就来了，他们就能渡过难关。但我们不能这么想，因为毕竟是民间资本，不存在这么大的力量。他们对银行资金的渴求和依赖，简直无法解决。也许就是因为他们倒了牛市才来。大部分做大做强，最后没有做好，离牛市差那么一点点倒掉的，其实不是运气，而是宿命，可能他们就是永远到不了那一步。

3. 全流通时代

从 2005 年股改开始到 2006 年年底，上市公司股权逐渐实现了全流通。尤其是现在，除了一些有限售条件的股票，几乎都已经流通了。在这样的环境下，产业资本大量地介入资本市场，已经成为一股非常强大的力量。我举个例子，在 2014 年市场行情极为低迷的时候，不知道大家有没有关注过中民投（中国民生投资股份有限公司），它当时大力介入这个市场进行收购；包括一些央企在二级市场，通过资产整合和五花八门的产业手段，也参与进来。

还有 2013 年国内市场最火的定增，大批定增的资本实际上也是产业资本，如果它觉得某项资产值得购买，就会买入。后来到了 2014 年，有些定增已经完成向另一种方向的转变，变成利益输送的工具，那是另外一回事。但是不管怎样，产业资本在这个市场的比重越来越大。

总体上，当产业资本大量涌入这个市场的时候，意味着这个市场被低估了；当产业资本毫不犹豫地甩卖的时候，意味着这个市场被高估了。产业资本的运作，会对整个市场的运行轨迹产生非常大的影响，可以说是资本市场的晴雨表。

大家可以想一下，国内市场产业资本最典型的代表是谁，应该是三个。我认为这三个人代表的公司的动向非常值得关注。一个是王石代表的上市公司万科，一个是马明哲代表的上市公司中国平安。为什么这么说？万科历来的增发几乎都是高位，大家可以自己去看，但是万科的方式是比较有意思的，它不会把事情做绝，王石总会打一些提前量。

万科的管理团队，对于自己的价值是多少，非常清楚。平安判断整个市场的节奏也非常正确，凡是市场的高位，平安都明确地要减持，要高价增发，只是平安的时间绷得很紧。王石打了提前量，先把增发做掉了。平安抛了一个上千亿元的再融资，没有给市场留余地，就希望我直接把你圈走，结果把市场吓崩溃了。

资本市场还有一个超级厉害的人——马云。他在香港是高位上市，低位私有化走了。他去美股上市，大家可以回顾一下，一上市就是最高价。这就是产业资本在运作。

六、市场参与者定位

接下来，我们对这五大类参与者进行定位。

1. 公募

公募的定位就是大散户。它跟我们散户的行为几乎是一样的，追涨杀跌。为什么会这样？这不是因为公募基金经理的水平很差，而是跟公募的运营机制有关系。

2. 散户

散户的定位就是韭菜。我们现在要做的是成为一棵不被人割的韭菜，或者说假装是一棵韭菜。

3. 绝大多数的私募

绝大多数的私募其实也是偏韭菜的。大多数时候，这些私募在市场上的运作也很困难，也会受到许多限制。大家一定要明白：并不是私募做得那么差，而是在这个市场上，不可能是大多数资金都赚钱，一定是少数资金赚钱，多数资金赔钱。

4. 游资和犀利私募

游资和犀利私募几乎就是这个市场的收割机。有些年轻的基金经理，可以把年化收益率做到 40% ~ 50%，像泽熙（上海泽熙投资管理有限公司），几乎每年的年化收益率都可以达到 100%，它们是非常厉害的收割机。一些游资做日内、择时和短线，那么相应地，它们赔钱的概率就比较低。如果它们在收割，那谁在亏钱？公募、散户，还有绝大多数的私募。

5. 产业资本

第一，配置。

产业资本不以在市场上做差价为目的，它的首要目标是控制产业链结构。产业资本考虑的是，这样收购会不会让上下游非常顺，是不是对公司将来的发展有帮助，是不是和自身在资本市场的布局有关系。

第二，择时。

这个价格已经到了我认可的最低位置，或者像美股那样，我有很多的存款没地方花，那干脆收购自己的股票，然后注销。2015 年年初的时候，美股就有一轮这样的浪潮，甚至有一些公司通过银行贷款买自己的股票注销。这些公司为什么会这么做？一个深层次的原因是，这些公司可能觉得借银行的钱更便宜，与其派息，还不如直接收购。

有关市场参与者定位的内容，参见表 5–1。

这是各类市场参与者的定位及特点。并不是我们想定位成这样，而是因为各自交易的原因，以及市场交易的方式、方法和局限性，导致了这样的定位。

表5-1 市场参与者定位表

市场参与者	定位
公募	大散户
散户	韭菜
绝大多数的私募	偏韭菜
游资和犀利私募	收割机
产业资本	配置和择时

第二节 市场生态

一、A股的操纵问题

1. 有没有操纵

讲到国内市场的特点，我们必然要搞懂A股市场一个最大的问题，那就是操纵的问题。对于A股市场是否有操纵，大家一直有争议：有人说操纵得非常精确，连收盘价都可以被操纵，想多少点就多少点；还有人说，不可能有操纵。我觉得两者都极端了。大盘能够被具体地操纵到某一个点吗？这是不可能的。因为任何一个点位，你都能找到无数解释，比如："520"代表"我爱你"，那"525"就代表"我爱我"了？通过对数字的解读，就认为市场可以被任意操纵，想往哪儿走就往哪儿走，这个思路是不对的。

但没有操纵也是不可能的。市场操纵分两大类：一类是短期，另一类是长期。还有一种分法，也可以分为两类：一类是操纵个股，另一类是操纵大势。比如2014年到2015年上半年这次跨市场的大行情，为什么上面一直说要慢牛，因为希望通过资本市场稳定来解决一些现实中的问题。对于个股的操纵，长期的是庄，短期的是势。大家一定要记住这两点，不要搞反。

2. 短期的情绪操纵

有网友问：短线高手预测大盘的点位很精确，你怎么解释？这是技术测量的一种技巧，如果很多人在用道氏理论，那么这个市场对道氏理论就会有一种天然的反应，到均线位置，大家都开始做，都开始往里边卖。

比如，美股在 2015 年 9 月 25 日反弹那么多，我本来是想等它到碰均线的时候再买回来，但是后来看不行了，那我就直接追着买了。但是如果碰均线的话，我一定买。这其实就是盯着技术图形在做。所以，我们不能把这种情况认为是有谁在操纵。但是短期的情绪操纵是一定有的，比如游资突然扎进去，20 秒就把股价拉涨 5%，市场的其他资金蜂拥而入，这难道不是短期的情绪操纵吗？

3. 长期的整体操纵

那么，有长期的操纵吗？有啊，坐庄嘛。现在，二级市场还遗留着很多庄，至今无法完全杜绝。比如某个资本在某只股票里始终不出来，每年能做一两波行情。下面，我讲一讲市场中庄股的来龙去脉。

二、庄股的来龙去脉

（一）第一阶段

1. 无股不庄

20 世纪 90 年代开始有股市的时候，上市公司非常少，市场上仅有 8 只股票，那么当时有没有庄？几乎没有，当时全是电话报单，没有庄存在的土壤。后来，交易电子化，随着交易方式的变化，庄股开始大量出现，到 2000 年的时候已经是无股不庄。

我最早入行的时候就是帮主力报单的，亲眼见证了主力怎么运作一只股票。短短一两年，在它们的运作下，股价从 13 元涨到 18 元，回到 13 元，涨到 16 元，又回到 13 元，又涨到 18 元，然后再次回到 13 元，它们把现金打进来，走的时候再带走这么多现金，还带走同等数量的股票。

在这个阶段，庄股表现得特别好，大家通过技术分析跟庄炒股。这其实就是两只羊的思维，两只羊互相商量：我们去那块草地上吃草吧。为什么？因为那里有狼。

2. 绝大多数庄股被消灭

从 2001 年开始的大熊市，消灭了绝大多数的庄。没有走的庄，也几乎都被闷死在里面。大家可以想象一下，股价为 23 元的股票，最后跌得只剩 3 元，股价为三四元的股票遍地都是，八九元的算高价股。股价从上面一路跌下来，里面有多少资金、多少庄都没用。

3. 庄股时代退潮的标志

庄股时代退潮，标志性的事件就是，最有坐庄能力的人在这个市场上坐庄失败。大家可以想一下，当时最有坐庄能力的人是谁？证券公司。最典型的两家公司我不点名了，但它们做的那两只股票，我可以跟大家讲：一只是哈药集团，一只是宁沪高速。

当时在哈药集团的大股东名单里，根本没这家证券公司，但是出了问题之后，大家发现它持股 95%。一家证券公司持有一只股票的 95%，多可怕。

宁沪高速也是同样的问题，只不过那家证券公司抓住机会逃了。它抓住了什么机会呢？2002 年 6 月 23 日，国有股减持被国务院叫停；星期一，即当年的 6 月 24 日，大盘开盘后出现井喷，几乎以涨停开盘，个股就像疯了一样；10 点半之前，几乎所有股票都涨停了。在我印象里，只有三只股票没涨停，宁沪高速当时就在卖。铺天盖地的卖单让宁沪高速始终只涨 3%，为什么？它终于有机会跑了，那天全市场的量太大了。当时，全市场平均一天的成交量，两市加起来连 50 亿元都不到，但是那天，全市场成交了 380 多亿元，第二天成交了 500 多亿元。

为什么哈药坐庄失败？因为当天它在加仓。有朋友说：唉，它买那么多有什么意义？你以为它想买？它也不想买，但不买股价就往下跌，跌得让它受不了。那怎么办？它跟客户说：你也不会做股票，干脆把钱借给我，我来做股票，我用你的账户买，反正股票还在你名下，我每年给你一定的收益，咱们签协议。可这是一个三方监管的委托理财协议，是违法的。当这个协议的盖子被揭开的时候，相关部门一去清理整顿才发现：天啊，一家公司买了一家上市公司 95% 的流通股！这家公司破产了，标志着无股不庄的时代结束。

（二）第二阶段

1. 抱团坐庄

市场经历了 2005 年的黑暗期、2006 年的爆发期，2007 年出现了另外一种百花齐放的模式。2007 年，公募的力量已经很强大，开始有“抱团坐庄”的情况出现。什么叫抱团坐庄？你买点儿，我买点儿，大家都买点儿；你锁 2 000 万股，我锁 2 000 万股，这只股票的流通盘越来越少，很小的力量就能把价格弹起来。

一直到 2009 年，抱团坐庄都还有遗留，但是坐庄的主力已经变了，不再是所谓的长线庄或者传统意义上的“老庄”。为什么？因为证券市场开启了一个新的制度：三方存管。

2. 二级清算制度

最初，我们所有股民买卖股票的钱，都是存在证券公司的大账户里，买卖股票必须通过券商进行，因为中国证券登记结算有限责任公司（以下简称“结算公司”）只跟机构不跟个人进行清算交割。所以，再厉害的股民也得到证券公司去开户。证券公司把所有股民的钱存到自己的账户，去结算公司开立保证金账户，用保证金账户跟结算公司进行当天的资金清算和交收。换句话讲，券商不需要把股民所有的保证金都存到规定的结算公司账户，因为当天有买的有卖的，只要把轧差存到结算公司就可以了。

比如：我是一家券商，在我们这里开户的有 1 万个股民，这 1 万个股民今天有 500 亿元的买入，498 亿元的卖出，那么结算公司的账户里只要有 2 亿元的备付金，就可以完成当天的清算和交收；当天跟清算公司做完清算和交收之后，我再去跟客户清算和交收。这就是“二级清算制度”。第一级清算是登记公司和券商清算，第二级清算是券商和客户进行清算。

全世界的券商都用这种运营模式，这种模式最大的问题就是存在券商私自挪用客户保证金的现象。国外到现在也存在这个问题。

在国外，为什么大家不去找小券商，因为小券商可能把你的钱挪走，而大券商挪用客户资金的概率低。为什么国外一些投行也有自己的银行？因为如果没有银行做背景，把钱存在那儿，将来它跑了怎么办？这是我们最初的清算交割模式，直到现在也是这样，只不过我们国家对券商和客户之间的清算和交收，做了详细的规定。

3. 三方存管

为了杜绝券商挪用客户保证金，国内监管层想到了一个办法是：客户证券账户的保证金不再存券商处，而是存银行，券商不能再管理客户的保证金。客户在券商端开户，开立一个资金账户，悬挂自己的股东卡，形成一个标准的客户码；同时，还必须去银行开立第三方存款账户，虚拟生成一个证券保证金结算账户。

实行三方存管以后，券商每天做第二级清算的时候，要先用资金账户的资金余额和资金流水与在银行端生成的证券保证金监控账户进行一次对账，然后才是与客户的资金清算和交收。这样做的结果是：第一，券商再也无法挪用客户的证券保证金；第二，在现有情况下，在进行一级清算时，券商结算备付金账户的钱是自有的，跟客户的三方存款账户有一个时间差；第三，所有客户在开户的时候，必须用真实的银行卡和身份信息，不然三方存管上线这一关过不了。

所以，当时光大证券出问题，很多人问："这家证券公司买卖股票怎么不要钱？"它不是不要钱，而是证券公司的自营席位或者交易通道，它自己出来的这些委托单，确实是不检查保证金账户里边的钱到底够不够的，因为检查要浪费时间。光大证券厉害就厉害在这儿，虽然多买了几十亿元，但是在日中的时候它自己垫钱完成了清算。

4. 账户清理

我们回过头再来谈庄股，在任何一个客户都必须去开立银行三方存款账户的前提下，庄股就没有了生存模式。为什么这么说？因为之前庄股为了便于操纵，使自己不暴露在前十大股东名单上，肯定是分仓的。

分仓时，可以用多个身份证，甚至是多个假证实现。这种操作曾经离谱到什么程度？可以随便开一个账户，比如开一个叫“刘德华”的账户，因为深圳的账户可以多地托管，随便挂一个股东账户卡进去，就可以做交易。但是现在这种模式就不行了，必须开立银行账户做三方关联。所以，2006—2007年进行账户清理时，清理的几乎都是庄股。2008年3月，所有A股投资者的保证金必须上线三方存管。从那个时候起，庄股最基本的分仓模式已经不存在了。所以我们看到，第二阶段的抱团坐庄，几乎没有原来的老庄股。

（三）第三阶段

现在实际上正在经历第三阶段。遗留的一些庄，还有一些短线庄，在股东明细、年报、季报中才会披露。由于只做三天行情，它们不需要披露股东明细。包括一些闪电庄，日内做一下就完了。

（四）第四阶段

将来我们可能会经历第四阶段——产业庄。比如说德隆当年做不了的，现在实行市值管理化以后，全都是无缝减持，这时候可能就有一些产业资本要把整个生态链打通，包括一些所谓的生态庄。

比如腾讯。腾讯的经营思路就是：你干得好，我出来跟你对着干；干不过，我就把你买了。它如果在国内上市了，完全可以用这样的方式，定向增发把你收购了，这是另外一种玩法。包括产业庄，在海外其实都有。

（五）庄股产生和发展的分界线

大家可以思考一下：庄股产生乃至发展的关键是什么？第一，有方便交易和操纵的工具；第二，市场容量不大；第三，监管存在盲点。实际上，今后市场的发展方向和这个刚好是相反的，所以庄股以后一定不是主流。

为什么我从 2012 年就跟大家说：没有庄了！大家再去研究跟庄，已经没有意义了。市场上畅销的一些炒股书籍全是在教大家怎么跟庄，这些作者见过庄吗？所谓的短线庄、闪电庄，其实就是游资正在引爆整个市场，它们如何做势，如何去利用势，如何识别市场的情绪和波动？它们实际上是在做这些。庄只是表象，势才是关键。

三、庄股游戏规则

庄也好，势也好，都有完整的游戏规则。在这些规则里，我们要解决以下几个问题。

1. 定价是否有效

把股价打这么高，有人认吗？大部分庄“死”的原因都是出不来，而它出不来的根本原因就是它的定价无效，在顶上根本没有人愿意买。

2. 与全市场为敌还是引导市场情绪

曾经有一段时间，大家都在谈论嘉能可的问题，"有色金属跌这么多，是因为嘉能可不行了，嘉能可持有大量的锌、镍、铝、铜，现在嘉能可把别的头寸砍掉了，在保铜的仓位"。为什么会出现这种情况？因为嘉能可在过去的两年里是与全市场为敌，大家都在做空，而它在囤货。商品市场上这样的例子太多了，比如 2008 年的华联三鑫、2010 年的沙钢，都是跟全市场为敌。这是一条不能错的路，只要错一次就死了。所以，这个市场最残酷的地方在于，你再痛苦也不会有人饶了你。

3. 把人群赶来赶去的办法

把人群赶来赶去，把散户从一边赶到另外一边，赶过去再赶回来，这个过程就是赚钱的过程。庄股就是这样，在股价最便宜的时候你们最好都卖给我，等你们卖完了，我一点一点吸引你们的眼球让你们来，高位的时候再全部倒给你们，把你们从一边赶到另外一边。

4. 系统性风险

系统性风险怎么去规避？这是最核心的问题。你很厉害，但是在大熊市时，你想子弹无限？那是不可能的。

所以，现在再去考虑庄股，其实就是这四个问题。包括我们做势，也是这四个问题。将来大家做大了，深度介入一只股票时，还是这四个问题。如果你的体量还不足以去影响市场，那么第二个问题和第三个问题不用考虑，但第一个问题和第四个问题一定要多考虑。

四、参与庄股的要诀

1. 短线资金流汇聚地

短线我们在做势，所以做短线更多是考虑势的形成。势，通常都是用资金推出来的，所以我们实际上是在考虑资金流汇聚的问题。一般资金流汇聚，会有以下几个特点。

第一，这只股票的波动会由小变大，从原来每天 1% 的涨跌，到每天 3% ~ 4% 的涨跌，会有一个不断放大的过程。

第二，成交量会被推高，这是一定的。

第三，它应该刚好是话题讨论的中心，眼球效应很强，如果还有一些板块效应的话，会更好。比如，曾经的上海本地股，既有国企改革概念，又有迪士尼概念。所以，参与短线，就是在做资金流汇聚。

2. 长期价值发现地

长线要做什么？要去参与一些价值发现类型的股票。这实际上是什么？这实际上是抱团取暖，相当于在做基金的预期，预期公募或私募会陆续进来，把这只股票的流动性一点点买光。包括现在很多银行股粉丝，根本就不知道将来要挣谁的钱。那些银行股的粉丝，一定要问问自己：想要挣谁的钱？来结账的是谁？现在买银行股，是因为判断将来会有越来越多的人追着买自己的股票，这才是长期做价值发现的原因。

3. 尽量不碰老庄股

庄股的特点是个人股东多，上、下影多，K线上的不规则放量多，公司成立时间长，发生的事件多，一般以本地股为主，比如界龙实业。这些股票大家自己去看，我不一一点名。我劝大家不要碰老庄股，你在它身上长期是挣不到钱的，它玩的时候真的是会玩死人的。创业板中既有新庄股，也有抱团取暖的，将来如果有些跌下去，也是会令投资者损失惨重的。

五、基金买卖的特点

为什么我说基金是大散户？

1. “双十”红线

一只基金持有一家公司发行的证券，其市值不得超过基金资产净值的10%；同一基金管理人管理的全部基金持有一家公司发行的证券，不得超过该证券的10%。所以，任何基金都不能突破“双十”红线。

2. 禁止双向交易

比如，我是华安基金，我有一号、二号、三号、四号……一共20只基金，这20只基金全部都买了浦发银行。当一号基金当天做了浦发银行的卖出没有成交，那么全部20只基金当天都不能做浦发的买入，不管是买入委托还是买入成交。为什么要禁止基金双向交易？因为它们的资金量太大了，特别容易操纵市场。

3. 交易制度和风控流程

基金有严格的交易员下单流程和交易制度，主要通过股票池和交易指令单控制风险。基金经理想买股票，必须买已经在股票池内的，基金经理不能决策，由交易员根据交易指令单交易。

整个风控环节的流程是：开投资策略报告会→觉得这只股票好→纳入股票池→进行长期跟踪。这些研报有可能是刚入行三个月还没转正的研究员跑一圈，给了基金经理。大家论证，觉得这只股票可以配一点，至于配多少、什么时间配、以什么价位配，基金经理不能决策，要由决策委员会做投资决定，并向交易员下达交易指令：在哪天以前，多少价位以内，买够多少股。

那么，在交易员拿到交易指令单后，他的第一反应是什么？把交易指令单完成了就行。指令单上要求以不高于10元的价格，买够100万股，眼下价格是9.25元，只要在10元以下买够，就是完成指令单了，至于是10元的成本，还是9元的成本，交易员不会管。完成指令单年底就有年终奖，如果这笔单子没完成，下个月就会被扣钱，所以，他一定是以完成指令单为目标。

为什么我们会看到基金一窝疯地高位建仓？就是因为它们刚开过决策会要配，要大家集中去买。私募的风控更灵活，其中一些基金经理的话语权更大一些，几个知名的基金行业“一哥”，等于是自己在做。还有一些封闭式基金，管起来真的是像管理自己的孩子一样。而开放式基金是控制不了的，所以它们就像大散户，它们的余地甚至比我们的还要小。

六、主动型基金的致命弱点

现在市场上比较多的是开放式基金。开放式基金分两大类：一类是主动型的，比如创新、优选、精选、成长等类型的基金；一类是被动型的，就是指数基金。其中，指数基金是最简单的，按照指数配方，一买，结束。而主动型基金最大的问题在于以下几个方面。

1. 持仓比例受限

主动型的基金既有持仓上限，也有持仓下限。比如一只股票型基金，看空市场，想清仓，可以吗？不可以。看空，还不能低于上限，多难受。

2. 申购赎回受大众牵引

比如，这只基金并不看好市场，但是申购这只基金的人很多，本来是满仓 10 亿元规模，一天又申购 10 亿元，原来满仓也只剩 50% 了，于是要买到 80% 以上，被动多买 6 亿元的货。赎回更是这样，本来仓位很轻，比如偏股型基金 75% 的持股下限，假如 100 亿元的资产，25 亿元的现金，结果一天就把 25 亿元赎回了。不想卖也得卖。申购和赎回受大众的牵引。

比如，在某一时间段，大家一窝蜂地集中申购基金，经常出现一只基金一天卖 100 亿元，于是它的顶部被买出来了。再跌 3 年，在最后一轮下杀的时候，又出现大家轮番地赎回基金的情况。然后，基金公司拿着自己可怜的本金去申购自己的基金；但是还是有人赎，基金公司就得卖股票；卖完之后股价又跌了，跌了还得赎。这就是为什么顶部都是基金买的，底部都是基金卖的。它跟大众相关，所以才会出现这种情况。

3. 买卖不自由

基金的风控流程导致它们买卖不自由，从决定买到完成买，中间有很多过程。交易员拿到交易指令单后，他想的不是尽量少买一点或者不动声色，不影响这个市场的股价，而是一把就上去了。因为买得不精细，所以它的利益输送就无法避免。

4. 利益输送

搞内幕交易的基金经理，开决策会准备买入，到厕所发个短信“某只股票，赶紧”，然后被抓了。

正因为有这么多弱点，包括海外的共同基金也发展不起来，最终只能选择往指数基金的方向发展。因为没有这些限制，指数基金买配方表里的，永远满仓，赎回多少卖多少，也不存在利益输送。

七、阳光私募的操作方式

阳光私募在2010年之后开始快速发展，主要走信托的通道，走基金专户和券商通道的较少。现在主流的阳光私募操作方式，除了类基金的股票池以外，主要是两类：第一类是阿尔法，比如空的期指买的现货，只要你的持股超越市场，就能赚到钱；第二类是量化，是全球通行的一种做法，用多种对冲工具来进行对冲操作，做的是绝对收益，所以在海外又叫对冲基金。

八、我理想的私募

很多朋友问我，你怎么不去发个私募呢？一方面是因为我懒，另外一方面是因为我觉得管理别人的钱还是有压力的，我自认为是一个道德感比较强的人。我认为，理想的私募应该是像索罗斯那样的人发行的，并且具有以下两个特点。

第一，一定是多品种的。市场没有限制，我想买啥就买啥，不想买啥就不买啥，哪儿赚钱我去哪儿，哪儿不赚钱我就离开，可以空仓一年，这些都由我自己说了算。而不是我认为债券市场有收益了，想进来，结果监管告诉我"你这个产品不能买债"；我觉得商品上有机会，要做商品，结果监管又跟我说"商品上你不能有头寸"。

第二，我的客户一定是不管我的。你专业还是我专业？你认可我把钱交给我打理就行了。你看看索罗斯的基金，每年连账单都没有，该给客户分红时就分红了。但是目前这在国内是不可能的，没有这样的土壤。

九、游资的特点

1. 对情绪的引导和放大

游资最大的强项在于对情绪的引导和放大。大概是在 2003 年或 2004 年，有一天《上海证券报》报道了一篇"关于上海市国资委准备启动上海市国有资本改制与改革"的文章（大意）。当天上午，行情波澜不惊；下午一开盘，我印象里是轻工机械（旧名）、丰华圆珠（旧名）领涨，两只股票直接涨停，并引起上海本地股全线大涨；第二天又是高开，连涨了三天。而当时的市场行情是长期熊市、市场低迷，这其实就是情绪的引导和放大。

包括股灾后救市时，大家说的“王的女人”。第一次披露的“王的女人”是谁？梅雁吉祥，证金概念，还有人说是证金借壳概念，这当然是胡扯。其实有“王的女人”的时候市场跌幅很大，但是这种概念只要敢往上高举高打，市场是会跟的，而且往上冲的人很多。包括 2015 年第一次股灾后的特力 A，其走势完全让人看不懂，但是会对情绪有引导和放大作用。

在游资的操作中，对于情绪的渲染，最早的时候它们不懂，全靠市场口碑，后来变成大家去挖掘，去看龙虎榜。2005—2006 年，股吧为什么火？是因为游资开始买股吧。如果某只股票的股吧里，人气特别旺，置顶帖子一大堆，基本上这只股票就没戏了、到头了。这也是引导和放大情绪的一个办法。很多莫名其妙的逻辑，都是从那儿来的。

2. A股莫名其妙的逻辑

比如，吸筹、拉升、震荡、洗盘。股票不是期货，我没见过做股票洗盘的。那么，期货为什么在往上拉升之前会先往下打？因为可以双向开仓，既开空又开多，等到真的往上拉的时候，可以平空单往上拉。股票怎么打压建仓？你打压，人家买走了，你打吧。比如中国中车，涨了 10 倍的股票在高位放大量，很多人说这是震仓、洗盘。开玩笑，它就是出货。

3. 关键时刻敢于出手

游资还有一个特点：在关键时刻，非常敢出手。做交易，有一个因素你要考虑，就是性格上要勇敢，游资在这一点上特别棒。它为什么勇敢？因为它有严格的交易纪律做保护。没有严格的交易纪律，它敢勇敢吗？勇敢一次就死了，对不对？

4. 严格的交易纪律

当然，游资赔大钱的时候也很多，游资凡是想跟公募搞股票，基本上都会被公募卖傻。比如，2008 年 6 月 3 日，游资高举高打做联通，一下被公募套在山顶，第二天砍仓出来。如果没有严格的交易纪律，游资那次就被坑死了。

游资在市场上最清晰的还是体现在大的格局上，尤其是一些小票和概念票，它们玩得炉火纯青。在操作上，如果你想短线做热点，应该跟游资做。但是要记住：游资出得非常快，势的过程非常短，所以不要恋战。游资出货的特点，我在第六章会详细讲解。

十、散户的特点

散户的特点是：盲目，极端，容易被感染。我经常听到散户说，谁谁媳妇买了这只股票，咱也买点吧。极端是什么？就是这个市场不行了，从天堂到地狱的一分钟。散户会极端的前提就是自己操作了，刚才还很悲观，买完了之后就特别乐观；去听 20 分钟股评，激动坏了，回来就要买股票。

所以在这个市场上，我们一定要学会利用和识别散户从一边朝另外一边跑的过程。只要能识别出这个过程，就有挣不完的钱。大部分时候，我们都是走在散户的对面，或者说是在冷眼旁观。但也不要完全和散户对着干，有时候这个潮流刚开始起来时他们是对的。我经常举的例子是，他们疯狂去跳崖的时候，你能去拦吗？前面是悬崖，他们会把你挤下去。关键是要识别和利用这个过程。

第三节　散户进化

一、做一个不被割的散户

1. 正确的思路

我们一定要先让自己从散户群体中跳出来，告诉自己：我虽然是个散户，但是形散神不散；我假装散，但是绝对没有真的散；我冷眼旁观，脑子很清醒，虽然跟你们一起装醉，但是随时随地准备掏你们的钱包。这是我们的思路。虽然在外观上我们是散户，但实际上我们的内心有区别于散户的思考方式、专业技能、交易方法和交易纪律。只有具备这些，才能做到形散神不散。

2. 专业的知识和技能

我认为最关键的、专业的知识和技能必须得具备。这些技能怎么来的？我完全是自己摸索的，有些人是我教的，还有一些人是跟别人学的。不管怎么样，你得有这些知识和技能。很多人问我：你是怎么学的各个品种的知识，这些品种你都是怎么了解的？去看呀，在交易所网站上，任何一个交易品种的研究报告都能找到，这些报告你看过吗？我把每一个品种的报告都从头看到尾，连交割仓库的名单都看一遍。你如果把这些东西全看了一遍，对这些行业的研究就会深刻得多。比如在研究煤炭和整个黑色行业的时候，你有没有想过去看看券商的研究报告？对这些行业的上市公司有没有什么研判？非要去看期货公司那些研究员写的日评，有意义吗？那不专业，专业的东西在别的地方，你去找过吗？

3. 区别于大多数人的思维方式和方法

比如，当大家都在研究庄，都在书店找怎么识别庄股和庄的书的时候，我们可能是在讲势，讲怎么去认识势。这就是区别于大多数人的思维。

4. 严格的操作纪律

大部分散户亏钱是因为什么？一只股票拿的时间太长了。买的贵不是问题，该卖就卖，这样最后不会亏得爬不起来。那么多人2015年在杠杆上挣了2～3倍的钱，结果6月的大跌后全部赔光。为什么会这样？这就是他们操作纪律的问题。赔钱、赔多、赔少，都和交易纪律有关系，你知识再多如果没纪律，输一次就输光了，这不行。微信上有很多这样的故事，出去旅游一圈，回来发现1 000万元被清零了。活该呀，你干什么去了，一点操作纪律没有，现在清零是好事，就这种操作风格，将来早晚还是得赔光。

二、A股的常胜逻辑

在A股市场上，有一些常胜逻辑。为什么叫常胜逻辑？就是用这些逻辑去做，可以让你极少赔钱、多数赚钱，或者可以让你成功躲过灾难。

1. 冬播

什么叫冬播？A股历来有一个特点，除了超级的跨年牛市行情以外，四季度基本都是一个低点。也就是说，四季度和第二年一季度的行情都还可以。反例是哪年？2007 年、2008 年。在 2007 年的 10 月，也就是第四季度见高点，这是非常少见的。

国内 A 股市场的行情，其实只跟资金有关系，国内资金投放收回的特点是年底银行结账，年初银行放贷。为什么说四季度是一个相对低点，因为有很多钱在四季度要回银行，要去结账，那么这些钱的权益类资产就会被卖掉。过完元旦之后，银行基本上在一季度会放掉全年贷款的一半，因为有很多项目已经批了，年初放款导致一季度的资金是最充裕的，因此整个市场就有这样一个冬播效应。这是第一个逻辑——“冬播春长夏收秋藏”，八个字。

2. Sell in May

这是什么意思？记得 5 月把它卖掉。美国人特别爱说：Sell in May and go away（5 月卖掉，出去度假）。因为人们在一季度就做完了，做完了之后到 5 月就开始清仓，休息一阵子。其实 2015 年就是这个样子，不光是 2015 年，历来熊市年全是这样，很多熊市年还会提前到 3 月底。2001 年是 6 月中旬出的高点，2002 年是 5 月，2003 年也是 5 月，2004 年是 4 月，2005 年全年都在跌。这是第二个逻辑：5 月，我们通常见高点。

3. 年报行情

年报玩什么？高送转。这是 A 股经久不衰的魅力。只要逢年报，你就找高送转，不要去找浦发银行。年报非常好有用吗？没用，它从来不送。它送转，也许有用。

或者炒第一份年报，你可以看年报预披露时间。我举个例子：第一份年报如果是创业板的一只股票，你应该怎么办？可以买的。你看第一份年报，某高速，那就别买了，没意义。有没有哪一年第一份年报是巨亏的？我印象里没有。这是年报行情，在年报行情里面找高送转。

4. 市场热点

看地图炒股，看《新闻联播》炒股。最典型的例子是，2010年国务院部署中国十大产业调整与振兴规划，政策取向非常清晰。哪些板块有可能成为市场热点，你去做哪个，短线做三天，闭着眼睛做，效果很好。包括做上海自贸区，也是看地图做。

三、A股的盲点

A 股里也会有一些盲点，这些盲点是很多人没有涉及的，是我们以后观察市场进行操作要重点关注的地方。我这里写了三个，其实还有很多，大家可以用心去发现。

1. 绝对收益与相对收益

比如你买了中国石油，如果做绝对收益的话可以只买中国石油，但如果做相对收益的话，你应该把中国石油和中国石化列出来看看，如果中国石油比中国石化涨得多了，可以卖中国石油买中国石化。也有人曾经“搬砖”，搬银行股。大家有没有想过，银行股是不是值得长期投啊？如果值得长期投的话，那就买一只现在最便宜的，过一个月后比较一下哪只涨幅最大、哪只涨幅最小，换到涨幅最小的上面去。这就是“搬砖党”做的，把绝对收益做成了相对收益。

2. 产业资本的分析角度

第二个盲点，很多人没有从产业资本的角度去分析问题。我们应该站在产业资本的角度，尽量把产业资本的立场考虑进去。虽然它不一定对，但最起码，我们可以看到它的态度。比如在这个位置，产业资本愿意去增持某只股票，那我们就应该对这只股票保持一定的兴趣；如产业资本不要这只股票，或者是在卖，那我们可能就要保持一份警惕了。这不需要特别高的水平，看看定增、看看它搞的这些关联交易到底在干什么就行了。

3. 基于换股、合并、要约、收购的无风险收益

比如，有人在上周五满仓买了招商地产，这其实就是基于要约做的一种套利，包括招商、城投，都会有这样的机会。

我印象最深的是当时参与广汽长丰的吸收合并，广汽的收购条款非常优越，给了二次现金选择权。该选择权规定：吸收合并上市第一天，如果股价跌破 9.08 元的发行价，股东有二次现金选择权，可以以 9.08 元把股票卖给广汽集团。这其实意味着保本价格为 9.08 元，当然只保一天的本。大家记着：现金选择权是我们做这些套利的安全垫，当然前提是监管通过。

该新股上市，我印象里最高涨到 18 元，其实这已经溢价 20%，但我当时就觉得才涨 20%，这新股上市不得涨百分之四五十啊。后来，我脑子还算清醒，没有完全去赌。结果当天一看，9.08 元的二次现金选择权，9.09 元上有几千万股的买单，广汽集团搞来 10 亿

元托这个盘子，我一看没啥戏，就全部卖了。后来，该股从9元多跌到5元多。

这就是经验，不要太理想化，也不要觉得收益会很高，这种都是看得到底牌的东西，收益率不会太高。比如：帝亚吉欧收购水井坊，直接就杀下来了；熔盛重工收购全柴动力，更是收购失败。所以在熊市里，换股、合并、要约、收购都很难成功，有可能会失败。

这里最大的经验是：要做国有企业。为什么呢？国有企业在落实到合同里时才会真正执行，国有企业失败的概率很低。但是私营企业，包括外资企业很有可能会失败，尤其是在熊市。为什么当时熔盛要约全柴最后不做了？赔钱怎么做，贵了还去做，不是傻子吗？另外，不要过多去想托底价格能给自己带来多少收益，那只是安全垫，到了时候一定要走。托底价也是有时间限制的，不是托你一辈子的。

四、选装战术

相应地，我们也可以选装一些战术。比如闪电战，在熊市里做。挑一些自己认为比较好的股票，日内做一些T+0的交易。研究波动率，在波动率从低到高这个过程中进来，然后在特别大波动率的时候走。还有一些做套利的，这样可以避免自己的心态不好。这些都是可以选装的战术，我在第六章到第九章会详细地讲解。

本章小结

国内市场生态

对于国内市场的生态，我有一些自己的判断。

1. 去散户化持续

去散户化会持续进行。在管理层对散户过度保护的状态下，这个去散户化的过程会特别久，相应来讲也会特别残酷。

2. 私募和对冲时代来临

公募会逐渐成为非主流，私募时代和对冲时代已经来临。

3. 行业长期走牛

我们会迎来资产管理行业长期走牛的阶段。这个阶段就是我说的，是在赚“国运”的钱。

4. 传统赢利模式被淘汰

用“低买高卖”这种传统的交易模式赢利会非常困难，而且会越来越困难，这就是去散户化的特点。

5. 利益输送难以避免

相应地，利益输送就会更加地多样化和复杂化，我们将看到金融行业的案件线索层出不穷。

6. 产业资本介入加深

整个产业资本对于金融行业的介入会逐渐深入，会出现一些控股类的公司，甚至会出现类似于伯克希尔·哈撒韦这样的公司。

7. 后庄股时代来临

我们必然会迎来产业庄、生态庄，后庄股时代已经到来。比如巴菲特那种，你说他是庄吗？难道他不算庄吗？买入并且持有，而且影响市场。

8. 存在行业骗子

相应地，在国内市场参与者结构中，还有一些生态是我不愿意提但是又不能不提的。比如任何一个行业都有骗子，这也是一种特殊的生态。证券行业的骗子出现在哪儿呢？出现在造神。

很多人说：我天天收到短信，这些短信每天推荐的股票都是对的，判断大势对得让人惊讶。这一点你也可以做到啊，买一个短信群发器，搞 1024 个手机号码，跟一半说涨一半说跌；第二天，说错的那 512 个不要管，跟说对的那 512 个再一半说涨一半说跌，然后再来一半说涨一半说跌，连着说 8 天，能切出来两个人。这两个人会视你为股神，你让他们交 8 888 元就算便宜他们了，你让他们交 5 万元，他们都干。所有人都是这么被选出来的，你也是那个被选出来的人而已，因为样本太大。这就是为什么收短信的时候你觉得给你发短信的人特别厉害，等到你交了会费之后，发现它就是不涨，甚至还赔钱。因为你是被选出来的那一个，这也叫幸存者偏差。

第六章

如何看分时图和盯盘

第一节　短线入门

一、我对技术分析的理解

对于技术形态的研究，很多人感觉像算命。我可以跟大家讲讲我对此的理解和体会。大体上，我经历过三个阶段。

1. 痴迷阶段

第一个阶段，痴迷技术分析。我刚入行的时候，上海有线电视台有一个专栏节目，是讲技术分析的。那是我第一次接触技术分析，我觉得非常有意思，还找了相关书籍，试图把每一个技术指标的计算原理都搞清楚。可以说，我当时很痴迷。那时晚上回家，因为没有电脑，我会手工把图画出来，第二天到单位对着那些图形再一遍遍测量。

2. 怀疑阶段

第二个阶段，怀疑技术分析。但是在实践中，我发现技术图形解决不了问题，技术分析有硬伤。比如道氏理论的三大基石——市场交易价格包含一切因素，历史会重演，价格以趋势方式演变，这都是在理想状态下的，就好像理想状态下物质应该保持匀速运动，但我们找不到这样的理想状态。在这个阶段，我开始怀疑，甚至大量否定一些技术指标。

3. 成熟阶段

第三个阶段，成熟稳定实用。经历了第二个阶段后，我开始转成一个基本面派，依靠基本面去选股。在用基本面做了两年多的交易后，我发现依靠基本面也有重大缺陷，基本面无法衡量市场的情绪。基本面派说:“在股票被低估的时候买入。”我见过最被低估的股票，大家都认为5元的股价已经被低估了，最后它跌到2元，从5元到2元的过程中，大量的基本面派丧失了持股信心。基本面派说:“在股票被高估的时候卖出。”南北车合并，股价涨了10倍，它是前面被低估了，还是后面被高估了？基本面派解决不了这个问题。

我前思后想，认为不能简单地认为“便宜的时候买，贵的时候卖”，必须有一个度量的方法。于是，我转变了思维。我认为：技术分析应该为度量市场的情绪服务。经历了这几个阶段之后，我对技术分析有了明确的定位。我会依靠基本面去选股，但是很讲究技术上的切入点，我做套利也是如此。

比如，我在2015年7月的时候，特别想买咖啡抛可可，但是一直都没有做，因为切入点没有出现。那我什么时候做的？9月下旬，因为这时，把这两个交易当成两个单边做我都愿意，而它们又有非常强的相关性，所以我做起来就会非常踏实。

这是我运用技术分析的一些心得。我跟很多人做套利不太一样，很多做内外盘套利的，觉得比价到了，进口有利润，就会做；而我认为我的利润来自海外市场，如果海外市场没有明确地做多，那我就要等一等。

二、分时图的意义

大多数做短线的人都看重均线，很多的买卖操作都是在均线附近。图 6-1 是一个分时图，分时图上有三个部分：第一部分是成交价格线（白线），成交价格线有上有下；第二部分是成交价格均线（黄线）。第三部分是最下边这些代表成交量的线，这些量有高有低。我们在看分时图的时候就看这三个部分：白色的价格抖动线，黄色的均线和下面的成交量线。

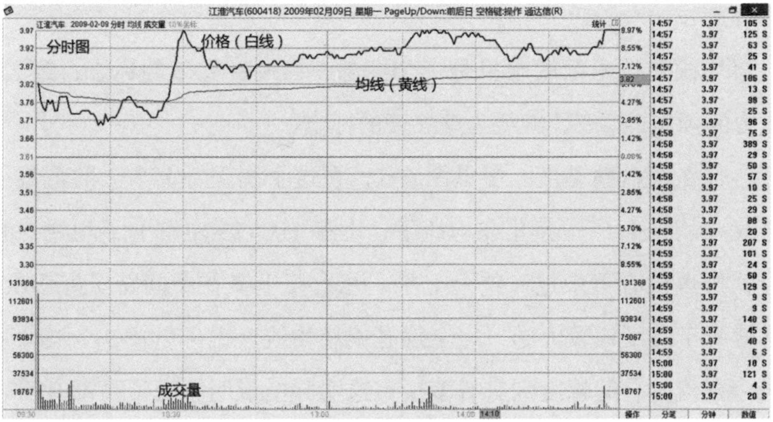

图6-1　分时图

三、均线的意义

在分时图上最关键的，是那根黄色的线，尤其是做期货和股票日内 T+0 的，一定要密切关注这根黄色的均线。那么，这根均线有什么意义?

均线，顾名思义就是从开市到这个时点，所有成交价的算术平均值，揭示了暂时的市场平均成本。如果在均线上，说明此前市场的平均成本是比较低的，现在价格上来了。反之也是一样。

所以，基于市场平均成本去考虑，它往往是人们情绪的一个爆发点。什么叫爆发点？举例来说就是，一直到下午 2 点钟，所有人今天的均线成本都是在 10 元一线，突然间，以旱地拔葱的形态涨到 10.20 元，那么短线的人就会来。为什么？因为他们认为这个突破是有效的，这是第一种买法，追突破；第二种买法是，第一次不买，等回调到 10 元，如果还下不去再买，这是买回踩的价位。

四、均线的标志

均线在技术派的眼里是三个标志：第一，突破的标志；第二，压力的标志；第三，缠绕盘整黏度的标志。

什么叫盘整黏度？参见图 6–1，在这个图上，上半天的盘整一会儿在均线上，一会儿在均线下，上午 10∶15 左右上了均线，然后就再也没有下来过。整个上午，几上几下又在中间跨了好多次，这就属于黏度比较大的，完全没有偏离均线，也可以找一个波动率指标去衡量它的幅度到底有多少，这实际上说明它上午是没有明确方向的。在这种行情里，当发现均线短期内三五趟地上穿下穿，这个时候我们做得更多的是等待。为什么呢？因为太不明确了，短线没有办法去操作。

五、追单和突破

大家可以思考一下，如果买卖都在均线附近，会是什么样的操作？我一位朋友的操作，基本上买卖都是在均线附近的。他是在做日内突破，买卖点基本上都在均线附近。我刚开始摸索均线，也是这样的操作模式，在均线上，弹起下来，再弹起下来，我们做的是均线的弹性。这种操作，主要是以突破和追单的思路为主。

六、强弱的判断

在分时图上，我们经常会谈到“强”和“弱”，我们怎么去衡量强和弱？

第一，在均线上边强，在均线下边弱。

第二，看分时图的斜率。均线在分时图上，上涨也好，下跌也好，是有斜率的。比如，45 度角的斜率和 60 度角的斜率，明显是不一样的（前提是你的时间周期选择是一样的，如果一个是半天周期的，一个是日 K 线的，两个斜率可能完全不一样）。斜率的绝对值越大，说明走势越强，不管是强势上涨，还是强势下跌。

第三，看反复的次数。是不是均线一会儿上，一会儿下？来回上下，强弱就无从谈起，就不明确。不明确的东西就不要谈强弱，我们要避免这样的操作。

第四，看日内盘整的标志。如果你看到一开盘，前 20 分钟，均线来回上下蹿了三五趟，那么当天盘整的概率极大。还有一种形态是当天一开盘一路往上推，推完了之后高位守着均线就不动了。这种形态在期货上最常见，比如高开 10 元，一把拉升 1%，然后围着均线就不动了。在这种情况下，其实在拉升了 1% 之后，后边都是垃圾时间，你要很谨小慎微地做。

第二节　分时图形态

一、守均线走势

图 6–2 是典型的守均线走势。在强势开盘，涨了一波之后，后边开始盘整。开盘低开一点点，盘整了不到半个小时，然后一把起来，

起来之后在高位就开始守着均线。请大家记住，这是基金建仓常见的形态。基金建仓的特点是什么？是交易员拿着交易指令单，他的工作就是完成交易指令单。那么，他完成交易指令单，是用什么样的方式和方法？交易指令单上只有三个要素：买卖的时间、买卖的股数、成本区间。他拿到这个单子之后，一定会在成本区间内以最快的速度来买够要求的股份。所以我们可以看到，图 6-2 立竿见影地拔起来，拔起来之后，他就买完了。买完了以后怎么样呢？市场的力量不足以让它回落，很多人也在盯着这只股票，短线客也在进场买入，但是又没有追高的资金加入，于是它就变成了守均线的走势。

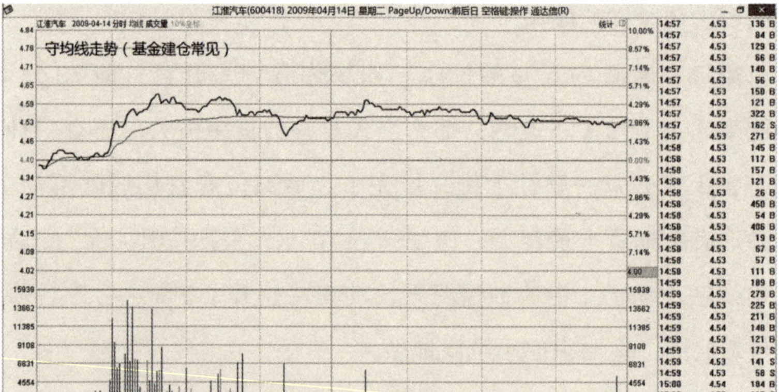

图6-2　守均线走势图

那么，我们在具体交易的时候该怎么做？如果你关注的股票连续 3 天，甚至 5 天都是这样的走势，一定要密切关注。大家可以去看一看 2006 年年底的普洛康裕（旧名），普洛康裕在启动之前，有连续 3 天的上影线碎步小阳线，全是这个形态；后边两天基金没动，然后紧接着基金集中买入，打了一波 11 天翻倍的行情，后劲非常足。除了基金建仓，这种形态还会出现在不停地发研报的股票中。

二、盘跌后快速提升走势

图 6–3 也是很常见的一种走势，盘跌之后快速提升。这种走势是基金建仓第 2 天经常出现的。如果你们看到这样的形态，前 3 天都是守均线的，第 4 天盘跌，但是到下午又拔起来，建仓没结束，有可能就是启动在即，基本上都是这样。而且我们关注一下快速提升的这个点（A 位置），这个点的标志是突破了均线压制，之后会以非常陡峭的方式拔出来，走势越陡交易的参与度越强。如果做日内 T+0 的话，像这种形态，波动幅度在 4%，至少能够拿到 1.5% 的利润。这种股票要密切关注，尤其是要和守均线走势联系在一起。

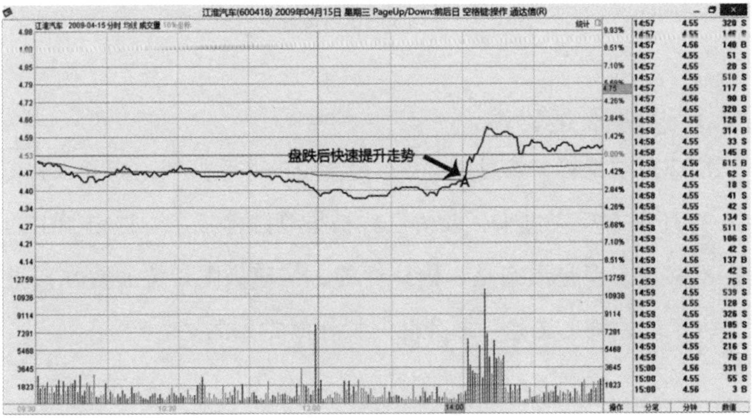

图6–3　盘跌提升走势图

三、守均线和盘跌提升分时图连贯形态

图 6–4 是当时整个 K 线形态发生的位置，就是图中的 A 位置，盘跌之后迅速提升，后边短线有两天的涨幅，后边大盘调整又砸下来一天，后边又起来。大家不要去看后边，因为这是短线的技巧，我们只关心分时图发生的后边两三天（B 位置、C 位置）就行了，这里有非常好的获利。

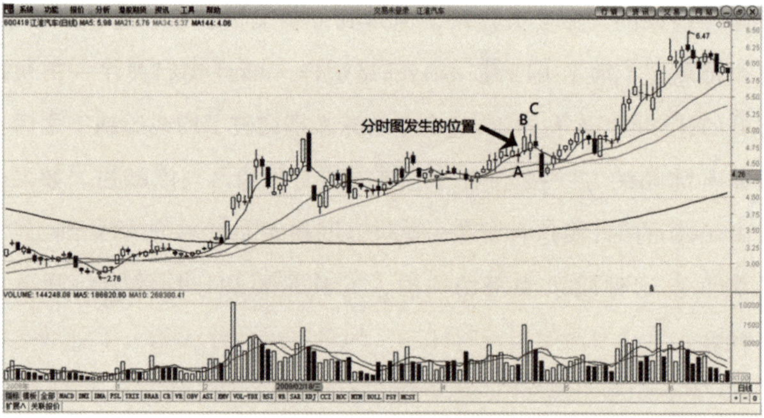

图6–4　守均线后盘跌提升走势图

四、快速极限走势

快速极限走势（参见图 6–5）是游资的拿手好戏，高开 3% 或者 5%，你还没有反应过来，股价已经被推到涨停板了。这个图中的速度还不够快，但是形态是一模一样的，快速极限走势非常强，直接就上去了。这种形态是“敢死队”操作时常用的。

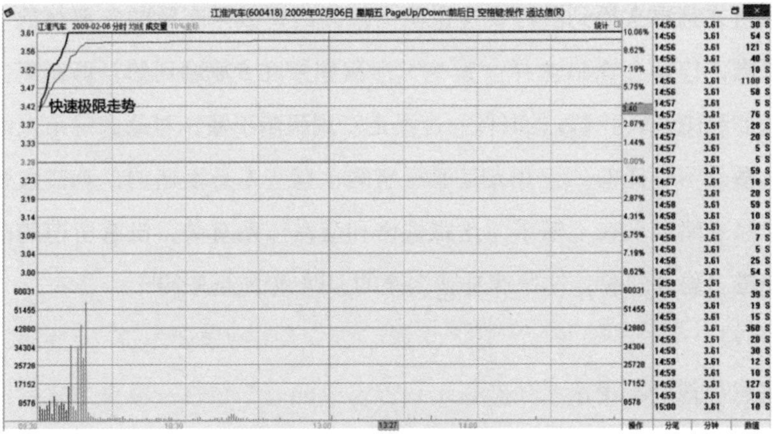

图6-5　快速极限走势图

五、突破均线走势

前一天是快速极限走势（参见图 6-5），图 6-6 是第二天的走势，高开被均线压制，但是在盘中突破了均线，全天站在了均线上

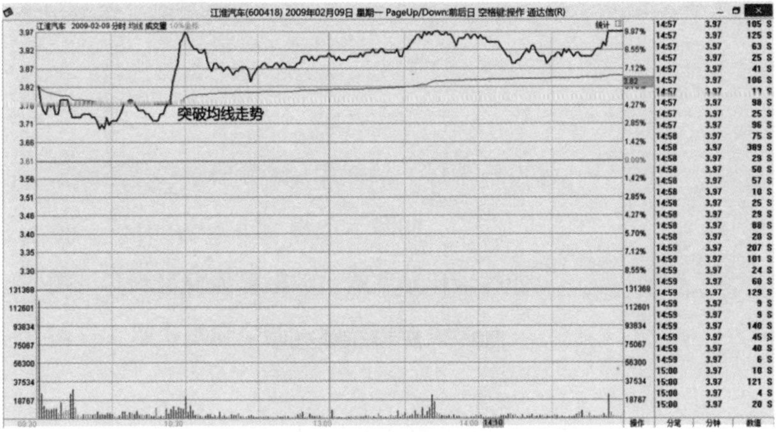

图6-6　突破均线走势图

面，并且再次摸到涨停。这说明头一天的突破是有效的。那么这个时候，你就会面临选择：头一天，我如果在 8% 追到的，那在第二天平开往下跌了 2% 的时候，走不走？到底赌不赌？对此，每个人的风格是不一样的：有些人是愿意赌的，有些人是不赌的，有些人原来愿意赌但现在不赌了。这跟性格和交易体系有关，没有所谓的对和错。盈亏同源，你挣钱是这么挣的，赔钱也会这么赔。

六、震荡整理走势

图 6–7 是紧接着图 6–6，下一个交易日的震荡整理走势。这种震荡整理，我认为还是偏强的，当天大部分时间是在均线上，而且收盘也是收在均线上的。

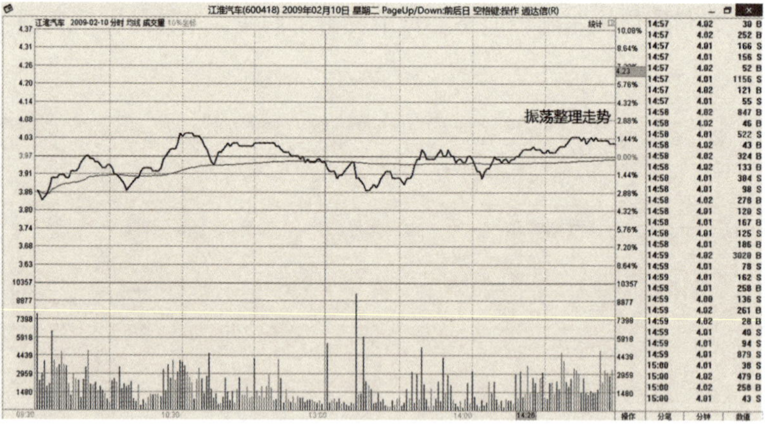

图6–7　震荡整理走势图

七、快速极限突破均线震荡整理分时图连贯形态

图 6–8 是图 6–5、图 6–6、图 6–7 所处的日 K 线位置，第一根

K 线（A 位置）涨停，第二根（B 位置）最后也摸到涨停板，第三根（C 位置）是强势整理，后边还有一个半涨停板。这是快速极限走势比较常见的一些后续展开。

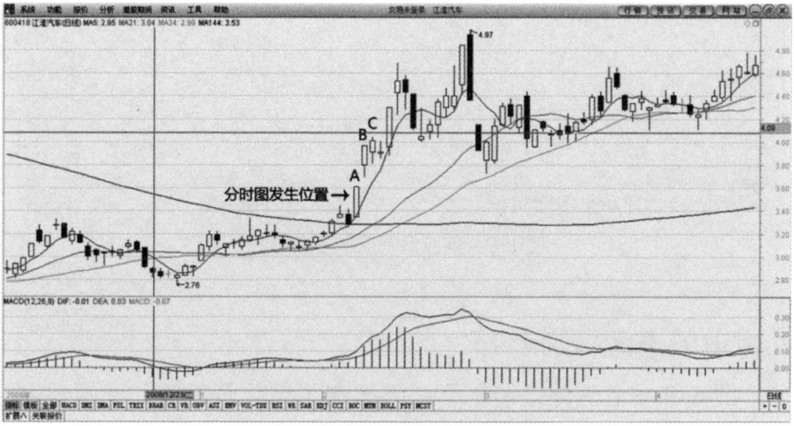

图6–8　快速极限的后续展开走势图

八、前波浪尾盘涨停走势

图 6–9 的形态也是比较常见的，如果大家在实战中遇到的话，要小心一点。为什么呢？它前面都是大波浪，一会儿跌，一会儿涨，最后尾盘拔到涨停板，或者说是拔到比较高的位置。越靠近尾盘，上涨幅度越大，越说明有问题。为什么这么说？有实力的人会在前边做，不会在后边做，一般来讲，这种走势都面临着变盘的问题。大幅度的宽幅震荡，最后收盘的时候收了一根长阳线，但实际上第 2 天就萎靡不振，说明市场人气有点儿散了。

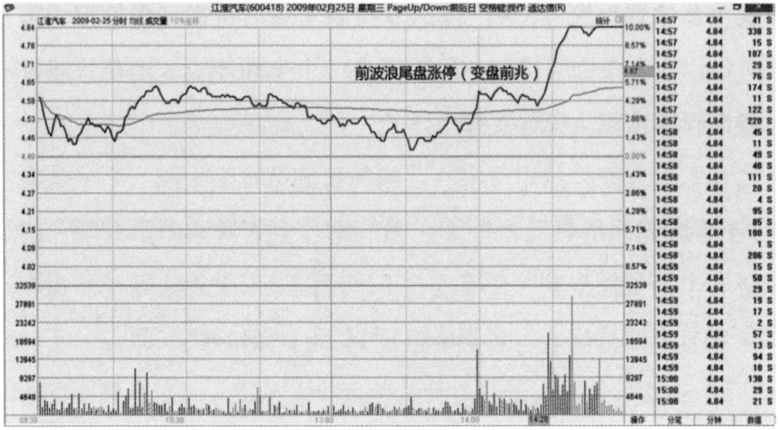

图6-9　前波浪尾盘涨停走势图

九、短线平台出局形态

图 6-9 尾盘涨停，结果第二天出现了什么情况呢？见图 6-10，第二天一直被均线压制，就没起来过，尾盘杀跌停。这说明什么？说明这个短线已经完全不行了。如果你在前一天还抱有一些幻

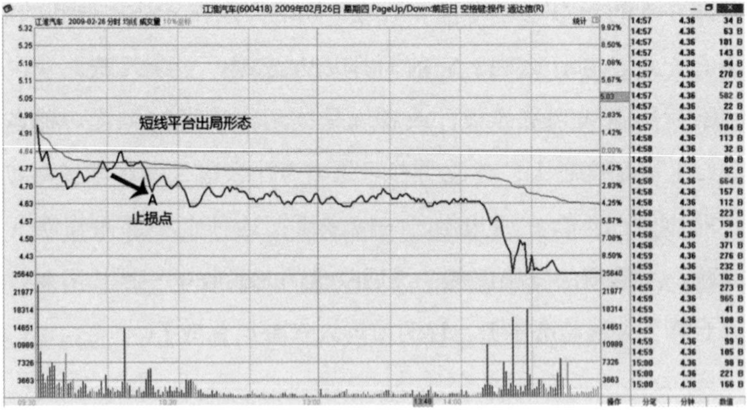

图6-10 短线平台出局形态图

想的话，看到第二天开盘高开一点，然后下杀，上冲乏力，被均线压制向下，在这个位置的时候（A 位置），你就应该进行了结了。如果是我的话，会毫不犹豫地止损。如果是日内做 T 的话，这一天应该是逢高一路空下去的，因为这个短线平台彻底坏掉了。

十、短线杀跌形态

图 6-11 是第三天的情况，图 6-9 前一天杀完，后边又来了一次，这天的杀跌非常猛。这种杀跌在熊市里很常见，在牛市里强势个股回吐涨幅的时候也是这种方式，所以大家一定要记着这个形态。这个形态其实就是波动率突然间异常变大了，异常大的时候一定要当心，尤其是还有一些个股是平开跌停涨停，然后再杀跌，最后收大阳线，大家对此一定要非常小心。

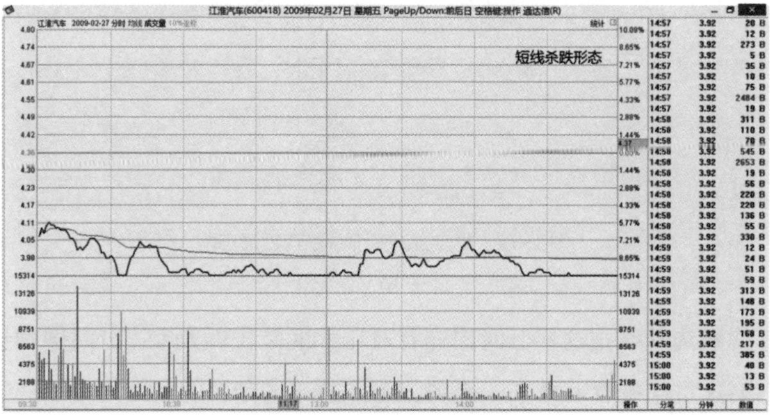

图6-11　短线杀跌形态图

十一、前波浪尾盘涨停短线平台出局短线杀跌分时图连贯形态

图 6–12 是尾盘拉升变盘杀跌连贯形态。分时图发生的位置（A 位置，参见图 6–9），在当天涨停之后，第二天跌停（B 位置，参见图 6–10），第三天又跌停（C 位置，参见图 6–11）。后边什么样我们不管，也许后边会涨回来，也许这个平台破位了之后就变成长期压力了。就短线而言，如果你头一天没有警惕（参见图 6–9），第二天没跑出来的话（参见图 6–10），你短线交易就是不合格的。

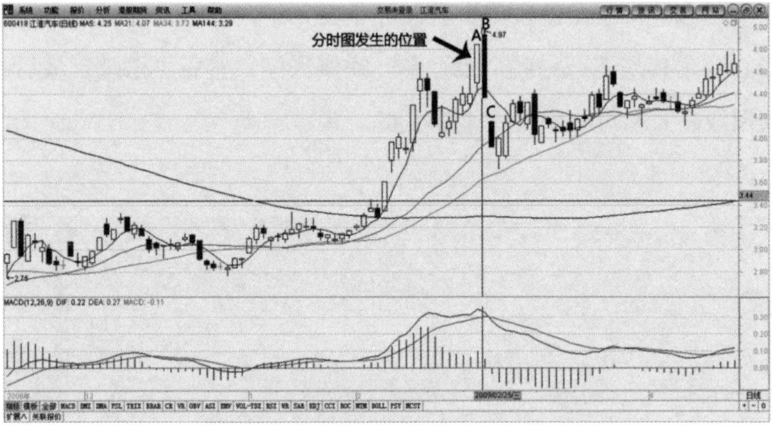

图6–12　尾盘拉升变盘杀跌连贯形态图

我为什么把这些分时图连着对比，就是告诉大家，分时图的形态要连贯起来看：单独一个图，可能看不清楚；有了第二个图，猜对的概率就会大很多；有了第三个图，基本上已经可以分析出来了，因为短线就做两三天。

十二、快速极限走势

图 6–13 和图 6–5 形态是一样的，但是图 6–5 第二天的走势是很强的，是突破均线走的（参见图 6–6），而图 6–13 后续是不一样的走法。

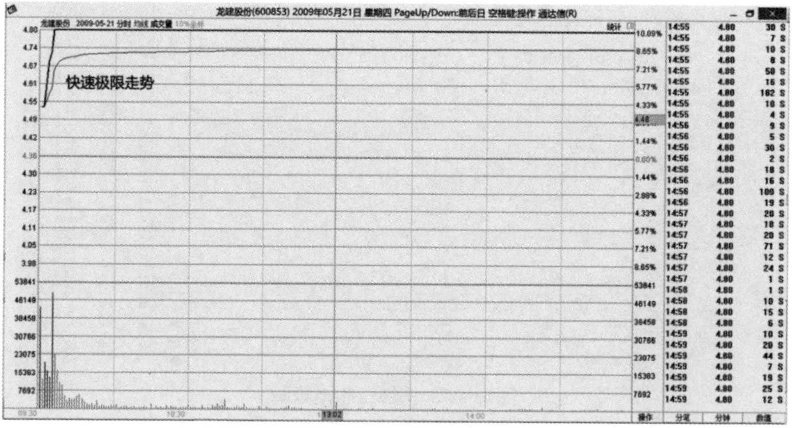

图6–13　快速极限走势图

十三、均线压制走势

和突破均线（参见图 6–6）不同，图 6–13 快速到极限，第二天被均线压制一天（参见图 6–14）。这就是典型的游资出货时的走势。

游资是怎么做的呢？头一天快速拉板，第二天不想做了，就抛掉了。它如果想做，走势可能就是图 6–6；不想做，走势就是图 6–14。很多人不解，为什么溧阳路这个图形我今天追能追到，换一天就不灵了？原因就在这儿。对于有些个股，它只做了一天，而对于另一些个股，它愿意做好几天。那么，它是做一天还是做几天，区别就在于第二天是不是被均线压制。如果被均线压制，你要很小心，因为它非常有可能当天就在走，只做一天。我还是那句话：不要怕错过机会。看到图 6–14 这种走势图，你头一天追涨，第二天高开 6%，然后吐下来，上去，均线却没上（A 位置），这时你要很警惕了；再下来到这里还没上去（B 位置），你就不要想了，赶紧走。

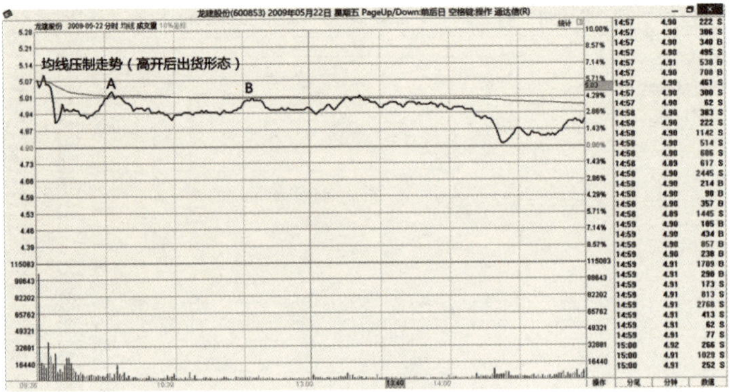

图6–14　均线压制走势图

十四、低位震荡走势

图 6–15 是第三天的走势。第一天是快速极限走势（参见图 6–13），第二天是均线压制走势（参见图 6–14），第三天彻底低开在低位震荡（参见图 6–15），其实就是短线走坏了。也就是说，那一波炒作已经结束了，就是一个一日游的行情。

很多人问我，怎么去识别一日游行情？其实，大盘是会给你这些蛛丝马迹的，关键是你能不能抓住它的精髓并总结出来。比如，前一天开盘 10 分钟已经涨停了，第二天全天冲不过均线，你说这是为什么？不就是有人卖嘛。前一天 10 分钟把它买到涨停板，第二天为什么没人要了呢？那一定是有人往下卖，如果这个卖的力量大，但它就是过不去均线，那我们也扭头走，就是这个思路。

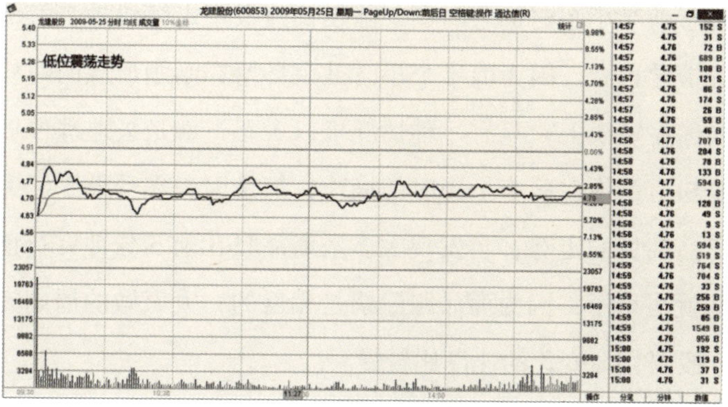

图6－15　低位震荡走势图

十五、快速极限均线压制低位震荡分时图连贯形态

图 6–16，快速极限走势（A 位置，参见图 6–13），均线压制（B 位置，参见图 6–14），低开（C 位置，参见图 6–15），下跌（D 位置），把前一天的涨幅全部都跌回去了。

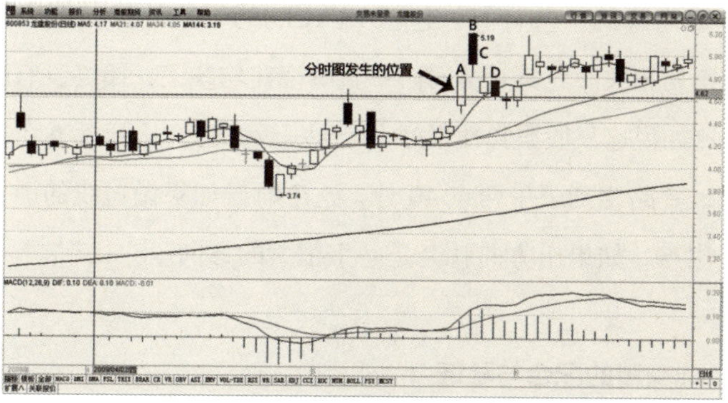

图6－16　游资出货图

十六、分时图结论

1. 前半小时和后半小时分时图的意义

对于前半个小时的分时图，除了快速极限走势以外，大部分都不具备指导意义。因为前半个小时是市场博弈刚刚形成的时候，这个时候你在短线上，只有一种情况可以表态，就是去追涨停板。你一定要知道，你在前半个小时的操作，都是因为你看准了。大家看一看商品期货的走势，会发现大多数商品只在前 5 分钟有行情，后边行情就很小了，因为商品跟股票是相反的，大家做的周期完全不一样，股票行情变化的速度比较慢。

很多时候，比较有意义的操作会出现在最后半个小时，尤其是在熊市或者震荡偏弱的熊市。我现在跟所有学生说的都是：攒着点儿股票，最后半个小时也许会有机会。为什么呢？因为前面机会不好把握。

2. 分时图上最重要的是均线

好好地去研究均线的价值，因为布林线指标、分钟图上的背离都是基于均线的一些计算。包括 MACD 的一些计算，都跟分时图的均线密切相关。尤其是分时图一直缠绕在均线上，始终没有脱离的股票，比如说这只股票弹性很好，今天一反常态，从开盘就在均线上来回绕，一路绕到下午两点 40 分，这个时候如果做短线的话，一定要格外注意，如果出方向就会是一个很大的方向。

3. 成交量的配合与验证

成交量要和上涨、下跌有所搭配。突破往上涨一定是要带量的，突破往下去也是要带量的。这个量我们怎么考量？比如盘子上对盘量很大，但是成交量很少，盘子在往上走，这说明有垫单在过来。成交的量价配合，永远是盯盘的重点。

4. 分时图的形态要辩证地看

分时图是有连贯性的，虽然我们每天只交易 4 个小时，但实际上今天的 4 个小时和明天的 4 个小时是有关联的。

如果当天强势，第二天不强势，一定要想一想其中的原因。如果头一天快速极限起来，立旗杆一样地往上涨，肯定要追。当然追错的概率也有，盈亏同源，追错就认了。2002—2003 年，我基本上都是这么做的。商品可能更加激进一点，头一天涨停，第二天往跌停板砸的都有，因为它牵涉博弈的问题。另外，由于是 T+0 交易，商品的交易周期比股票要短很多，有人甚至用 Tick（日内超短线操作），这等于是以毫秒级在做，这里边的周期就没法谈了，肯定不如股票这么稳定。

十七、背离的操作

大家思考一下，在远离分时图均线的位置，如果做回归的话，是什么样的操作？这刚好跟做均线附近的买卖点是相对应的一种操作，是在做一个背离的操作。这么做可能会出现什么情况呢？ 10 次中，你成功 8 次，每次挣百分之零点几，但是错一次可能就亏 5%，所以这种操作对交易的纪律性要求很高，相对来讲也比较难掌握。

第三节 日内盘口

一、日内精髓

1. 日内原理

股票日内交易的原理是什么呢？你手上有长期看好的一些股票，或者说是长期持股的股票，那么你利用交易规则，拿原有的股份做当天的 T+0 买卖。

2. T的意义

这么做的意义就在于，你可以利用自己的短线交易能力，去获取一些短线交易利润。这个短线交易利润丰厚到什么程度呢？我们稳定的交易员大概能够做到一天 2‰ 到 3‰，大家可以计算一下，这个收益率是非常高的。对于日内 T+0 的利润原理，形象的比喻就是把方便面拉直了吃。我举个例子，如果一只股票从 10 元涨到 20 元，绝对值涨了 10 元，如果它没有波动，你就获取了这 10 元的绝对差价。

3. 操作风险

首先，要预防股价下跌的风险。比如，一个交易员每天能 T 出 2‰ 的利润，但这只股票 3 个月内股价跌去了 80%，那做 T 就没有意义。

其次，要预防一些系统性风险。比如，做融券或者买现货抛期指，在成分股里找弹性好的个股做 T，当然这对资金的需求量比较大。

我自己原来做交易，就是买两只喜欢的股票，然后盯着这两只股票做日内 T。做着做着，我会发现某一只股票的弹性越来越好，那就把弹性不好的卖掉，换到弹性好的股票上去，这样会更加简单一点。

4. 盯盘要素

做日内交易，我们关注的就是分时图和对盘价，对盘价非常关键。

5. 操作精髓

操作精髓就是：落井下石或锦上添花。本质上，我们在利用股价运行的惯性，所以特别怕突如其来的买单或卖单破坏其原有的惯性。比如，本来趋势挺好的，正在突破往上涨，一笔 5 000 张的大卖单直接砸下去好几个价位，这块价位空了，这时候你不走，下一把马上要套你；你走，下面没有价位打（买单）。所以，做日内 T 大多数时候赔钱是赔在这儿了。如果赔在别的地方，说明你的日内 T 还没有入门。

在操作技巧上，我们要学会利用惯性，同时也要承认惯性有时会被突如其来的买单或卖单给打破，这是我们交易的一部分。

6. 对手盘弱

一定要记得这三个字：晚表态。表态太早，很容易被套。我一直跟我的交易员们说：开盘的前半个小时要小心，不要过早地或者特别频繁地表态，这都是不对的。另外，还有对手盘的问题。对手盘是我们最大的盈利来源，因为做期货本身就是 T+0 交易，所以大家都很聪明，你抓不住。但是股票做 T+0，你的对手盘就是那些没办法做 T+0 的人。

二、对盘价和挂单量

对盘价的问题，有如下几个要素。

1. 成交比

成交量分为内盘成交和外盘成交，在交易软件里，外盘都是以红色显示的，内盘都是以绿色显示的。以买价成交，就是内盘，也叫主动性卖盘；以卖价成交，就是外盘，也叫主动性买盘。

那么，哪种成交比好呢？由于股票市场很难做空，当然是外盘数越大越好，内盘数越小越好。外盘数大，说明主动性买单多，主动性抛单少。但是对于这一点要辩证地看，如果主动性的买单很多，但是股票不涨，你说是不是有问题呢？

2. 委比

委比是所有委托买入的手数和所有委托卖出的手数的比值。通俗来讲，委托买的都是要买的，委托卖的都是要卖的。如果股价要上涨的话，应该委托买的更多一点，是这样吗？不一定。因为很多钱是在外面虎视眈眈地等着，不会挂在上面，所以委比不是很靠谱。

如果一只股票，虽然委比买单量很大，成交比外盘量很大，但价格就是不涨，说明什么？说明有人在垫单出货。什么叫垫单出货？就是所有的买单都垫在买二、买三、买四、买五，买一永远不挂单，然后卖单都在卖一。这时很多人会觉得：这要追涨啊，下面这么厚的垫单，国家队要来救市了？所以他们就会主动地往卖一上去买。结果发现，卖一上永远买不完，买了 5 000 张又出来 5 000 张，买了 8 000 张又来 8 000 张。这就是垫单出货。

3. 价格是否连续

我们很多时候会看到一些股票价格在迅速地跳涨，一角钱、两角钱地往上涨，比如，现在的股票成交价是 10 元，买一是 10.00 元，卖一是 10.01 元，卖一到卖五是 10.01 元、10.02 元、10.03 元、10.04 元、10.05 元，那么，当一笔大单子直接推到 10.10 元，把 10.01 元到 10.10 元的卖单全部扫空，这个时候，如果买一迅速变成了 10.10 元，对盘价变成了 10.10 元的买单，对着 10.11 元、10.12 元、10.15 元的卖单，我们仍然认为它的价格是连续的。怕的是一笔大单扫到 10.10 元了，买价还在 10.00 元，没有跟上来，这种就是价格不连续。

价格不连续的时候，追涨很危险，比如，你刚追到 10.10 元，下一笔成交又回到 10.00 元了，第二笔成交到 9.98 元了，亏损 1%，再加上手续费等于亏损 1.2% 了。短线日内做 T 的话,会让人非常心疼。

这种情况你一定要密切关注，如果一只股票经常出现这样的大单上扫，但是买单跟不上，这个时候，你要小心，不能去做追涨。相反，你如果想投机的话，应该高位挂着“钓鱼”。但我不主张这么“钓”，因为在我的交易体系内，我从来不做挂单，要买就直接买，要卖就直接卖，要么条件止盈止损，肯定是不会挂单等成交的。

4. 重要价位挂单量

什么叫重要价位？举个例子， 20 天线的支撑位置是 10.00 元，同时 10.00 元这个价位是一个整数价位，又是一个平台下沿，你说 10.00 元是不是重要的价位呢？当然是。那么在这个重要价位上挂单挂了多少呢？比如上面的挂单都是 4 位数的，到这儿一看，不到 1 000 张单子，是 3 位数的，那说明什么？说明几乎没有阻力，一会儿一定被买掉。此刻千万不能买，要观察，至少要等它买掉了之后，看一眼 10.00 元这个位置有没有单子补上来，如果没有单子补上来，这个位置是能做空的。

所以，一定要密切关注重要价位的挂单量，如果挂单量很好，那你就去关心这个挂单量是怎么被买掉的。是一点一点被买掉了，还是两笔就被买掉了？如果是两笔就被买掉，买掉的速度非常快，要勇敢地往里冲，后边惯性可能会很好。关键价位挂单量越大越不怕，一定要牢记这一点。

很多人一看，上面有个 1 万张的单子，吓坏了：这还能买？不要这么想。要看这 1 万张单子是怎么样消失的，如果不消失，永远不入场。如果第 1 笔是 3 000 张，第 2 笔 8 000 张就没了，赶紧往里冲吧，后边应该有一个惯性的上涨。

如果大家做商品炒单的话，会对这一点有非常深刻的认识。尤其是在一些关键的价位上，我们怎么去识别真突破和假突破？就像刚才说的 10.00 元这个价格，既是重要的支撑位，又是价格整数关，也是平台的下沿，还是 20 天均线，纠缠了好多次后，跌破 10.00 元，它会往哪儿去？它会很迅速地到 9.90 元以下。如果它跌破了 10.00 元之后，在 9.98 ~ 9.97 元纠缠，你是可以买一次的，为什么呢？因为下不去。这么关键的位置，这么好的整数关，又有大单子垫着被打漏掉，竟然没有下去，只下去了两三分钱。这说明什么？说明下去是假的。有这样的辩证思路，你才能用重要的价位挂单量去衡量这个是强还是弱。

5. 成交是否连续

成交是否连续和价格是否连续大体上是一回事，区别在于：最新价有没有大幅度跳跃。如果有大幅度跳跃，往往是好事，因为它的方向趋势性会更明显一点。怕的是上跳一下，下跳一下。这种情况我遇到过，有一只股票股价为 7 元多，买盘卖盘的差价为 3 角，就在里面来回杀，一把在涨幅，一把在跌幅，来回打脸，中间散户全是炮灰，这种股票就属于典型的成交不连续。这种情况是绝对不能介入的。它不光价格不连续，连成交都没有了，比如券商股在 2015 年 4 月之后，有很长一段时间就是这个样子。为什么会出现这种不连续？因为多空分歧巨大，大家在打架，一般都伴随着基金甩货，或者游资出货。

6. 与大势是否一致

与大势一致体现在共振上。如果一只股票，大盘翘头的时候它翘得凶，大盘回调的时候它跌得少，我们就说这只股票强势。所以在做强势股追涨的时候，比如在 10.00 元这么关键的价位打漏了，大势在往下走，就应该勇敢地追。大势没有往下走，你追了一下，或者说你没追，它在 9.97 ~ 9.98 元就停住了，这时候大势在往上勾头，那你就应该勇敢地买。这实际上就是跟大势做同一个方向。

三、对盘价的缺陷

对盘价经常会有一些问题出现，图 6–17 是交易软件的三个部分。左边是我们经常看到的买卖五档。中间显示，上午 10∶27 分，12.48 元成交 593 张，这个 B 就是主动性买单，记在外盘里。但实际上，对盘价之前是 12.46 对 12.47，之后变成了 12.45 对 12.46，而原先 12.45 和 12.46 上 1 000 多张的买单，只剩下 200 多张。这说明这 500 多张外盘的单子大部分是成交在 12.46 元，小部分成交在 12.45 元。但是为什么软件显示 12.48 成交、外盘、B、红色上涨？

图6-17　对盘价

这是因为整个交易系统有 6 秒的统计区间。所有行情软件显示的都是汇总数据，如果 6 秒前面很多笔都是往下卖，只有 6 秒的最后一笔是往上买，软件就会把它识别成一笔买单。但实际上它是成交在了卖价上。盯对盘价，就是盯这个。

这是交易系统的缺陷，一定要看清楚到底是真的买单，还是以为的买单。而且一旦行情显示 12.48、593、B，内外盘计算它已经计入了买盘，那很多技术指标都以它为计算依据了。虽然影响不大，但是当天如果这种事情出现很多次，那么交易系统的清晰度是要打折扣的。很多股民朋友问过我同样的问题：为什么明明看到是买单，结果下面的接单不见了？就是这个原因，这是交易系统的缺陷，甚至有时候很离谱，交易软件上从来没有看到过这个价位，但是当天的最高价或最低价里有它。出现这种情况也是系统 6 秒撮合的原因。

四、委比和成交比

1. 是不是委比越红买盘越大越好

不一定。买盘越大，意味着买入力量强，但如果买入力量很强，它就是不去成交呢？如果看到一笔 100 万股的买单，托在买二或者买三上，但是买二和买三，既不是关键价位，也不是整数关口，这个时候就该问一问，这是谁，为什么要这么买？一般人没这么强的实力，基金的交易员绝对不会挂这样的单子，那是谁挂的？他要干什么？如果上面的抛单很密，价位都很结实，又不往上买，说明他只是不想让价位跌而已。甚至要问一问，他到底是真不想让跌，还是假不想让跌？如果一会儿一路阴，在这个价位变成了买一的时候，他撤了，说明什么？他也不是真想买。所以，委比不一定是越红越好。曾经有一段时间国家队救市，委比量大得一塌糊涂，全是 6 位数的买单堆在买一和买二上，就是不出手。这有什么意义？就是吸引大家跟风，他能少买点。

2. 最容易被误解的成交比

因为对盘价有 6 秒撮合缺陷，所以内外盘有时候是不准的。我们只需要关注涨跌停时内外盘的成交比，这个是最准的。

如果股票涨停了，前面主动性的买盘冲上去，这是大量的红盘，封停之后是大量的抛盘，如果这两个力量是外盘量比内盘量大，在通常情况下，这个涨停板是可以持续的。如果涨停板的股票，外盘量比内盘量要小，尤其是出现那种涨停打开又封住，打开又封住，有出货嫌疑的，遇到这种情况就应该先溜。

五、换手率

1. 换手率的计算

换手率是另外一个比较重要的指标，这个指标最原始的计算方法是成交的股份数除以总股本。但实际上，我认为应该除以流通股本，甚至应该除以实际流通股本。因为很多股份是不流通的，比如建设银行，流通股份一共也没多少，包括中国石油、中国石化，流通股份都是不多的。所以在算换手率的时候，一定不要有误区。

2. 换手率多少算好

那么，换手率多少算好呢？我的经验是：3% 以下基本上是不活跃的；3% 开始温和地活跃；7% 属于比较活跃；10% 就属于很活跃，一般都是游资票了；15% 有出货嫌疑；如果一天换手率超过 20%，要么后边有波澜壮阔的大行情，要么就是出货。

一定要记得，换手率不是越大越好。换手率越大，意味着股票的交易摩擦成本越高，一只每天换手 10% 的股票，这是多少交易成本？它还能长期跑赢大盘？绝对不可能。如果做日内，换手率应该超过 3%，因为不活跃很难做；同时也不要超过 15%，超过 15% 可能也做不了几天了。如果换手率连着四五天达到 15%，然后一天爆出 30% 的巨幅换手，那行情已经走完了，之后会是长期阴跌。

3. 极端换手出现的位置

对于换手率的观察，要看特别极端的换手情况。比如，换手率特别大时，换手率出现的位置是在高位还是低位，是在山脚、山腰还是山顶？

4. 涨幅的判断

比如，这只股票已经有了 3 ~ 5 倍的涨幅，现在爆 20% 的换手率，那大概率就是山顶。比如中国中车，涨 10 倍出现高换手，还不走，这就是不应该的。常识判断都可以让我们规避掉很多大的陷阱。

比如，价格长期都是这样，几乎套住了所有人，那它就是山脚。比如，一只股票涨了 30% ~ 40%，这个位置有可能是山腰，但是在熊市这说不定就是山顶。所以，我在熊市里，比如说趋势不好、大环境不好、不配合的时候，山腰都当是山顶了。比如 5 元的股票，低位大部分的成本区间是 5 元，涨到 8 元出现 20% 的换手率，我当它是山顶了，也许后边是山腰，不要了。机会很多，可以做别的。

有没有在低位换手特别频繁的？极少。我印象里低位出现高换手率，是什么情况呢？比如某只股票长期横在 3 元多，然后它停牌了，复牌之后，从 3 元的无量涨停板涨到 4.5 元，这个时候爆了大量，我们应该不应该关注？应该关注，毕竟它的绝对值不高，涨幅也并不是很离谱，如果有特别好的突变的话，后边也许会有很好的机会。

长牛股最理想的状态是什么呢？它的换手率有一个从低到高再缩窄的过程。比如原来的换手率不到 2%，但是绝对股价并不高，走着走着，换手率跑到了 7%，开始活跃，然后从 7% 又逐渐地缩回到了 2%、3%。它在缩回到 2%、3% 的过程中，是马不停蹄地碎步小阳线往上走的，这实际上是超级大牛股的特点。我们把这个过程叫“放量突破，缩量上涨”，这种股票是极其稀少的。如果遇到这样的股票，一定要抓牢，有可能十几天就翻倍了。大家可以翻一翻早期的信达地产、同达创业、国际医学、平潭发展，都是这样的走势。

5. 和分时图结合

所有关于换手率的内容，都要和分时图的形态结合起来看。只有这样，我们的判断依据才能更多一些，判断的成功率才会更高一些。

第四节 K线常见出货特征

上面讲的是怎么买、怎么追、怎么乘船、怎么坐轿，下面讲出货。K 线常见出货特征主要有以下几个。

一、数倍股高位巨量换手

数倍股高位巨量换手，通常是出货特征。不要迷信 10 倍股，不要追求 10 倍股，这个市场上的 10 倍股很少。大多数抓住一回 10 倍股赚了很多钱的人，通常情况下还会把赚到的这些钱，全部赔在寻找下一个 10 倍股的路上。涨幅巨大的个股，高位巨量换手，必须回避。

二、连续跌停巨量开板

现在很多游资出货，或者老庄股出货都是这种方式，不计成本往下卖，为什么呢？打到绝对低位才会有人过来抢反弹，甚至是自己来抢反弹。

比如，我是原来里边的老庄股，手上有很多这只股票，没有人买，这时我该怎么出？第一个跌停卖没人买，第二个跌停卖没人买，第三个跌停卖还没人买，在我已经腰斩了之后，短线客都在盯着，都希望它哪天开板。然后到了某一天，我自己挂跌停自己买，边买边撤，然后把跌停板打开，弹起来的时候，今天做了一趟 T，第二天卖光了。这就是庄股自救，连续跌停，巨量开板，在开板的过程中跑了。

三、高位下影线频频出现

比如已经涨了 50% ~ 60% 的股票，在平台横着，下影线天天有，都比较长，而且这些下影线的收回都是尾盘收回来的。它在干什么？拉尾盘是最没水平的表现，因为拉尾盘成本低，20 万股就搞定了。换成上午 9：30 试试看，20 万股刚搞定，又被砸下去了。所以，高位下影线频频出现，一定是有问题的。

这一点可以推广到大盘上，如果大盘经历了一段比较大的涨幅，这个比较大的涨幅有可能是 30% ~ 40%，在高位形成平台，下影线很长，并且经常出现，这个时候你一定要警惕。为什么？这其实是一个洗脑的过程，“有钱难买牛回头”，大多数股民看到下影线都是要往里冲的，尾盘进去，下影线全出来了。这与连续多日尾盘托价原理是一样的。

四、连续多日尾盘托价

这么多的下影线，这么多的尾盘托价，为了什么？都是为了走。白天卖了一天，尾盘 20 万股打起来，明天以这个价位继续卖。今天卖便宜了 5 角，尾盘拉上来 5.5 角，股价还是红的。为什么？明天多卖 5 角的时候，有人在下面等着接呢。这种出货对于个股的杀伤力是很强的，只有老庄股或者在里面长期运作的资金，才会用这样的出货方法。

本章小结

分时图常见的出货特征

分时图常见的出货特征有以下几个。

1. 钓鱼线

大家闭上眼睛想象这样一个图形：固定的斜率，45 度角向右上角飘，突然间大幅杀跌，迅速把涨的 5% 全部杀光；然后从这个点起来，继续以 45 度的斜率再往上涨，涨了半个小时之后又有两笔大卖单全部杀光，这就是“钓鱼线”。想象一下你把鱼竿拎起来，鱼线垂下来的样子，这种钓鱼线就是典型的出货。这种图形现在很少见，常见的是大单买二。

2. 一字断魂刀

股价跟去世的人的心电图一样，一直是横着的，突然间下来 4 角，继续横着，然后又下来 4 角，一天跟下楼梯一样，全是“一”字形的，然后中间断头一样掉下来，这是典型的出货。而且这和大单买二经常是搭配的。它横在那儿为什么是“一”字形呢？因为大单垫在买二，在卖一上挂了卖单，股价下不去。

一字断魂刀的原理其实比较简单：因为我要出货，又不想出货的时候价位跌得太凶。比如，现在价位是 15 元，那么我所有的买单都托在 14.99 元上，所有的卖单都挂在 15.01 元上。

想象一下，我的卖单挂的量级肯定小，15.00 元、14.99 元、14.98 元、14.97 元上都是 4 位数，甚至 5 位数的买单，然后在

15.01 元上，我的卖单都是 400 手、800 手这样的单子。很多散户看见下边有大托单，是往上冲的，把这 800 手买完了之后，成交多少我再挂多少，还有 800 手等着，这 800 手永远出不完，这就导致它是一个“一”字形。过了 20 多分钟、半个多小时，大家已经疲惫了，觉得你就是在玩花样，买入的力量已经没了。好，一把下去 5 角，在 14.5 元这个位置，咱们再来这一套。有人一看：跌这么多，大买单又出来了，可以抄底了。再来一次。一天可以这么来回好多趟，杀好几个台阶。甚至不一定要往下，等到了尾盘把它拉回来，虽然今天一天白跌了，但我已经出了这么多，明天继续。所以，这些方式互相结合很难识别，但是看到这种典型的特征，先跑了再说。

3. 大单买二

大单买二和一字断魂刀基本上是同一个手法，包括后面的一些出货手法，也会用到大单买二。

大单买二有时候也会被买掉，但问题是，在这个市场上，刚开始出货的时候，持仓量肯定是很大的，是不太怕有人打的。这一点出货的人心里其实是有数的，没有人有这么多货。如果真有这么多人卖出来了，那他只能接了。所以将来等你们交易量大了，也可以吓吓他们。有时候游资出货，被基金和里边的个人大户给砸了的情况也会存在。

4. 涨停出货

涨停板打开、封死、打开、封死，甚至是封死不打开。以前在涨停板上做出货，卖多少，底下买单可能还补多少，现在有时候连补都不补了，就敲开，敲开完了之后，再买到涨停，跟单跟上来之后，把单子一撤，集中成交，又把它打开了。打开之后、再封上、再打开、再封上，就是为了卖，就是为了成交。

5. 固定斜率巨幅换手推升

固定斜率巨幅换手往上推，一直推到涨停板，这种是最有迷惑性的，让人总以为那是快速极限走势。

比如，一分钟涨两分或五分钱，一点一点推上去，直接推到涨停板，看上去是固定斜率，股价在高位，换手巨大，量也很好，但是这种也有出货的嫌疑。为什么呢？这么出，有可能是大单买二一路往上垫的。

如果大单买二垫上，但是卖单在卖一上不停地往外放，那就是一字断魂刀；但如果是大单买二、买三上面不放货，而是隔一个价位，一点点往上放，那就是固定斜率巨幅换手推的。这个推升不是他自己推的，而是市场的力量推的，因为只要大单买二垫上去，想买的人就只能往买一上垫，他在把散户赶来赶去。

你有没有想到，这些操作方式不都是在逼散户先表态吗？买二垫上了，你怎么办？买一跟不跟，买一不跟，可能就是一字断魂刀；买一跟得多一点，他就继续把单子从买二挪到买一上去，然后买一就变成了买二，过一会儿新的买一上单子多了，他在这些单子后边，再往上推，再垫到买一上，这个买一又变成买二，这样一路垫上去，你会发现换手率很大，突然间，他单子一撤，一下子就出货走了。

这是一些出货的具体形态特征。

第七章

如何做短线交易

第一节 短线交易

一、短线交易的原则

什么叫短线交易？我认为其实就是三个原则。

1. 持股时间短

短线的持仓时间基本上是以天为依据的，前提是它不表现了，如果天天涨停板，哪怕涨一个月，我肯定愿意拿一个月。它只要不表现了，可能就要被处理掉了，所以相对来讲，持股时间是比较短的。换句话讲，我既不参与它的震荡，也不参与它的调整，只想拿到主升浪的一段；可能从 8 元涨到 20 元的这一部分里，我只拿到了从 12 元涨到 15 元这 3 元的部分。但是这 3 元可能赚得很快，比如一天半，或者两天就拿到手。

2. 参与结构短

所谓参与结构短就是，在正常情况下，一只股票从 8 元涨到 20 元的过程中，它可能是先从 8 元到 13 元，然后从 13 元回到 11 元，从 11 元迅速到 16 元，又从 16 元回到 14 元，然后一波又到 20 元。这里可能有三波、四波，甚至五波。那么我们在做短线的时候，是不会把这 5 波结构全部拿走的。如果想把这 5 波结构都拿走会更累，要浪费时间和精力。

我有一个问题：我们做一件事情，是要把它做到 85 分，还是做到 100 分？这个其实是要衡量一下的。如果我用 40% 的努力，就可以做到 85 分，但是从 85 分往 100 分去，我需要花 120% 的精力，那么实际上 85 分就足够了。也就是说，我们要找一个边际效应最大的趋势去做，而不要把更多的精力浪费在提高那一点点的完美性上。交易本身就是不完美的，我们没有必要去追求极致。在追求极致的过程中，你付出的精力、成本可能会高很多，这其实是不划算的。

对处女座的人来说，这点太吃亏了，因为他们追求完美，所以经常会出现：我就是要 20 元把它卖掉，但它最高价才 19.9 元，太不完美了。还有一些处女座的人是，必须要扣掉成本之后，在 20 元的价格上把它卖掉,结果它最高价就到 20 元。这么执着就没必要了。

3. 情绪转折快

什么叫情绪转折？就是对某只股票，半小时之前还比较悲观，还在卖，但是半小时之后发现卖错了，马上就再追回来，这就是情绪转折比较快。那么，情绪转折快的要求是什么呢？是泯灭掉大方向上的依据。你可以在宏观上对这只股票有一个猜测，比如，你认为这只股票处于上升通道，但是在操作中，你要时刻警觉，它也许在上升通道里是来回振的。只要是做短线，你就一定要有两个方向的感觉，不能认死理儿，千万不能犟。

有些人是从来不转折的，就是看多：股价从 10 元跌到 4 元，还看多，最后从 4 元跌到 3.8 元实在无法看多了，快爆仓了，就直接砍掉；刚砍完，股价又涨了。砍完第二天，这些人又在那儿看空，说要跌到 2 元，结果股票又涨了。这种人其实就是反向指标。我身边有很多这种人，你们如果仔细找的话，也会找到很多。你铆住一个最准的，跟着他做其实也挺好的。

二、频繁买卖是不是做短线

在上面三个特点中，我没有将频繁买卖列入，大家一定要记得：频繁买卖绝对不是做短线的特征，而是管不住自己的手，是病，得治。因为所有的频繁买卖，都要建立在有盈利的前提下，在有盈利的情况下，你买卖得很频繁那是对的。在没有盈利的情况下频繁买卖，那根本就不是做短线，而是在瞎做。

不知道大家有没有统计过自己的交易量，我统计过：在我所有的短线亏损里，有几乎一半以上都是因为抖机灵。根本不该做的东西，总觉得今天来灵感了，可以这样做一下，可实际上只要做了，几乎都是赔钱的。这就是频繁买卖。

可做可不做的交易，一定要控制住不做。比如整个商品从 2015 年 3 月到当年的 6 月是没有趋势的，所以我一直忍住没有做。那段时间我最成功的地方并不在于我猜对了某一个品种的行情，而是因为我忍住了，几乎就没碰过商品。

大家一定要杜绝频繁买卖，我们怎么才能克服这个毛病呢？一个最简单的办法是，每天准备一个本子，记下今天要做什么、明天要做什么，或者当天做完功课，做个盘后总结：今天操作的缺陷在哪儿，列出几条；明天准备怎么做，列出几条；计划好明天的操作和大概的可操作区间，心里有个数，然后写个便签往自己电脑屏幕上一贴，按照这张纸上写的做，效果会非常好。

我以前有记交易笔记的习惯，坚持了很多年，但是这两年太懒了，基本上不再动笔了。我身边有一个做商品的老大哥，他做技术分析，看技术图形。他有一个本子，每天只要我们一聊天，本子就摊开了，可以马上说出这些东西的支撑位是多少，阻力位是多少，强支撑在哪儿，盘中出现某信号应该怎么做，一目了然、清清楚楚。了结一笔交易之后，赢利的打钩，亏损的打叉，盈利是多少，在心得中写下来，亏损的打个叉，亏了多少，也在心得中写下来。这样做是可以避免瞎做的，管不住自己手脚的朋友们就用这个办法。想要练短线，先管住手！

第二节　超短交易

一、日内交易

刚才说的是短线的定义，其实短线还有一些分类，比如超短，像股票的日内 T+0 和商品期货的炒单。无论是股票的日内交易，还是商品期货的炒单，只要做短线，我们都要关心以下两个问题。

1. 入的问题

做超短，我们的买卖依据一定要清楚。什么叫清楚？就是不要模模糊糊，比如出了这个趋势之后我再往里追。这个趋势的判断标准是什么？是过了 10 元，过了 10.02 元，还是过了 10.05 元？这个标准一定要很清晰。

要避免那些很含糊的东西。比如 2 分钟和 10 分钟出金叉了我去买。2 分钟和 10 分钟出金叉的时候，在分钟 K 线上，至少是在 1 分钟之内就会有反复，你怎么解决这些反复的问题，怎么认定这个金叉？是在下一分钟认定前一分钟的金叉，不管下一分钟的价位是多少，都往里追，还是用别的办法来认定？千万不能笼统地说出金叉了就做，出金叉了刚做进去，它又死叉了，你怎么办？所以这个认定必须要准，不然就没有意义了。

2. 出的问题

做超短是必须要停损的，不停损就被套住了。这个出就是止损和止盈的问题。止损反复讲了这么多次，大家应该都会了。止盈怎么做？这里面就需要用自己的性格做切入点。

比如有些朋友赌性比较大，那赌性大做短线好不好呢？未必不好。他可能会拿自己所有的利润去赌，比如 10 元买的股票，第二天涨停板了，在涨停板附近，只要震荡，就再加仓。他有 10% 老仓位的盈利做底，一旦加仓加错了，当天把老仓位的部分平出来，第二天可以再砍掉。这样的话，他相当于是用之前的那些盈利来做赌注。

还有一些人呢，是比较谨慎的。10 元买进去，股价涨到 10.15 元，一看下面的买单薄了，上面的大卖单也出来了，他就先走。

两种方法没有优劣之分，还是要理解盈亏同源，什么样的性格就做什么样的风格。我是比较喜欢做“1+1”的，也有一些人是做“7–5”的，刚开始可能是做“1+1”，最终也许控制得好，就变成“7–4”了，那这就比“7–5”多了一点。但是用后一种方法的人，压力会比较大，当然用前面一种方法的人压力也不是没有，只是压力相对较小，能随时了结，这些压力就都被抛掉了。所以要自己衡量，大家一定要知道，交易是没有所谓对错的，只有适合和不适合。

二、超短交易的技巧

1. 尽量不看K线

分时图均线是做短线最好的参考，反映得最快。为什么这么说？K 线是比较慢的。因为分时图是根据成交价画出来的，K 线是根据分时图画出来的，所以尽量不要去看 K 线。

微博上有一个朋友股指期货 IF 先生，他是做股指期货日内交易的，在 2014 年之前，他的收益基本上每天都是七八千元，非常稳定，而且一张单子，做到这个水平是非常棒的。他采用的就是日内超短这种做法。如果有志于做商品期货，或者金融期货的炒单，想做期指日内交易，就要尽量不看 K 线。同时，对自己的一些交易模式要做些修改，比如可能要去测顶、测底，对于一些指标，比如布林线等，要研究得比较透彻，将这些指标作为买卖和进出的标准。

2. 要学会看分时图

希望大家再去好好看一看第六章有关分时图的内容，把常见的分时图形态,仔细地体会一遍。如果在实战中遇到,最好能抓住一次，或者躲过一次。这样的话，记忆就会更深刻一些。

3. 对盘价是重要参考

我想重点讲讲对盘价的问题。

我举个例子。如果盘子上的价位，每一个价位都是比较实的上千张的单子，突然有两笔大买单，直接扫上去，把上千张单子全部扫空了。这时候有两种情况：第一种情况是后续的买单垫上去把买单垫起来了；还有一种情况是后续的买单没有垫上去，买盘的价位是空着的。

那么，作为做交易的人，面对这两种情况，我们怎么应对？如果遇到第一种情况，买单垫上来了，如果做短线的话，可以勇敢地去追一下试试；如果是后一种情况，买盘的价位很空，则不能追。为什么？我举例说明。比如一只股票在 10 元上有大单，两笔大买单一扫，卖一价已经跑到 10.10 元了，只要一追，基本上成交在 10.07 元或者 10.08 元；如果抛单压下来，股价又回到 10.01 元对 10.03 元的时候，这个位置是当成自己买错了平掉呢，还是再等等，看会不会还有两笔抛单继续打漏？这是很难判断的，相当于做了一笔把握不大的交易。可做可不做的时候不应该做。但是在第一种情况下应该去做，下面的买盘很多，随时都可以以一个很好的价位平出来。那么，第一种情况什么时候出现过，大家还有印象吗？国家队救市的时候，是不是天天都是这样？

还有一些对盘价需要记忆。比如 10 元到 10.05 元之间是卖一到卖五，那么 10.03 元被打漏了之后，看到 10.08 元上面挂了 8 000 张卖单，这个时候股价可能立刻就下去了，然后等到下一轮再推上来的时候，要记得 10.08 元上原来是有一个大单子的。这是一种本能。经常这样操作之后自己就会记住的，就会养成自己的交易习惯。为什么要记住呢？因为要去想那 8 000 张单子到底是被买掉了还是被撤掉了。如果是被买掉的，要马上去看一下，买掉的数量到底是多少，是买了 5 000 张，撤了 3 000 张，还是买了 1 000 张，撤了 7 000 张，还是买了 8 000 张，一张也没撤。要去看对盘价和即时成交价格，如果都成交，上面 8 000 张一晃，10.08 元没有了，赶紧往右下角看。在右下角分笔成交明细中，如果有 9 000 张的成交，那在正常情况下，应该是买掉了，下面买盘垫起来的话，是应该追涨的。但是如果只成交了 300 张单子，8 000 张都不见了，那就是撤了。在这种情况下，要很小心，就算垫单垫起来，也要小心。为什么？因为说不定这 8 000 张随时一笔就砸下来了。

因为能撤掉 8 000 张，说明什么？第一，这些单子很整齐，可能是一个人的单子，也可能是听一种命令的单子，不然怎么会都撤了呢？这时，要提防着刚上去之后，这 8 000 张单子突然出来，又重新砸下去。但是如果成交 2 000 张之后又撤了，这种情况下它砸下来的概率就比之前要小多了，因为 2 000 张和 300 张比起来，代表当时的买盘已经很强，如果这个 8 000 张的卖盘真想出，可以继续挂在那等着成交。撤单就表示抛售的心理没有那么迫切了，或者想等更好的价位抛售。总之，在当时那个对盘价的情况下，买入是相对比较安全的。

那么，有没有卖盘故意压着的情况呢？也很常见，有的卖盘就是压着，不仅压着，当这个卖盘被买完后，甚至会在同一个价位继续挂同样数量的卖盘，继续压着。这种情况我们偶尔会在一些个股上看到。碰到这种情况要很小心，如果正巧这只个股之前的走势还有一些典型游资票的特点，那么大概率就是游资在出货。

对盘价有很多内容，没有长期盯盘经验的话，也比较难总结。我现在帮大家总结，只能一边想一边回忆自己遇到过哪些情况，但是我总结再多，也不如大家经过丰富的实战收获的多。

期货的总结就更简单了，它只有一个买卖价，盯着一个买卖价是最简单的做法。现在有的人做期货是看五档行情，而我原来学期货炒单的时候就只有一个价位，盯一个价位比盯五档要省心。

比如一个价位向上突破了之后，5 000 张打完，上面还有 5 000 张，那就算了，这肯定上不来了。而且期货有一个特点，凡是大单子一定会被买掉的，比如有个 1 万张的单子，不管处于哪个价位，过会儿肯定被买掉。问题就在于：在买掉的这个过程中，到底要不要跟着往里冲。

4. 后表态

大家一定要学会后表态，而且要体会后表态到底是什么意思。比如 2015 年国庆节前的那种弱势行情，在下午两点半之前表态就很难受，因为那个时间点经常出现跳水，所以在那种情况下，很多操作应该往后放，不要太早表态。

如果是挂单买卖股票，那这些人根本就不理解什么是后表态。因为后表态的人是很少去挂单的。为什么要挂单呢？要买的话直接对着盘子买就行了，挂单很麻烦的，因为钱可能不够，挂了这个单子，想马上再买还得把挂的那笔单子撤了，这样做既丧失速度，还表态太早。你挂了个跌停板，让人一看就知道你是等着跌停板捡货的，意图被发现。包括猜支撑、猜阻力、提前去挂单，都是有问题的。宁可学会预埋单，或者叫条件单，也不要去挂单。这种说法期货上有，股票上基本没有。什么叫条件单？当这个价格冲破 4 000 点的时候，我原来的多单自动止盈，或者空单自动止损，这属于后表态，是冲过了之后我再动，而不是说还没冲过我就已经挂好了，它万一冲过去了，明显是一波大趋势，那不是卖早了嘛。

三、超短交易的经验

1. 学会“痛打落水狗”

痛打落水狗，打完一定要记得跑。我举个例子，两个人打架的时候，我们怎么去选择帮助其中的一个人？一定不是他俩还没打，你就已经站出来了，“我帮你”，结果帮了个弱智；你也不可能等他们打完了，再过来痛打落水狗，人家都已经躺地上不动了，你去踹，得不到最大的实惠。真正好的办法就是让他俩先打，打到一方眼看着不行了，你再来给他一脚。打完一定要记得跑，要小心自己很爽的时候被咬一口。这个问题在股票上不是很严重，但是在商品上，由于带杠杆了，杠杆可能还很大，会抽得你非常难受。

2. 重要价位的单子一定要看买掉的速度

举个例子，10 元是强阻力位，并且上面放了很多张卖单。正常情况下，到了这里，如果是这么强的阻力位，而且是整数位关口，还是这么大的单子，如果真要突破的话应该是很快的。如果 5 000 张单子用了两分钟才买掉，那根本就起不来。反之，如果买掉了之后，两分钟都不往上涨，那也没戏。这就是重要价位的单子，一定要看速度，一笔两笔买掉和等两分钟或者三四十秒买掉是截然不同的。

3. 该涨不涨应看跌

该涨的时候不涨，有多单一定要小心。比如 2001 年北京申办奥运会成功，第二天，北京城建等集体高开，但大概 10 分钟全部收了阴线。这是不是该涨不涨？这其实就是所谓的利好兑现。还有一些是该强的时候不强。比如，今天股票集体反弹，所有的个股，大多数板块都在弹，只有这个板块不弹，那么这个板块就是弱的，后市如果要空的话，就去空这个弱的，这就是买强抛弱。所谓的强和弱，就是这么观察的。

4. 加速破位勤止盈

这一点在商品期货里面是一定要注意的。不仅如此，几乎所有带杠杆交易的品种在最后那段加速的时候，一定要学会止盈，不止盈的话，后边的反抽会非常难受。在加速的过程中先丢掉贪婪的想法，不要加仓。大家去翻一翻恒生指数，2015 年 7 月 8 日和 9 日那两天的走势，加速破位暴跌，敢往上加空吗？加完了，第二天弹 1 000 点，直接就被打爆了。所以，最后一段加速破位的时候，一定要学会止盈。

要理解最后那段加速破位是怎么形成的，是以增仓的方式形成的，还是以砍仓的方式形成的？如果是以砍仓的方式形成的，后边一定是巨幅的反抽，因为对手盘都没了，怎么还会再往一个方向去呢？如果是以增仓的方式形成的，可以再等等，但是这个位置加速还有人敢增仓，也要小心，对手也不都是傻子。在这种情况下，是散户抄底的多，还是真正有实力的资金，或者产业资本，或者现货商在进来抄底？在大扩仓的情况下，一定是后者的概率更大。

凡是大加速都要小心，尤其是当波动率异常大的时候，想想我们国内的商品期货 2015 年 7 月 8 日那天出现过什么情况？当天跌停，晚上开盘都已经扩板了，继续跌停，这是不是在加速破位？所以空单一定要先溜，哪怕先溜一部分都好。

有一个朋友问：为什么是止盈？如果做空的话，那就是止盈，如果是止损的话，就不应该等到加速破位的时候才止损，一定要在刚刚破位还没加速的时候就止损。一定要放弃 2008 年的那种想法，因为那时正赶上金融危机，现在有金融危机吗？概率是比较低的。而且，就算 2008 年遇到那种行情，也不存在 3 板止盈之后再也进不去了的情况。比如铜，我全程参与的，第三个板打开之后，还有机会再空的。然后，空下去之后又是两连板，后边又反抽上去，第二次跌停打开的位置，想空多少都有，那个位置应该是 3.8 万元或者 3.9 万元，后来跌到 3 万元。

当然，不是说加速之后一定会有反抽，而是大概率会有反抽，如果做非杠杆交易，比如股票，这种情况就很少见。那么，有没有 V 型？也有。比如暴跌的个股连续跌停板，突然有一天暴量抽起来，弹 20% 或者 30% 也正常；有些个股暴涨了 50%，直接摔下来再跌个 20%，也很常见。期货反抽很多，个股反抽相对比较少，因为它们的波动幅度、节奏，还是比期货要慢。但是类似特力 A 这类股票，完全是被操纵的，它们怎么抽都有理。所以股票也好，商品的某些品种也好，当出现同方向爆量加速的时候，我们一方面在享受这个上涨，另外一方面也要有比较清醒的头脑。我在第四章跟大家谈过，养单子我们是养在好的成本位置上，而不是把单子养在这种加速的位置上。因为在这种加速的位置上，一旦碰到幅度比较大的反抽，浮盈加仓全部亏光。

5. 均线附近可操作

为什么在均线附近做操作？如果上涨回档均线附近稳住，那可能买点就在这儿；如果破均线之后，又从均线下面往均线上翻头，没翻过去，那可以在均线这个位置把它卖了。所以，均线附近给我们的一些提示是比较关键的，因为大多数做技术的人都是看着它在做，所以在均线附近要多操作一些。

比如际华集团，不知道有谁在2015年国庆节前关注过这只股票，看看它的K线图，其实就是在所有均线全部黏住的那个位置，爆了一个涨停板出来。我当时就跟我的学生说，我国庆节前就在看，还想着国庆节之后要做，结果事太多了，看到的时候它都已经涨停板了，自己根本就没做上。当时，这个图形其实就是在均线上。所以，一定要学会在均线附近的一些操作。我自己的经验是：我大部分成功的操作，基本上都是在均线附近的，不管是做多还是做空。

6. 耐心等待好时机

一定要学会耐心等待，可做可不做的时候不做。不管做什么样的交易，我们都是一个猎人，这个猎人绝对不是拿着冲锋枪在森林里面来回扫射。我们只需要趴在地上，有兔子蹦起来，“嘣”的一枪，打死拎回家，第二天继续趴在那儿就行了。为什么？因为拎着枪到处找是找不着猎物的，基本上就是捡芝麻丢西瓜，捡小西瓜丢大西瓜。久而久之，整个人会找不着节奏，失望的情绪又比较大，最后就不会做交易了。

7. 对惯性的认识和利用

什么叫惯性？惯性就是保持原来的力量。在股票市场上，这个惯性其实是一些资金作用导致的，大量的资金追进来，都会有一个惯性上涨，这种惯性来自短线客的追涨杀跌，也就是所谓的情绪。要学会利用这种惯性。比如早盘很迅速地追涨停板，那么这个涨停板一定是越陡越好，但是相应地，越陡抓住它的概率就越低。这里有一个矛盾的地方就是，大家既希望抓到那种最陡的急速上冲的，又希望自己交易的难度低一点。对于惯性，我们需要更好地去认识。

我的经验是：如果分时图上是以低于30度的固定斜率往上推的，基本上都没有太大的参与价值，甚至可以认为是假的，因为这个节奏有点不太对。什么样的节奏更好？第一波的角度小，比如涨幅3%，这一波是以30度的角度上来的，然后下去之后，到了均线上就稳住了，然后第二波以45度的角度起来，第三波以60度的角度起来，这种是最好的图形。这种股票非常好做，其实就是惯性在逐渐增大。这里的角度怎么看？看一天的分时图，白线跟零轴的角度用眼睛大概扫一下，不用量。把握一个原理：角度越来越大最好，而不是相反。如果第一波涨60%，第二波涨45%，第三波涨30%，这种情况在分钟线上说不定已经是顶背离了，角度越来越小，波峰一波比一波平，这其实是圆弧顶的表现。

四、日K核心

隔夜短线就是所谓的日K，里面有三个核心问题：明确买卖依据，提前规划交易，按照计划执行。这其实就是事前规划、事中执行、事后恢复。这个恢复既包括心情，也包括资金管理，就不多说了。下面，我重点说说周期的问题。

第三节　周　期

一、周期理论

我在第四章曾简单地谈到过周期，但是没有详细展开，只是跟大家讲：所谓的顺大势、逆小势是周期的问题，这个“大”和“小”是周期的。常规对于周期的理解是：做两个周期，顺大势就是顺长周期的，逆小势就是逆小周期。这些知识，我从 2006 年、2007 年就开始在用，2009 年之后在商品期货上用得更多一点，但是一直到了 2012 年、2013 年的时候，我认为它是不足的，没有把整个周期的框架讲透。

二、周期框架

1. 周期分类

我把周期分为三类，而不是两类：一个大周期，一个中周期，一个小周期。

2. 周期选择

在交易的时候，我们要选哪些是可操作的？第一个就是要选大、小周期形态相同的。大周期向上，小周期也向上，这个时候我才去做；同时，我们要去逆中周期。简单的记忆方法就是：大小同涨跌，中期猜底顶。

3. 逆中周期

大小周期如果都是涨的，中周期下来，就要关注，等它调整到位，如果是个底部，就是短线的最佳切入点。反过来，大小周期都是跌的，那么中周期在顶部往下的时候，可能就是做空的。

4. 周期划分

周期的划分以均倍数为宜。什么叫均倍数？就是小周期和中周期是几倍时间，那么中周期和长周期应该也是几倍时间。不能说小周期是 1 分钟的，中周期是 15 分钟的，长周期是 1 小时的，这样不对。15 分钟是 1 分钟的 15 倍，1 小时是 15 分钟的 4 倍，这两个周期的倍数不一样，这样度量一定是有问题的，度量周期的倍数要统一。

三、周期共振

1. 周期设定

关于周期的设定，我的做法是什么呢？如果做稍微长一点的，比如我现在讲到的日 K 线级别的短线交易，那么我自己的做法是小时线、日 K 线和周 K 线。为什么这么做？小时线到日 K 线是 4 倍，日 K 线到周 K 线是 5 倍，差得不太多，是可以的。如果能够设一个 4 天的 K 线图的话，那就更好了，但实际上这种操作不可行。但外盘是可以这么设的，外盘的商品一天几乎交易 23 个小时，是可以的。如果长周期都是半小时以内的，基本上是日内交易级别的，日内交易级别可以很短。

2. 周期共振

举个例子，大家可以查看 2015 年 3 月 9 日，上证指数结束盘整，突破那天的情况：长周期在周 K 线上明显是长趋势没走完，在高位强势整理；在短周期的小时线上，在当天下午 2 点钟的时候，一根中阳线直接起来；第二天，又是一根小时级别的中阳线起来；而在日 K 线上，它刚好回调到了 20 天和 30 天均线黏住的位置，这就是特别好的一个日 K 线级别的买点。为什么这么讲？主要有三点原因：第一，长周期往上，周 K 线是大涨趋势，因为周 K 线是从 2014 年 11 月末一直涨到了春节前，春节后周 K 线是在做高位盘整，明显没坏；第二，短周期的小时线在爆量突破，明显也是在涨，是在突破；第三，中周期的日 K 线，刚好到了一个支撑位的相对底部，这属于共振类的买点。

3. 共振买点

共振买点，如果在个股上出现，会有更强烈的共振效果出来，但是看指数可能更清晰一点。因为有很多股票，它从小周期到中周期的传导可能是比较快的，大势从小周期到中周期的传导都是有一个过程的。这也是为什么我做了很久的交易之后，自己不太愿意再去做个股，即便做个股，也是以别的方式去参与的原因。我希望自己这么多年交易经验形成的东西，能用在一个更稳定的系统内。对于指数来讲，它的稳定性要比个股强很多，所以我宁可去做期指。虽然稳定一般都意味着低收益，但是期指带杠杆，我可以把低收益自如地放成高收益，这样既享受了稳定性，同时又能够进行资产控制。很多人问我：你怎么不去做个股，你为什么不选？我不去做就是这个原因。大家如果要研究周期间隔套利的话，还是应该从指数入手，因为指数的共性特征可能会更强一点。大家也可以用我这样的方式去进行指数的判断。

四、周期的运用

1. 大小同涨（跌），中期均线企稳（压制）——做多（空）信号

以三个周期都是往上跑为例。大周期在涨，小周期也在涨，我们要在中周期回踩的时候去做买点，介入以后，中周期回踩完了之后，也开始朝上。这就是我们享受利润的那一段，这一段是最好的。

所以，一定要从大小同趋势，中期逆趋势介入；到三者同趋势的时候，拿住单子。这个时候是主趋势，是共振起来了。这个时候一定要拿死，千万不要出去。等到小周期变坏，大小逆向的（所有逆向一定是在小周期先发生的，不可能在中周期和长周期先发生）的时候，一定要警惕，观察会不会因为小周期出现拐点而传导到中周期，如果有传导，先出来。大家一定要明白这一点。

2. 大小逆向，耐心等待

当我们看到大小周期是逆向的时候，一定要先等等，等大小周期同向。大小周期同向有两种可能。一种是小周期重新回归。小周期变化的速度比较快，等它重新回到和大周期相同的方向上，我们再去等中周期逆向。还有一种情况，小周期下来了，中周期也下来了，慢慢地大周期也下来了。这是什么？这不就是另外一个方向又开始了吗？如果可以做空的话，小的可以空，大的也可以空，然后找机会在一个中周期的高点去空。如果持有的话，当看到小周期已经朝下，中周期被传导的时候，要走；或者是到了某一个度量指

标该出场的时候，也是要走的。

小周期走坏很常见，关键是小周期走坏会不会传导到中周期。小周期走坏，中周期开始背离，这就是传导了，如果小周期走坏，中周期还很健康，在往上走，那还能够再坚持坚持。我们不需要提前做预判，中周期就是日 K，只要走坏，设个标准，比如跌破了某个价位，或者回吐涨幅的 5%，浮动止盈跟上，那就该溜了。

3. 大小同涨（跌），中期顶（底）背离，持有多（空）但不追

大小周期同涨，中周期是顶背离，意味着什么？意味着有可能短线的某一个趋势，已经濒临中周期的转折点。在实战中，这个时候有可能会出现中周期比小周期先调整，但更大的概率是中周期的这个背离是假的，小周期会忽然再来一下。所以这个时候，我给的办法就是持有，但是绝对不追了，赢利肯定不加仓了，这是其一；其二，浮动止盈一定要跟上去，因为这个时候一旦中周期顶背离成功，这种调整幅度是很深的。为什么在交易框架上，我先跟大家讲设定止损，再跟大家讲浮动止盈？就是为了避免这种情况。

所以，在三周期理论中，大周期是我们用来对整个行情定性的，中周期和小周期是指导我们操作的。我们主要的操作依据实际上是在大、中、小三周期的相互关系上。可以做的一共就这三种情况，剩余的情况基本上都不做。实践中，大家可以把各个周期框架的图形找出来，对比着指数仔细看大、中、小周期到底什么样子的、该怎么做。请大家务必理解顺大势、逆小势，这是短线交易的精髓。

五、周期的传导

1. 大小同周期向大小逆周期传导

所谓传导，就是大小同周期向大小逆周期过渡。从同周期到逆周期总会有一个变化过程，一般来讲不会大周期先动，肯定是小周期更敏感一些。

当小周期动的时候，比如小周期在高点背离，然后跌破某一个重要的均线位置，支撑跌破了，短周期的形态坏了。坏了之后，我们这时要看中周期，中周期刚开始是没有什么太大反应的，在中周期上可能就是一根上影线，所有的指标都是往上走的。但是过了一会儿，比如又过了 3 个小时或者 4 个小时，中周期上也开始出现一些背离形态，这就是我说的传导。这种周期的传导，如果是从小周期到中周期到大周期全部被传导了，就是趋势反转了。这个转势杀伤力也许会很大，而且这个转势的时间会比较长。

大家可以看一下上证指数在 2007 年 11 月摸顶的形态，那是非常典型的传导，最终形态彻底坏掉。在我印象里，是先跌到了 5 000 点，短周期彻底坏了，又抽上去几天，然后，2008 年 3 月再杀下来。那个时候，是三个周期全部往下，直接歇了。2015 年 5 月的情况也差不多：5 月 28 日，小周期先坏掉，中周期一直在顶部做圆弧顶，大周期还没动。最终，大周期真正破位是在什么时候？大家可以去看周 K 线，大周期真正破位是在 6 月的第 3 周，就是交易所出来说"这是正常调整"的时候。那个时候其实已经破位了，当时的周 K 线已经坏了。

2. 中周期被小周期传导

三个周期都被传导了之后，全部逆向了，这时应该勇敢去做空。

在多数时候，如果我们做空，其实不用特别介意去逆中周期的势，中周期的势很难逆，因为恐惧的释放非常快。我们可以在上涨的过程中，逆中周期一点点地买。因为涨的时候总是有节奏感，一波涨，又一波涨，再一波涨；但是杀跌的时候，破位是非常快的，像闪电。

所以做空的时候，更像在做左侧。比如说，小周期、中周期、大周期本来都是往上走的，过了一阵子小周期往下，再过一阵子中周期往下，大周期还没有往下破位，我可能都已经想要进去了。当然有的时候也会吃苦头，因为后边可能会再被扯出来，美股就曾出现过这样的情况：它本来是三周期全部向下了，结果一天小周期回来，到了第三天中周期也回来了。

破位的标准跟自己的设定有关系，怎么设都行，其实真正的破位，画根趋势线就行了，如果能用对数坐标的话更好一点。如果整个均线形态全部都坏了，比如一根 K 线已经把所有的均线全部打穿了，那一定是破位；如果是震荡，回调到某一个趋势线上就继续回来，并且反复这样，这属于没走坏的。

第四节　短线和宏观

一、情绪的扩散

做短线的时候，我们更多是通过观察宏观，理解整个情绪的扩散情况。

1. 宏观引发的市场情绪反映在技术层面怎么度量

这一点在第八章讲背离和 K 线形态的时候重点讲。比如宏观引起的市场情绪高涨，会高涨到什么程度？是让投资者们兴奋、亢奋、疯狂、痴狂，还是低落、消极、绝望？对此，可能有很多种度量的方法，比如，我是用背离来度量的，当然你也可以用KDJ、MACD，可以用多种多样的数学方式去度量它，但是要理解，在技术图形层面，度量的标准是什么。

2. 宏观引起的热点发散

什么叫热点发散？举个例子，在上海本地股中，突然有一天，迪士尼板块集体起来了，第二天，在迪士尼板块维持强势的时候，商业板块也起来了，这说明什么呢？说明整个市场的情绪是在扩散的，而不是消退。

3. 逻辑扩散

迪士尼的概念起来了，迪士尼总要建吧，于是基建类的股票会先起来；第二类是周边地产类的股票，谁周边有地，谁就占便宜；迪士尼开园对于上海的哪些行业最有利，肯定是旅游商业；游客来了，不可能只去迪士尼玩，别的地方不去了，全上海的商业，比如徐家汇、上海九百、豫园商城，这些股票都在涨；然后是轨道交通类的股票。这其实是热点在发散，当然发散是有极限的，故事讲到一定程度就不能再讲。这个时候你会发现，市场热点发散到一定程度，前期的一些龙头个股开始做热点切换，如果龙头个股的切换速度越来越快，板块的发散越来越快，你要小心了。为什么？因为这轮行情快到头了。

我们要去感受热点发散，但不是每一个热点都去做，那样经常会捡了芝麻丢了西瓜。我们也不去追求那样，做到80分就可以了。

4. 学会拥抱题材股

很多朋友很抗拒题材股。千万不要抗拒，尤其做短线，一定要学会拥抱题材股。“这是一个基于谎言的游戏，我们要假装相信了这个谎言去参与它，并且在这个谎言破灭之前抽身而走。”我认为这句话放在题材股上太合适了。

一个题材，一个概念，我们要跟着一起去讲故事。我们要去做那个讲故事的人，但千万不要讲着讲着自己相信了，要去给别人洗脑，不要被别人洗脑，这其实就是做市场情绪。当市场情绪起来的时候，我们要敏锐地意识到这是情绪的作用，然后冲进去享受情绪的高涨，在情绪高涨该宣泄的时候离开，走之后市场跌到什么样子，跟我们没关系。一定要用这样的方式去参与题材股。千万不要在短线操作上认死理，认为这个题材还没有表现，正在表现，还没有表现完，这基本上已经错了。一定是还没表现，我们在等；正在表现，我们随时准备溜；表现得差不多了，我们撤了。别人喊着还没表现，还没表现完，那你卖给他们就行了。

我自己的经验是：想要学会这些宏观上的东西，需要的知识会更多。这就是为什么我带学生，刚开始的时候都是先从短线切入，因为短线不需要特别多的知识和经验积累，是比较容易学的。但是做宏观、中长线的波段，需要积累的知识就会很多，而且最怕的还是没有积累到足够的知识，就自认为已经懂了。这个时候其实是似是而非的状态，做中长线往往会赔大钱。我身边有很多这样的例子，自认为把某个行业的股票研究透了，挣到了好大一笔钱，就觉得这个模式可以无限推广。可能下一笔就是一个异常失败的投资。因为很难说这次中长线投资是基于运气还是基于正确的方法。

短线就比较简单，可以把复杂的问题简单化，简单事情重复做，反复操作，但是中长线就比较难。尤其是做长线，首先要对产业很了解，其次要对宏观考虑得比较多，再次要对公司，甚至公司管理层的情况都很了解，这其中可能就有一些我们能力达不到的地方。

二、情绪的技术度量

关于情绪度量，主要讲以下四种方法。

1. 波动率的度量

当波动率变得很离谱的时候，情绪一定是到了一个需要释放的当口。或者说波动率从正常往离谱去的过程，就是情绪在释放的过程。波动率指标比较简单的算法，就是用最高价减去最低价，股票软件上有日内振幅。那么，对于指数的波动率我们怎么去测算？用期权，期权一目了然。

2. MACD背离

第二种方法是我比较爱用的。在长周期里面，我用 MACD 的背离。注意，我说的是长周期。很多朋友跟我说，1 分钟的 MACD 背离了，怎么老不发生作用？ 1 分钟离谱了点，不往闪电图上用已经很给我面子了。

MACD 背离，最准的其实是周 K 线、日 K 线。看到周 K 线的 MACD 顶背离，我是撒丫子就走。这就是我孜孜不倦地去空标普的原因，看看标普的形态，2 100 点上的标普就是周 K 线的顶背离，所以我敢在 2 100 点附近去大量地空标普，但是它杀下来之后又弹起来不少，这里边也会有一些操作技巧的问题。但是在大方向上，我认为没什么错，除非它把这个周 K 线的顶背离重新打破，变成周 K 线不再是顶背离，或者用另外一次背离去超越它，那么我可能觉得这个跌势进行不下去了。但是从当时的情况来看，长达 3 个月的周 K 线的顶背离，不可能特别快地结束。

3. KDJ钝化

KDJ 的钝化，我们经常会看到，尤其是 KDJ 指标的参数设置得特别短。我以前用得多，最近用得少，因为这个钝化在个股上不是很好用，在指数上用 MACD 可能更适合。

4. K线形态

K 线形态，我们留到第八章再详细讲。

我们为什么去度量情绪？大家情绪很高的时候，股票是不是该涨？这是很显然的。情绪非常高，应该涨。但是它为什么不涨？该涨不涨，可能就是在从强转弱。

三、短线交易应当避免的问题

我列了三个在短线交易里面应当避免的问题。这三个问题中，我认为最关键的是第三点，一定要管住手。

1. 买卖点中途半端

中途半端是什么？比如某只股票，突破位置是 10.25 元，支撑位置是 10 元，结果 10.15 元就买了，这就属于中途半端。要么买突破点，要么买支撑位，买突破点是因为我觉得这个突破是有效的，买支撑位是因为我觉得这个支撑是有效的，买点都很清晰，但是买在中间，既不是突破位又不是支撑位，这就属于中途半端，这种买卖点绝对不要去设。很多短线做得不好的人，主要问题就在这里。我看那些阿姨们买股票，突破了不追，觉得突破了价格高；股价跌下来到支撑位了，也不敢买，觉得有可能破位；等到价格从支撑位上弹起来一点，她们就冲进去了；冲进去之后，价格突破不了，拐头往下，她们也不知道该怎么办了。所以，不要这么干，绝对不要做中途半端的事情，一定要清晰。对于买卖点中途半端的问题，如果大家理解了我上面说的话，一定能够避免。

2. 了结点不明确

大家只要掌握了浮动止盈和硬性止损这两个技巧，了结点不明确就可以避免。

3. 管住自己的手

关键是第三点，可做可不做的交易不要做，太随意的交易不要做。一定要好好地理解第三点，管住自己的手。

四、短线交易训练

1. 模拟盘起步

模拟盘无法带来实战的紧张感，刚开始做模拟是有意义的，但是再往后意义就不大了。只要在模拟上开始稳定赢利了，马上就要把模拟放开。不光要把模拟放开，在学短线交易的时候，还要时刻让自己保持一种兴奋的状态。即使手心出汗，晚上睡得也很踏实，或者说不影响你谈话的情绪。比如别人叫你吃饭，你就开心地去吃饭。

2. 实盘加量

一旦实盘适应了某一个资金量，要继续加量。比如实盘是做 10 万元的，做了两个月之后稳定赢利了，又过了两个月之后，手心已经不出汗，心情也不兴奋了，这时怎么办？上量，再上 20 万元的量，一直上到手心继续出汗为止，这样的话就一点点把自己的潜力激发出来了。当然，也可以不以出汗为标准，比如心跳比较快啊，或者别的度量方法，都可以用。

3. 从控制成功率开始

想学短线有两种方式。

第一种方式是，一开始就大量地做，然后不断地提升成功率，这是成本很高的一种做法，而且会极大地摧残自信心。如果用这种方式都能练出来，说明你很厉害。

第二种方式是，先练质量，再加数量。这一种是我主张的。先练质量，有把握再出手，哪怕刚开始每天做的笔数少一点，一定要在保证质量的情况下，逐渐提升数量。保证质量，把成功率放在第一位。刚开始学的时候，可能成功率能到七成，然后在逐渐提升数量的时候，成功率也会逐渐下滑，接着再稳定到某一个成功率上。采用这种方法的好处是：第一，省钱；第二，对培养自信心很有帮助。刚上来成功率很高，你就会有兴趣，不会感觉很受挫，很气馁。因为人毕竟不是机器，就像我，觉得自己的心态已经很好了，但是也会在连着三次做错的情况下不想做了。即便现在，碰到这种情况，我可能站起来开车就走了。

本章小结

控制亏损，利润自来

一定要从保证成功率开始，然后要学会控制亏损。大家一定要理解，做这行，不亏钱就是挣钱。只要不亏钱，挣钱就快了。很多人经常说：控制亏损，让利润奔跑。其实，后一句都不用要，只要控制住了亏损，把亏损降到零，利润自然就来了。如果你从亏损做到停止亏损，基本上就已经入门了。从开始有盈利到稳定获得盈利，再到知道什么机会该怎么出手，你就已经能在这个市场中养活自己，甚至养活家人，过上很体面的生活。

如果能够再高级一点，比如怎么从人的心理上去理解这个市场，从市场群体性的反应上去顺应这个市场，你就能享受在把人群赶来赶去这个过程中的盈利。这是另外一个阶段，这个阶段我也很期待，也在摸索。我只能说，这行其实是没有终点的，我们可能会经历一个螺旋的过程。我不知道大家有没有学过下棋或者打牌。我当时学打桥牌的时候，就非常明显地感觉到这种螺旋上涨。有一段时间，我的牌打得非常好，过了一阵子，突然间，我就像是完全不会打一样，但是再过一阵子，这层窗户纸捅破之后，马上又长牌了。其实，我们做交易也是这样，刚开始这阵子很顺手，你做得非常舒服，过一阵子之后怎么做都别扭，这往往是因为做得太多，少了一些总结，只要有人稍微点拨一下，或者你自己悟出来一点东西，一调整，过了这个瓶颈期，后边又是康庄大道。万事万物都是相通的，做交易也是这样。

第八章 如何看K线和实战

第一节　K线研究的重点

周期和K线形态的组合是所有交易者需要密切关注的。不管做短线、超短、中线、还是长线，只要在意介入的价位，都应该把K线形态和周期理解透彻，把它们结合在一起。

K线起源于日本，最早被商人用于预测米价的涨跌，又叫蜡烛图。如果大家玩光荣公司《太阁立志传》游戏，那里边就有主角去卖米。K线理论、道氏理论和技术分析理论，基本上形成于一个框架。

图8-1是上证指数的K线图。在K线形态上，我们关注的是什么？以往所有股票类教科书给大家的答案都是：我们应该关注“红三兵”“乌云盖顶”“探底针”等。我不这么理解。我认为我们研究K线形态，主要是研究以下三种关系。

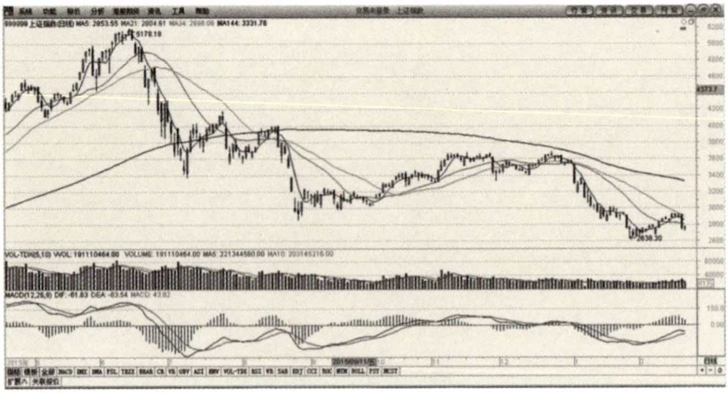

图8-1　K线形态图

一、高低点的位置

关于高低点的位置，或者说是高低点的关系，我们要的是那个趋势通道到底是什么样子的。是高点变高、低点变低，还是高点变低、低点变高？或是高点变高，低点也变高？或是高点变低，低点不低？这是研究K线形态的首要问题。

二、均线和 K线形态的关系

K线究竟是在均线上，还是在均线下？均线是顺着K线在发散，还是和K线相反的？比如图8-1，上证5 178点之后的第四天就是一根大阴线，把所有均线位置全部打穿。这是研究K线形态的第二个问题。

三、K线形态和周期之间的关系

小周期是什么形态？大周期是什么形态？我们怎么去套用大小周期？怎么去判断这个位置大概率应该是往上还是往下？或者大概率市场情绪是往哪个方向走？这是研究K线形态的第三个问题。

四、具体研究K线组合没有意义

具体研究K线组合是没有意义的。因为所有K线组合，都有发生的偶然性，这种偶然性有点类似于独立随机事件。比如基金建仓，如果交易员拿到的交易指令单是，允许买入价很高而且买入量特别大，那它的走势就是快速极限走势，跟游资拉板是一模一样的。你完全无法去判断这个形态后面是什么样的，因为它完全是随机的。

包括红三兵这种形态，也许是基金在买，等基金陆续买完之后，如果没有别的资金进来，那股价也许就下去了。如果买完了之后，还有别的基金也过来调研，比如30家基金公司来了45个研究员，最后报告一出来，股价肯定直接飞了。所以，各种形态都没有必然性，研究单个的形态，或者几个形态放在一起，就预测后面会怎么走，这种准确率是很低的。

我们研究K线形态，主要是研究我所说的三大关系。不光要理解它们各自形成的原因，对于一些非常典型的图形，也要强化记忆。比如和我的学生相比，我现在做短线完全做不过他们，但是我有一点比他们强，有些形态我印象深刻。有些图我一看，哎呀不对，以前吃过亏，就知道该怎么做了。

第二节　常见K线形态

一、收敛形态

（一）收敛形态的基本特征

我们先看K线形态里面最常见的收敛形态，参见图8-2。这是上证指数到达3 478点之后4个月的走势，把它的各个高点连成一条线是一个明显的下降通道线（压力线），把它的低点连成一条线是一个上升的通道线（支撑线）。换言之，它的形态特点是高点逐渐变低，低点逐渐抬高，最终像一个喇叭口一样收窄。这种形态收敛到一定程度，到达端口后，大概率都会选择一个方向。

（二）收敛形态的特点

收敛形态有以下五个特点。

图8-2　收敛形态图

第一，高点越来越低，低点越来越高。

第二，收敛尾部幅度越来越小。收敛区间高低点幅度越来越小，交易已经不能在里面很顺畅地进行，所以应该不做。比如图 8-2，这种形态可能已经过了一大半，在这个位置，我意识到这是一个大收敛形态，那么这个时候就不应该再操作了。实际上，我们做短线也会遇到这样的问题。比如某一只股票，我低位买了，然后高位卖了，它往下没回调到原来的低点位置，我又买了，然后它又起来，但是已经涨不高，我又把它停掉了。这样做 3 次之后，它调整的幅度越来越窄，每次的利润越来越少，这个时候，风险收益比已经不划算，这个区间已经不具备操作意义了。

第三，收敛的尾部通常都是突破的形态。几乎所有的收敛形态，不管是短周期还是长周期的，最终在尾部被夹死的时候，都是一轮酣畅淋漓的突破。这种突破也许会往上，也许会往下。如果在相对高位，那往下的概率就大；如果在相对低位，那往上的概率就大。

第四，突破的力度和收敛的时间成正比。收敛的时间越长，突破的力度越大。如果是突一下又回抽上来，把整个趋势线打宽，然后再收敛，这是极品。将来出方向的时候，这种情况会特别凶，短期就会给你带来非常大的利润。

第五，收敛形态和临近合约收敛的区别合约。临近走成这种形态要注意，因为它要收敛到交割结算价，这和整个技术形态的意义是有区别的。

（三）收敛形态的操作经验

大家对收敛形态一定要很敏感。比如，我现在看到收敛形态的时候，都要注意两点：第一，要明确，这将来或许有机会；第二，看看高点低点区间大不大。比如，开始波动幅度是30%，中间波动幅度是15%，后边的波动幅度是10%，现在波动幅度只有2%或1%，已经明显被夹住了。这个时候，如果这种情况已经持续了半年多或一年，那么后边一定是波澜壮阔的大行情。这个时候，我们关注什么呢？

我的经验如下。

第一，如果是在相对高位，市场很狂热的时候，要密切关注着变盘。如果是市场行情很火热，价格比较贵的时候，有可能就会暴跌。

第二，如果是在相对低位，比如2014年年初的时候，上证指数的日K逐渐收敛，绝对价位比较低，市盈率也比较低，此时通常会出现非常强的上涨。

第三，如果你是做商品的，这个时候你要随时准备，两个方向都要追进去。

第四，如果你是做套利的，当某一个比价或者价差很离谱，而依赖于这个比价或者价差的几个主打因素的品种，都出现这种形态的时候，这是一个千载难逢的套利机会。一定要学会在这个位置去介入。

举个例子，很多人做豆油和棕榈油的套利，在豆棕价差只有700点时，这么低的价差，就应该是油脂类的价格相对便宜的时候，同时又出现低点在抬高，高点在下压的情况，这时，明显压制趋势线走到了尽头，价差还只有这么小，那么这个时候其实应该去做价差的扩大。

（四）类收敛形态

1. 类收敛形态的基本特征

第二种比较常见的K线形态是类收敛形态。收敛形态是高点变低，低点抬高，同时做夹板，比如图8-3这种形态，低点没怎么抬高，只略有一些抬高，但是高点在往下压，最终形成类似于圆弧形的一个底部。

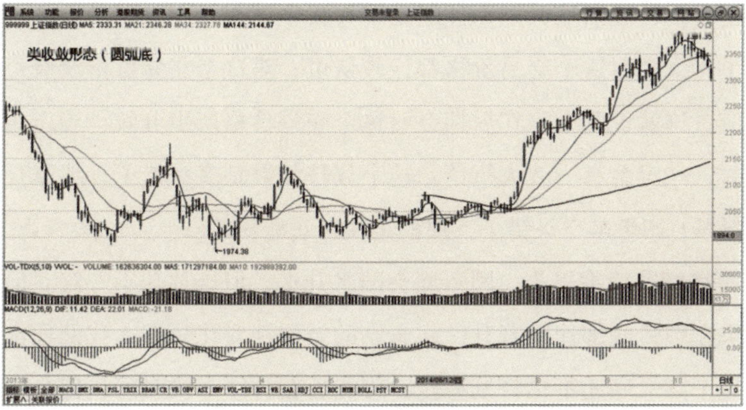

图8-3　类收敛形态图

这种圆弧形的底部形态是很难得的。最经典的圆弧底形态，从日K级别上看，应该是2005年跌破998点的那一下。后来比较经典的是2014年的二三月，杀破了2 000点，当时的形态就是这个样子。

2. 类收敛形态原理

这种类收敛形态，它在底部是圆弧底，在顶部就是圆弧顶。圆弧顶的杀伤力也是比较大的，它们形成的原理都是一样的。那么，为什么跌到这个位置就不下去了？因为到这个位置之后买盘上来了，但是没有主动做多的力量，只有逢低做多的力量。圆弧顶则相反，是没有主动的力量砸，但是只要你上来，我就想被动地给你，抛单力量并不小，只不过没有主动。为什么圆弧底会涨得很凶？那是因为一旦发现趋势扭转，整个市场预期扭转的时候，大家从原先的逢低买，变成了追着买，这样走势就会很凌厉地起来。

这跟刚才高低点夹板收敛（参见图8-2）形态是一模一样的思路。高低点夹板是怎么形成的呢？主动性的抛单不多，主动性的买单也不多，逐渐地，主动性的抛单和买单越来越少。那最后变成什么了？大家对这个交易价格都比较认可，对这个交易价格没有过多反应，这就说明大家在后期会对这个交易价格产生分歧。当产生分歧时，一定会有一波大行情：这个分歧如果是多头错了，那就是往下暴跌；如果是空头错了，那就是往上暴涨。

在商品期货里头，圆弧底会贴水升水，但这种却不一定。但是如果在圆弧底部伴随着升贴水急剧的结构性变化，那么我们通常认为这个圆弧底还不是特别稳定，可能还会持续一段时间，但是它肯定是在夯实底部。

3. 底部形态的特点

（1）低点大体相当

这就是我说的乒乓球特点，因为地板是恒定的，跌到这个位置就会弹起来。为什么？因为有一些逢低的买单，它认为到这个位置自己应该去介入。一般来讲，这些逢低的买单，实际上都是长线交易者，或者说是产业交易者，他们觉得这个位置已经到了他们的心理价位，所以会呈现出一种低点大体相当的情况。

（2）均线系统相对稳定

参见图 8–3，整个均线系统刚开始震荡比较大，因为乒乓球刚刚从高处摔下来，量能还没有释放完毕，交易上大家的情绪没有消退，杀跌和反弹幅度都较大。但是一旦慢慢稳定下来，整个均线系统的波幅就不宽了。相应地，在 MACD 上，绿柱和红柱的绝对长度就没那么长。一般来说圆弧底部是没有什么量的，最中间位置的量会越来越缩，在这个位置，主动性的抛单少，买单也少，一直缩量。

大家可以思考一下，为什么会出现这种情况？

原理已经给大家解释了，大家可以好好地再去想一想这个逻辑。从形态上看，乒乓球从高位跌到地板上，不断弹起来，再跌到地板上。从交易原理上讲，就是有一些长线的资金在这个位置开始尝试性买入。

那么，这种底部形态会不会因为一次杀跌或者外力，往下再杀一波？当然有可能。很多时候，我们遇到的一些底部，当均线压过来的时候，它没有在均线上下反复的话，会被均线重新拍回去，那一下也跌得非常凶。如果有兴趣的话，大家可以看一下焦炭和焦煤的图形。当焦炭从 2 000 点跌到 1 100 点的时候，大家都觉得差不多了，焦炭在 1 100 点爬了相当长一段时间，很像一个圆弧底，结果没有起来，均线压下来的时候直接被拍回去，一下跌到 800 多点。所以，形态没有一定之规。只能说在这种位置，当均线系统和趋势的高低点变成这样的时候，我们在这个位置去买，风险收益比大概率可能更好一些。

4. 顶部形态的特点

大盘的圆弧顶是比较少见的。如果在个股上的话，可能看到的就是平台，然后掉崖。如果是指数的话，多重顶的形态会更多一点。其实，大多数的日 K 多重顶切到周 K 线上，你会发现有可能是圆弧顶。其实顶部形态，就是底部形态倒了过来，最终也是被夹板夹住了之后没地方去，啪一下跌了下来。这跟我们情绪的消退是有密切关系的。从我做交易的经验来看，跌势比涨势要凶。

很多人觉得中国的股市是疯牛慢熊。但是对于大部分的商品和杠杆类交易品种而言，它们的走势都是涨的时候很慢，跌的时候非常快。2015 年股市的闪电熊就是这样。

为什么会出现这种情况呢？

我自己想过这个问题，人性有两大弱点：贪婪和恐惧。贪婪的消退可能需要时间，但是恐惧的产生会特别迅速，而且恐惧的传染性特别强。这在做杠杆品种时是非常明显的。在我们的股市中，2015 年也动辄出现千股跌停。

（五）收敛的含义

1. 交易因为价格不认可而产生

我认为研究 K 线形态，最关键的就是研究收敛。那么，收敛的含义是什么？这个问题其实依赖于最基本的一个问题：为什么会产生交易？因为大家对这个价格不认可。那么，收敛就是大家从不认可变成逐渐认可，当认可的人越来越多，不认可的人越来越少，这个价格其实就已经到了收敛的极限。

2. 价格的波动同预期转折一致

整个价格的波动跟我们的预期转折是一致的。我说过：事实不重要，真相也不重要，预期才重要，预期的转折更重要。我在前面举过一个例子：你的孩子学习成绩很差，每次都考全班最后一名，这次回来跟你说考了全班倒数第二名，你是不是挺高兴的？那他为什么考倒数第二？因为有一个孩子交了白卷。这个时候，你可能马上就不兴奋了，其实孩子还是那个水平，只不过我们的预期在来回地转折。

那么，收敛到极致之后，当大多数人都对这个价位比较认可的时候，以后对价格不认可的人就越来越多了，这样的话转折一下就出来了。这就是价格波动往往在收敛末端形成的主要原因。

3. 收敛的过程和力量对比变化

这其中还有力量的对比会出现一些问题。比如整个的买卖力量，高点变低就说明做多力量在变小，低点变高又说明做空力量在变小，这实际上说明整个收敛的过程就是大家对交易价格趋于一致的过程，是买卖力量逐渐减弱的过程。当这个力量变化的幅度收窄到极致，那么就意味着，价格的暂时认同性已经达到了最大，但实际上这个时候往往是最脆弱的一种平衡。

4. 平衡的打破

一种情况是，一个突发事件直接击穿某一边的脆弱信心，比如，2014 年的降息把平衡完全打破了，大家跑步进场。

还有一种情况是，我们的情绪转折周期会在短期内在两边转折。比如出了一个经济数据，有人会说："啊，这个数据太差了"，股价一下就下来了。然后，市场上马上就有另外一种观点觉得"数据差怕什么，差了我们会有宽松的政策，会有资金的流入，我们再顶起来"，于是股价又涨了起来。在美股中经常出现这种情况。

5. 波动率的加大

这其实就意味着波动率的加大。当你的标的从低波动率突然往高波动率去的时候，往往都是转折，道理就在这里。其实，我们对于价格的看法本来是趋同了，现在它的波动性又起来了，说明大家对于交易价格又产生了比较大的分歧，行情要来。

那么，行情会往哪个方向发展？这个时候，不要猜，而要跟。同时，你要做好保护性措施，因为很担心它初期的那一下摆得是错的。如果做外盘商品期货，会经常发现这样的问题，比如大家一致觉得今天晚上 USDA（美国农业部有机认证）的报告是偏好的，结果出来的报告真的非常好。报告两点钟出，价格在两点十五分冲得非常高，然后直接下来，这就是今年的最高价。这是不是骗线？不见得，它可能就是一种短期情绪的集中释放。其实价格早就在高位收敛，有很多人在等这份好报告，是看多的。这个位置一直在收敛，但有些人不敢做，报告出来了，那么就往里冲；冲进去之后另外一拨人就觉得，这不是最好的预期了吗，后边还能比这更好吗？于是价格就往下去。对价格的不认可，直接导致第一拨力量先释放，因为力量的暴发不是同时的，可能会面临巨幅波动。当发生巨幅波动的时候，你的第一反应应该是保护好自己，在保护好自己的前提下去追着做。另外，在之前你应该大体知道这个价格到底是相对高还是相对低的。

（六）收敛形态的操作技巧

收敛在所有的技术图形里，是重中之重的。喜欢做波段（中线），或者是热点题材的朋友，对收敛形态一定要密切地关注，包括短线一些买卖点的产生，也是在收敛点。

那么，会不会在通道线上去操作？会的。还没有到收敛点，在通道中途就去参与。参见图 8-2，在整个 K 线形态里边，不管是收敛形态还是上涨趋势形态，你的操作其实都有以下两种 。

第一，你认为趋势线是有效的，那么这个时候你是卖在上面的趋势线，就是卖在所谓的压力线，买在所谓的支撑线。这种做法的前提是，你认为趋势线是有效的。

第二，在上涨趋势线，就是所谓的支撑线上做卖出，在压力线上做买入。也就是说，你的做法其实是做突破的，你认为这个价位要突破这个收敛区间。这种做法的前提是，你觉得这个收敛形态会被击穿。

这两种操作方式没有对错，但是大概率上，在收敛趋势里，做顶底操作更好，就是第一种操作。在收敛一段时间之后，接近收敛点，去做突破收益率才高。为什么？还是乒乓球落地的原理，当它的弹性还没有完全被磨掉，这个时候去做突破，你其实是往一个阻力大的方向去了。但是当它的弹性逐渐被磨掉之后，再去做突破，就事半功倍了。

不管采用哪种方法，都要符合自己的交易习惯和交易性格，应对也要跟上来。比如你是买在下降趋势线，认为这个支撑是有效的，当跌破支撑的时候，你是不是应该撤退？反之，如果你买在高位，是做突破的，认为这个趋势会被打破，但是3天之后又回到这个趋势线了，你是不是也应该溜？或者你应该更敏感一点，只要突破的第二天没有持续突破，就应该溜。哪种做法都是对的，但是要有应对策略。

二、波段上涨形态

1. 波段上涨形态的特点

波段上涨也叫旗形上涨（参见图8-4）。旗形上涨是比较强的，涨了一波之后横盘，再涨一波再横盘，像扯着一个旗子上楼梯。关于旗形上涨，大家可以看一看2014年7月底到11月这段时间的形态。

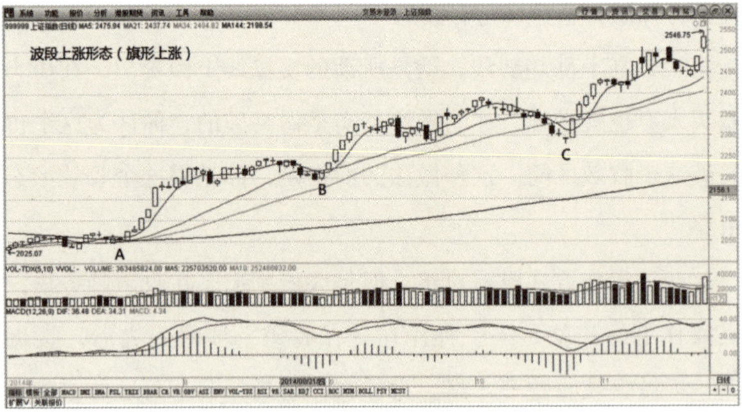

图8-4 波段上涨形态图

这种图是最适合短线做得比较好、长短结合的交易人，也就是我说的养单子。养单子，尤其是做杠杆品种，最希望看到的就是这种图形，高低点错落，但是大方向是往一个方向去的。这时候，逢低多一点，偏得远了就平一点，下来再买。把底单做厚，就是指在这个位置把底单做厚，最终那一波加速的时候，实际上是开始陆陆续续做止盈。

这种形态很常见，倒过来更常见，也就是那种跌一段，弹起来到均线，再跌一段，弹起来又到均线，然后再往下杀，反复杀的这种形态。

我现在做的经验是：当我认为大概率会出现圆弧底，在圆弧底末端的时候就开始做。一旦圆弧底的颈线被抽过去，基本上单子就养得差不多了，可能在那个位置会加一点仓。放量上去，如果我认为突破有效的话，继续持有；如果再回来的话，可能就会把加的仓位平掉，然后再做。但是需要不需要到很后来，看见形态很确定才做？不一定。大概率觉得是这样的形态，宏观、技术形态都到了我的要求，我就做。当然，前提是我会把应对搞得比较详细，如果不行就赔给它呗。这样的品种从哪里来？一会跟大家分享。

2. 波段上涨的特点

波段上涨主要有以下几个特点。

第一，低点逐步抬高，高点也逐步抬高。

第二，新高到一定高度之后，总是有回档的。

第三，后续是加速还是盘顶变成高位收敛，依赖于每个波段的斜率关系。

什么意思？简单讲就是看每一波的上涨高点和之前高点的连线的变化。如果连线是越来越陡，说明在加速；如果连线逐渐平缓，说明很有可能演变成高位收敛。如果一直在往上跑，大概率就是在加速，甚至加速到一定程度，说不定已经接近末尾了。如果变成高位收敛，连着两个周期或者三个周期变成高位收敛，这个时候，你要警惕：会不会新高已经不出了？低点在陆续地往上抬，这就是典型的顶部收敛形态。顶部收敛可能就面临着一个突破的问题，究竟是再来一波，还是不行了往下走？这就要回归到三周期的关系，到底大中小周期的关系是什么样的？会不会有传导？如果有传导的话，是从哪个周期开始过来的？

3. 短线切入点的位置

当看到图 8-4 这样的形态的时候，我们最好的短线切入点在哪里？在长期上涨趋势线的附近做买入，这是最好的切入点。如果做杠杆的话，应该在哪里加仓？就在这种位置加（参见图 8-4），在涨完了一波回档到均线附近的时候加（如 A、B、C 位置）。暂时不要考虑在高位加，在高位加可能会比较难受。这个均线自己设。现在，如果是日 K 级别，基本上都是 60 天线，如果是小时级别的话可能时间会短一点。

在上涨趋势线附近做买入，前提是长均线的趋势线支撑是有效的。一旦出现了低点，比原来的低点要低，说明这个大前提没有了。买入逻辑没有了，就得先溜。如果跌破了支撑，即使没过前期低点，有些人可能已经溜了，但是有些胆子大的人可能破低点才溜。这其实跟你挣没挣到钱有关系，如果有浮盈，那你可能还会等等。所以，这些都是说起来容易做起来难，交易实践非常难。

三、震荡盘跌形态

刚才我们看的是震荡往上的，大家可以把震荡盘跌的形态梳理一下。我建议大家去看原油股，从九十元跌到四十几元，小阴线几个，再来几根大阴线，然后开始反弹，弹到均线附近，小阴线又开始出现，再加速出新低，再反弹，这是非常典型的震荡盘跌。

这种形态你务必要记住它。震荡盘跌的杀伤力特别巨大，它严重地摧残着整个市场的信心。如果是股票指数的话，盘半年，几乎会把所有人的信心都击崩溃。大家可以去看一看，2008 年的下跌，从 5 500 点一路跌下来，投资者几乎就没有活路，最后一波应该是在当年 8 月，那两天的上涨多猛烈，最后漏下去的那几天简直都崩溃了，均线压得死死的，就没有到过 20 天线以上。

我给大家的这些 K 线形态，分得都没那么细致。我没有按照很多书上写的，找 5 根均线摆个组合让大家去看，觉得那都偏离了本质。我们更多是要去研究高低点关系，研究均线跟 K 线形态的关系，研究成交量的关系，包括研究周期的关系。

第三节　背　离

一、波段形态和顶底形态的转化

我不知道别人涉不涉及这个领域，我自己是用得比较多的，而且用得比较得心应手。波段形态跟顶底形态在转化的过程中，会有一个明显的特征——背离。它会呈现以下两个特点。

1. 均线系统的缠绕

我们原来的均线系统排列可能非常有规则，如果是上涨的情况，短均线总是在上面，中间的均线是在中间，长均线都是在下面。一旦均线系统开始出现缠绕，通常都意味着整个波段形态要发生一些变化。而事实上，它不是原因，是结果。均线系统缠绕，已经是价格形成的结果。

2. 高低点关系变化

均线缠绕一定是价格开始调整了，高低点的关系如果还没有形成变化，表明对后市的预期揭露得还不是那么明显。但一旦临近的高低点的位置关系，也发生了相应变化的话，就要格外注意，这时往往会产生我所说的背离。对于背离指标，我现在不用别的，只用 MACD。当价位出新高的时候，DIF 没有出新高，这是顶背离；当价位出新低的时候，DIF 没有出新低，这是底背离。只有这两种形态。

二、顶背离形态

背离在我的交易中用起来，是比较简单的，参见图 8–5。2015 年，上证指数出现过两次顶背离。第一次顶背离出现在 2014 的 12 月和 2015 年 1 月（A 位置），这次顶背离之后调整了两个月左右，春节之后再次涨起来。涨起来之后，第二次顶背离出现在指数为 5 000 点的时候（B 位置）。包括当时的创业板，也出现了非常明显的顶背离。

做股票，遇到顶背离一定要跑，不管什么时候，先跑。为什么？因为顶背离之后很有可能就是一波非常凶的杀伤，这波杀伤是大家不能承受的。大家可以去看，日 K 级别出顶背离之后是什么样子。

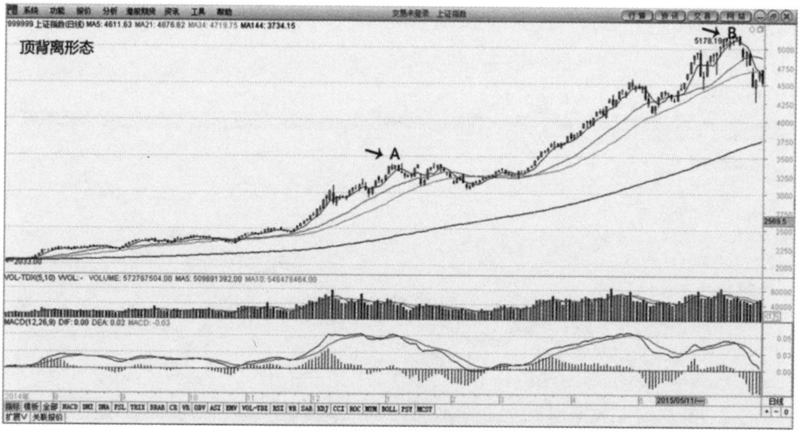

图8–5　顶背离形态图

日 K 级别出了顶背离，继续背离的概率极低，尤其是指数。甚至有时候不光背离，从背离到钝化，还要钝化好些天。那什么是钝化？去找一只连续涨停的股票，看它的 KDJ 指标，如果这些指标都黏到一起，就是钝化。可能会出现个股继续背离，比如特力 A，但是没有参考意义，因为这种股票绝对数量很少，极难遇到。

三、底背离形态

图 8–6 是上证指数从 6 124 点跌到 1 664 点的图形。底背离的形态很有意思，我们可以看到大多数的底背离都是经过多次底背离的，少的话也得有两三次，多的话有可能是四五次、五六次，甚至更多。

很多人孜孜不倦地研究抄底，以前我也这么做，但现在我不这样了。你看到底背离是这样子的时候，也会不想干的。所以，去识别底背离是很难的，即使你识别出来了，做上去也不舒服。我的经验是：底背离抄底，至少应该等第二次，甚至第三次背离。

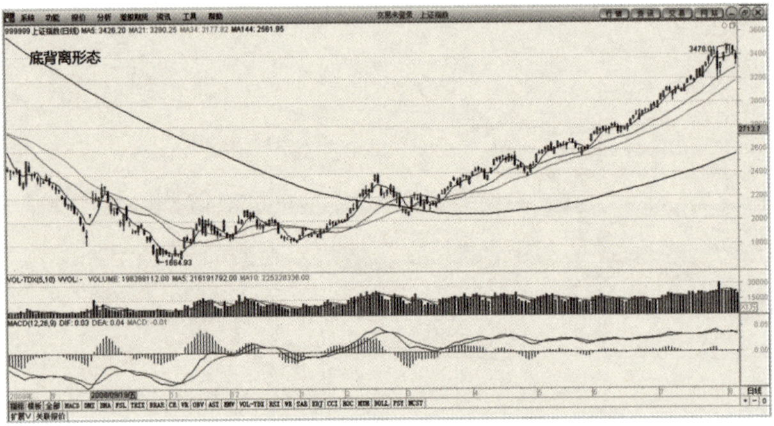

图8-6 底背离形态图

四、背离的运用

（一）用在指数上最好

顶底背离，我们最担心的是什么样的图形呢？最担心的是不连续的图形。这个时候，对于我们的 DIF 指标计算是有影响的。所以顶背离和底背离运用到指数上是最好的，主要原因就是连续。因为大多数时候，在单个品种上，顶背离被击穿，往往都是因为一个高开。这在商品上是很典型的，隔夜的一个高开，直接就把一个顶背离给打破了。

（二）背离结合其他要素

我用背离系统的时候，是结合周期、量能、宏观热点以及勾稽品种之间的相互关系一起看的。

1. 背离和周期的关系

当我看到一个长周期出现背离的时候，对于大趋势，我首先要打问号。如果背离是短期的，比如分钟线上的背离，可能意义不是很大，但如果是周 K 线上的背离，意义就非常大。如果是长在背离，短也在背离，而且背离的方向是相同的，这时候很容易出现共振。这种共振的效果是非常厉害的。

2. 背离和市场成交量的关系

如果顶背离出现的时候，市场成交量是历史巨量，这种现象非常值得我们警惕。如果我有多单的话，看见顶背离一定要溜。如果看到底背离，但成交量是萎缩的或者说是历史上相对比较低的，那么此时我认为这个底背离的信号也许是对的。但是对于底背离来讲，我现在至少在第二个底背离才会尝试性地买一下。

3. 背离和宏观市场的关系

判断二者的关系有很多方面，比如，热点散不散？如果说热点很散，这种现象通常都出现在顶背离。还有一种人气很低，基本上出现在底背离。底背离操作是很难的，因为抄底非常难，所以我现在做多基本上不太会去抄底。顶背离操作简单，闭着眼睛跑就行。

热点散不是百花齐放，而是切得快。比如，此刻军工股先涨了 20 分钟，过一会儿，高铁股涨了 15 分钟，一会电力股又涨了 20 分钟，最后银行股又涨了 10 分钟，这基本上就没戏了。一旦转换这么快，就意味着短线不具备操作性。如果短线不具备操作性，那这个市场的人气马上就没了。长线的人可能不敏感，但短线参与者在股票上都是做多的，短线的人一走，基本上就跌了。

4. 背离和K线形态的关系

比如，前面讲的豆油和棕榈油的例子，也出现了背离，但它俩的比价处于一个比较离谱的位置，那么这个时候背离就值得信任。又比如，我说我当时买了咖啡抛了可可，我为什么要那么做？因为咖啡跟可可的比价当时是历史的高点，而咖啡当时是底背离，可可当时是顶背离，也就是说，它俩单边都想做，而其比价又是历史最离谱的时候，所以我只管做就行了。

五、背离出现的判断

背离的条件是 DIF 在下降，但是股价在往上走。所以观察的时候，是股价在变高，但是 DIF 在下降。比如昨天的最高价是 10 元，今天的收盘价是 10.10 元，但是今天的 DIF 已经比昨天的低。因此，我认为这已经是背离一天了。

我现在认定顶背离的依据是，当背离出现第一天开始注意，若第二天连续两次 DIF 变低，我会认为顶背离形成。连续两天 DIF 变低，是我判断顶背离的依据。如果我认为顶背离已经形成，第三天开盘就会卖掉。如果我感觉特别不舒服，第一天 DIF 已经下降，第二天尾盘还有 15 分钟，看起来不可能上来了，也会卖掉。

如果价格是平的，DIF 往上，这不是背离；但是如果价格是平的，DIF 是往下的，这也是一种顶背离，但是没有那么极端。有的顶背离很极端，比如上证指数在 5 000 点的时候（参见图 8–5），我印象挺深的，那个时候创业板也是这种形态，价格在往上走，但是

DIF 在往下走。出现这种情况，先溜，根本不用过多考虑。

这个对什么最有用？做程序化的时候，怎么去判定这一次背离的计数最有用。为什么要这么算？第一，如果连续 3 个交易日 DIF 下降的话，可能损失已经很大了；第二，如果只算一个交易日的，那么第二天有可能会被抽回来。你会发现虽然交易次数很多，但其中无效交易次数特别多。而用两天 DIF 下降，基本上性价比是最高的。

六、背离结束的判断

那么，我们回过头再去想这个问题：怎么样判定一个背离结束？一个背离结束，只有一个标准，那就是它的 DIF 重新出现了新高或者新低。

背离结束还有一种情况，那就是价位又出现新高。当你判定它是背离之后，当 DIF 还没出新高的时候，价格已经又出新高了，那么这个时候也意味着这次背离已经结束。

本章小结

结合多要素灵活运用

几年前，我曾经用以上观点写过一段程序用在螺纹钢上。当时我的条件是：顶背离做空，底背离第三次做多。顶背离做空，主要的平仓点有两个：第一个是顶背离被下一次背离打破，第二个是出现一次底背离。顶背离之后出现底背离，空单平仓；第三次底背离之后出现一次顶背离，多单平仓。当时做的时候是以分钟为级别的。选螺纹钢是因为当时交易的时候，螺纹钢的走势是最连续的，没有什么跳空。但是我后来发现，整个螺纹钢的顶背离几乎就没有，全是底背离。

我现在越来越发现，用背离这项工具去观察中长期的，或者长期的一些趋势，是特别有指导意义的。但是在分钟级别上，这样的方式不太适合，远不如一些趋势类的，或者说一些能量类的，甚至按波动率来做的程序，可能效果更好一些。

总之，整个背离，我运用下来，是跟我的周期关系和我研究的一些宏观的东西结合的。我希望大家在运用的时候，也能够把这些结合起来，单独去看 K 线形态是不行的，我们去做交易的时候，关注的因素要点会很多。

2015 年 1 月顶背离（参见图 8–5），我溜了之后（B 位置），当时只剩券商股了。2015 年 1 月 19 日，在券商股被摁到跌停板之后，后边券商股反弹的时候，指数还有一次顶背离。那么，什么时候又回来的？你可以好好再去看一看我第七章讲的周期，回到日 K 线到次级别的支撑位。2015 年 3 月 9 日，当天的小时线是往上抽的，就是那天回来的，那天就是一个挺好的买点。

实际上，所有的周期也好，背离也好，都是互相联系的，大家运用的时候，有些地方要死板，有些地方要灵活，但更关键的是，你要总结。你要知道自己应该在哪个位置进，哪个位置去做别的操作。

第九章

如何做长线交易

第一节　价值投资

一、价值投资的误区

很多人对做长线的第一反应就是“价值投资”。而对于价值投资，国内有很多误读。其中，我认为有以下几个比较明显的误区。

1. 对周期股看估值

我们把股票分成两大类：一类是周期的，一类是非周期的。所谓周期股，就是这个行业有高潮、低谷、衰退、过热，有这样一个明显的过程。所谓非周期股，就是其所在行业类似于白酒、药品、消费、商场等，跟我们经济环境的相关性不是那么明显。

强周期股有一个典型的特点：股价越涨，市盈率越低，股价最高的时候就是市盈率最低的时候。比如，云南铜业 2007 年股价在 98.02 元的时候，它的市盈率是二十几倍。2014 年，股价在最低的时候是 6.78 元，但是它的市盈率反而在大幅度地变大。

很多人一谈价值投资，必然要想到银行股，大家觉得银行股是周期股还是非周期股？我们的消费增长速度这 5 年虽然发展得非常快，但是在过去几十年，消费增长是短板，经济主要靠出口和投资来拉动。那么，以政府投资为主的投资，钱从哪里来？只能从银行里来。所以，一旦经济过热，基本上就是银行信贷的过热；一旦经济下来了，肯定是信贷的闸口勒住了。这样的话，银行股的经营业绩就是高潮和低谷交替。所以，银行股在国内其实是一类大周期的股票。

对于周期股，我们不能看估值，尤其是对强周期行业更不要看估值。比如，资源类股票市盈率超低的时候，往往是我们该走的时候。还有一类强周期股是券商股，所以对券商股也不能看估值，只能看想象力和市场情绪。对周期股看估值是价值投资的第一个误区。

2. 越跌越买

很多人都觉得既然是价值投资，比如，某只股票跌破了 5 元，已经超跌了，已经到他们认可的价位了，那么从 5 元到 4 元，越跌越买，最终买了一大堆。这样做也是一个误区，为什么这么说？

第一，你所有的交易都源于你对这只股票的理解，而不是源于你对这只股票价格的接受度。换言之，你如果有五点充分的买入理由，买进去之后，它是 5 元，过了两个星期，理由一不见了，再过两个月，理由二不见了，过了三个月，理由三不见了，这个时候即便价格再往下走，你也不应该再买。

第二，越跌越买有一个大前提是你的钱是无限的。但是对于我们绝大多数人来说，这个前提是不成立的。

第三，操作上最大的问题在于补仓。很多人都是高位买了，然后一路摊下来，最后发现自己这次做错了，这只股票从原来的白马股变成了黑马股。很多人学巴菲特的理念，觉得抓住了“护城河”的概念，但实际上，大多数时候他们所理解的护城河，仅仅是自己心里想的，并不见得对。我认为真正的护城河，不是便宜了多少钱，而是一个能够安全退出的装置。这个装置既可以是成本的摊低，又可以预防某种交易风险。

3. 对波动利润抗拒

价值投资者有一句很典型的话：如果你不准备拿 3 年，就不要持有 1 分钟。他们很多人对波动利润很抗拒，而且觉得只要做差价了，就好像档次变低了。

比如，同样的 100 元人民币，这张是卖油条的给你的，那张是卖肉的给你的，还有一张是从银行直接取出来的，它们的价值都是一样的。波动的利润是钱，资本利得也是钱，红利收入还是钱，这些钱并没有高低贵贱之别。如果有好的波动利润，甚至有百分之百的波动利润，为什么不要？

4. 看不起择时

前面讲过，做长线亏大钱的主要原因不是买的股票不好，而是买得太贵。为什么买得太贵呢？因为没有择时。比如，2007 年 11 月，买所谓的大蓝筹去做价值投资，肯定不如 2005 年去做价值投资。从本质上讲还是要以一个更好的价格去买。我认为择时比选股重要得多，相对来说也比选股容易得多。对于绝大多数不是那么专业的参与者来说，选择一个好的时机介入，比选择一个好的标的介入要重要得多。

二、我对价值投资的理解

1. 现金流入

现金流入是考量上市公司质地最重要的标准。现金流入是巴菲特这类交易者采用的主要模式。对于巴菲特来讲，投机也好，投资也好，或者所谓的价值投资，他非常看重现金流入。为什么？因为有低成本的资金支撑他，在确定性的现金流上面上大杠杆。这是巴菲特成功的秘诀。

巴菲特两个优势：首先，他有几乎是无限供给的低成本资金；其次，他能够寻找到非常有确定性的现金流标的，部分是优先股。当然，这两个优势跟他的地位，包括他对市场的影响力密不可分。

2. 杠杆的运用

在确定性比较强的时候，尤其是在有确定性的现金流入的时候，应该自己主动上一些杠杆，当市场环境向自己有利的方向发展的过程中，适当地把杠杆去掉。但这是杠杆的灵活运用，死扛大概率是要被打死的。

比如我是做固定收益的，当我拿到收益率为 5% 的很确定的一个短债，而现在市场的回购利率只有 1%，那我当然可以迅速地在短期把杠杆上到 10 倍甚至更多，只要政策允许，我每上一个杠杆，就是额外多了 4% 的收益率。

3. 择时能力

价值投资一定要有很强的择时能力。我们想一下巴菲特是什么时候出手救的高盛，是高盛快死的时候。巴菲特是什么时候买的中国石油，是中国 A 股最低迷、中国石油被逼到境外去发行的时候，以很便宜的价格买的。他什么时候卖的呢？ 2007 年卖的，虽然卖早了，但实际上他也在择时。大家是否发现中国石油当下的盈利能力比 2007 年中国石油的盈利能力要强得多，但是为什么他 2007 年就把中国石油卖掉了？因为中国石油当时已被市场情绪抬到了一个相当的高度，对他来讲，或许已经是高估了。所谓高估和低估，既是自己的判断，又是对择时的具体运用，价值投资也要有一定的交易能力。

4. 要有底线和退路

我们讲交易理念的时候讲过，所有的投资方法、投机方法，或者交易方法，都有一个大前提，就是允许错。我是可以错的，而且我必然会错。这是我们参与市场的一个大前提，没有不出错的人。

现在市场上有些人用的其实是不能错的方法。比如说高杠杆逐步摊低，去买一些特定的个股，如果你错了呢？如果市场跟你的预期不符，你就被打死了。所以，我们必须要有一个底线。那这个底线是怎么来的？这个底线可能是我们人为设置好的一个退出机制，也有可能是我们预先就做好了风险的对冲，或者说是一些风险的管理。这是我对价值投资的四个理解，后面我会逐条解释。

第二节　长线交易

一、上市公司质地

上市公司的质地，我认为有以下四个方面。

1. 估值依据

我们给上市公司做估值，一个大的依据是它到底是周期的还是非周期的。如果是周期的，大概率我们应该去看美林时钟，也就是说它跟经济的周期密切相关。如果是非周期的，比如食品类、医药类、消费品类公司，我们可以按照它们的现金流和红利，给它们一个估值。

国内最典型的现金流非常好的非周期上市公司是高速公路。我有个朋友做这个很拿手，他的方法比较简单，找一家完全非周期的上市公司，用每年很稳定的现金流，除以它的现金流比例。根据计算结果，合适就做，不合适就不做。

2. 优质公司的气质

所有的优质公司都会有自己的气质。这个气质体现在哪儿？我一会儿会详细地讲。

3. 想象空间

这家公司，它的前景在哪里，想象力在哪里？这个想象力会被大家更多地提及，还是较少地提及？这个想象力一旦有一部分变成现实，是会让大家浮想联翩，还是会被认为理所当然？如果这个想象力是无限扩大的，那么这家公司的想象空间就会比较大，一旦它有一点小进步的时候，市场可能给予很高的风险溢价。

想象空间这一块，其实是跟市场情绪密切相关的，我后面会讲到，什么样的公司想象空间可能会更大。

4. 绝对价位

绝对价位是说整个公司的质地，体现在图形上是什么样子的？

比如一家公司质地很好，但现在股价已经 350 元了，你觉得意义大吗？一家公司股价只有 3 元，还在不停地创新低，你还认为它质地很好，那么其中肯定有你没想到的问题。

在绝对价位上，也还是有一些市场情绪体现。绝对价格越高，想象空间其实就越小。这就是为什么铜陵有色先 10 送 10，再 10 送 5 转 10 也会下来。为什么要这么干？它们定增的股份上市了，3 元多卖，总比十几元卖让人觉得压力小。想象空间，一定要学会让大家幻想，选会讲故事的人来讲。很多公司是没有讲故事能力的，对于这种公司，你就只能用最传统的估值去衡量。

我们最理想的长线投资的标的是什么样的呢？首先，它在现金流上有很稳定的回报，这给了我们一个非周期的概念，然后在想象空间上又给了大家非常好的想象力，比如之前的重庆啤酒，就是一个非常完美的长线标的，虽然最终“黑天鹅”了。

二、美林周期

1. 美林时钟

上市公司质地的这四个方面，我们一个一个来看。我们先看一下美林周期，在美林时钟上（参见图 9–1），横轴代表从通货紧缩到通货膨胀，纵轴代表从经济增长到经济衰退，整个经济周期被分成四大类：从右上角第一象限开始，顺时针旋转分别是过热期、滞涨期、衰退期、复苏期。滞涨期我们已经过了，在从经济衰退往通货紧缩上去，甚至很有可能通货紧缩都已经过去了，应该是从左下角到左上角过渡的周期，这个周期对应的投资标的就是股票。大家一直在问，换商品会怎么样？商品会比较慢，肯定是在整个经济周期进入复苏期，才会进入商品的周期。

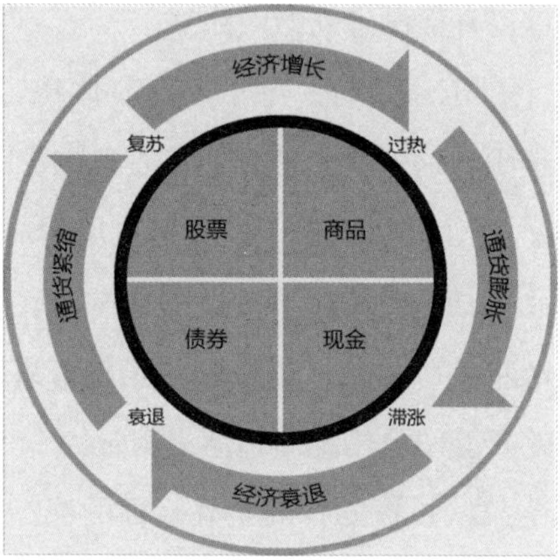

图9-1 美林时钟

2. 逆周期调节

美林周期只是对于周期的简单划分，它忽略了各个国家对于经济的刺激政策。现在，各国央行采取的都是逆周期操作，比如，眼下我们处在经济衰退到通货紧缩的周期。所谓通货紧缩就是流通中的货币周转速度不够快，于是增加货币投放；当遇到通货膨胀处于过热期的时候，加息；当处于衰退期的时候，降息。这种逆周期的调节，可以使整个经济周期的波峰波谷趋于平滑，抑制整个市场的宽幅波动。因为波动周期太剧烈，会导致某些行业极速膨胀，然后突然之间大萧条，对于经济是非常不利的。

那么，我们用的时候，它有没有非常严格的界限，比如到了某个点之后就应该现金换债券、债券换股票、股票换商品、商品换现金？不可能的，可能股票先来一年，然后往债券上过渡，这就等于时钟的钟摆又回来了，然后再来一次，这都有可能。这个周期不是只能顺时针动而不后退，有很多种反复，也许中短期会偶尔回来一次。2007 年就是典型的在右上角的过热期，所以当时我们的商品几乎都是最高价；然后，2008 年股票都已经跌得很严重，而商品在当年的 10 月才开始暴跌。

对美林周期的理解，我希望大家花点精力，给周期里需要做的标的对对号，比如从通货紧缩往经济增长这条路上，股票的表现形式是什么样的？各个行业在整个周期内会有什么样的表现？依次应该从哪些品种开始表现？这样，至少你的起点要比 90% 的人高，知道哪段时间去做什么样的资产。过去中信证券做过的周期和行业轮动分析策略，大家可以找来参考。

三、优质公司的气质

什么样的公司是优质的公司？我认为有以下几个标准。

1. 行业规则的制定者

一流企业做标准，对于大多数行业来讲，如果你是行业规则的制定者，那么你在这个行业里面一定有话语权和垄断地位，或者是技术垄断，或者是市场份额的垄断，你一定会利用自己制定的行业规则来为自己创造利润。

2. 随处可见的产品

我们遇到的大多数长线股骗局，全部都是因为我们没看到产品，只看到了它的规划和梦想，它们始终是在讲故事，始终没有把东西拿出来。比如当时的蓝田股份（旧名）、银广夏（旧名），都是在讲故事，不断地在骗大家，最后被发现是造假。反之，我在 2004 年发掘到通威股份，就是看到很多鱼塘用的是它的鱼饲料。

3. 股价比同类公司略贵一点点的价格

优质公司的股价比同类公司的总是稍微贵那么一点点。为什么会贵？因为它们有行业龙头大哥的风范，市场定价就会略高一点。所以，判断一家公司是不是这个行业里领头的，你就去看它的估值高不高。比如大家都是做中成药的，别的公司的市盈率是 40 倍，而这家公司的市盈率是 45 倍，甚至是 50 倍，那么它就是同类公司里的优质公司。

4. 低波动率到高波动率转换后重新回到低波动率

所有的长线股标的一定是低波动率，高波动率是跑不过市场的，连市场都跑不过还谈什么长线？我们看到的特力 A、梅雁吉祥，包括锦江投资，它们的换手率都非常高，而它们的波动率大就意味着其交易摩擦必然多。跑得过市场的股票，一定是让大多数人赚钱的股票，高波动率、高手续费消耗的股票怎么可能让大多数人赚钱？所以买这种股票，你只能把它当成投机玩一玩。如果说一只股票从 20 元涨到了 50 元，波动率始终就没有下来过，那这时候你在 50 元去做长线投资是不可能的。它从长期看必然是一个低波动率，但是一定有一个从低波动率到高波动率的过程，从低到高，然后从高回来。这个过程说明有明显的长线资金介入，这种股票买了就不卖了。

所以，大多数长线个股的一个典型特点就是从一个低点引爆，甚至用连板的方式去引爆，换手很大，换完了之后在一个平台整理或者一个缓慢的下降通道整理，整理完了之后是缩量上涨，这其实就是从低波动率到高波动率，一个建仓的过程。建完仓之后，重新回到低波动率之后，再一点一点地慢牛，然后成交缩量，甚至越涨越缩量，最终是几根迅速的大阳线，波动率又开始放大，迅速放大了之后，高位震荡，整个行情没了。中国中车从四五元开始涨，先涨到了七八元，然后关门，放开之后直接起来到 11 元，做长线的冲进来，冲进来之后股价再往上飙，一直飙到 30 多元，合并完之后，行情结束。所以对于波动率，一定要好好地想一想为什么会出现这种情况。这是一个非常典型的特点，包括我们去抓 10 倍股，或者抓 5 倍股，从这方面去考虑，可以筛掉很多乱七八糟的东西。

5. 争议巨大

说这家公司好的人很多，说它差的人也很多，大家旗帜鲜明。要么是说它很好，有极大想象空间；要么说它很烂，将来是要倒闭的。大家争议越大，就说明将来它越有可能超预期，要么超预期地好，要么超预期地差。一旦它比预期好，那肯定会飞起来，如果比预期差，可能迅速崩掉。

这五个方面都是定性的，不存在什么定量的。我们只能靠常识，比如用波动率筛选一部分，然后看看估值筛掉一部分，再根据我们的日常经验筛掉一部分。比如我当时买天士力，就是因为我们家人都吃这个，有效，这也算是随处可见的产品的一些体现。

四、优质公司的基本面

那么，优质公司的基本面体现在哪里？

1. 盈利能力

盈利能力有可能是现金流，也有可能是收入、利润、利润增速、每股收益、净资产收益率等。

2. 库存

这一点是很多人忽视的，库存的形式和数量很关键。很多公司的销售是以库存的增加为代价的，如果公司的资产全是存货，卖了一年卖不掉，这绝对不是优质公司，因为账务处理上可能还没有算折价，最终也许是废品，这是挺可怕的一种情况。

应收款多其实是不好的。什么叫应收款？我应该收他的钱，但是暂时没收。为啥我没收？要么我不敢去要账，要么人家压根儿没准备给我，要么是要不着。这几种形式都不好，只有现金多最好。

在有一些行业中，企业是拥有现金好，而有一些行业呢，比如在房地产周期里边，囤地的房地产商就是好的，行业与行业的衡量是不一样的。很多库存是不值钱的，因为库存是有保质期的。比如某牛奶企业表示自己有 600 亿的库存，但消费者敢喝吗？有的服装企业更信口开河了，今年流行这种款式，明年就变成别的了，衣服库存最终可能连棉花都不如。白酒是另外一回事，国内对白酒库存也是有争议的。獐子岛的库存就是今天有明天没有了，我们去衡量这种公司的库存其实没有什么意义，也许它仅仅是一种利润调节的方法。

3. 红利派发

一家不造假的公司，一定是敢发现金红利的。公司年年 10 派 3、10 派 4 的派现，它的经营上会有造假吗？很少。另外，它希望市场炒作的话，一定会送红股，一定会转增股，为什么呢？因为股价越便宜越好做。从红利派发方式上，我们可以找到蛛丝马迹。

我举个例子，上市公司的季报是不用审计的，如果一份季报必须审计的话，大家知道有什么问题吗？送红股或转增，必须要审计。半年报原来是需要审计的，现在如果不审计肯定也不送股。如果一家公司的半年报或者年报要审计，那么一定是要送股，这是红利派发的问题。对于我们二级市场炒作的人来讲，更希望看到的是要么送红股，要么做转增，而且希望看到大比例的送红股和转增，因为这样整个股票的想象力就会更大一点。

上市公司的红利派发，跟它自己的想法有关系，我们有时候会看到一些很矛盾的红利派发。有一家上市公司，先派现金，比如 10 派 1、10 派 2，派完了之后，又推出配股或者增发，这是为什么呢？一般来讲，频繁地大比例派现，同时又要搞定增或者配股，只有两种可能：一种是大股东比较缺钱，所以想先把这些现金分掉；另一种是基金公司重仓，希望有红利回来。原来做股改的时候，很多基金公司强烈要求上市公司分红，但是现在大家都聪明了，基金公司要求上市公司大比例转增或者送股。大股东需要钱有多种原因，一种原因是大股东自己要做别的，还有一种是大股东要反哺上市公司，这方面最典型的例子是天士力。

4. 数据比较

数据比较的关键是要横向纵向比较，我们主要是关心几个比较有效的数据：第一个数据是它的现金流的情况；第二个数据是它的净资产收益率，这两个几乎是一家企业的命脉；第三个是看它的预收款和预付款多不多。有大量应收款和应付款的公司大家要小心，这几乎都是常识。如果一家公司关联交易很多，预收款很多，年年的担保也很多，现金流不怎么样，但业绩报表却挺好，这种企业你都要先打个问号。

5. 竞争者比较

我们是在横向地比同业竞争者的数据。跟同类公司比一比，如果我是行业规则的制定者，结果盈利能力还比不过兄弟公司，那这个竞争者对我来讲就比较麻烦。另外在关注同业竞争者的时候，我们希望看到的是什么，是一家独大但仍有一堆小公司，这是很好的现象。或者说是双寡头，这种形态也比较稳定；三寡头也算说得过去，要再有一个第四强，那这个行业立刻就会变成一个竞争激烈的行业。

行业基本上有三种状态：一种状态是保利润，一种状态是保份额，一种状态是保命。我们去选长线，该选什么样的长线股？要去选保利润的，选它们挣钱能力最强的时候。而有些行业从保利润变成了保份额，比如铁矿石行业，包括我们国内几乎所有的工业都是从原来的保利润变成了保份额。那么做长线的，我们要买这样的公司吗？坚决不买，但对这样的行业我们要密切关注，一旦这个行业有复苏的迹象，就去买这个行业微利的公司或者微亏的公司。

6. 困境反转

对于困境反转行业，我们应该选择什么样的公司？是选一个质地很好的优质公司，还是选一个质地很差的公司，还是选一个质地比较差但是不亏损的公司？通常我们应该选第三种，不要选那家很好的公司。为什么？困境反转其实是少跌的，所以它将来涨也涨不动，也不要选择很差的那个，说不定等到反转，它不干这行了。要选质地很一般，微利但是又不亏损，没有摘牌风险的企业，一旦困境反转的话，弹性会非常好。

但是，我不建议大家做困境反转，为什么呢？因为困境反转要求你对这个行业非常熟悉才行。这和抄底是一样的，看上去很好，但实际上做了才知道。

五、行业选择重点

我觉得目前能选的做长线的大概是以下三大方面。

1. 符合社会发展规律和政府产业政策的

我们选择行业的时候，首先要确定这个行业是符合社会发展规律和政府产业政策的。这是顺势而为，顺国家大势。我以前说过，我们挣的是国运。巴菲特为什么出现在美国？他投胎投得好，因为这一百年几乎是美国的一百年。既然我们挣的是国运，那么一定要顺着国家的大势去推。

国家的势在每个阶段是不一样的。我们国家的势，改革开放之后，是在工业化，在集装箱。中国制造，走向世界，打开闸头是在20世纪90年代末，2000年年初。那么现在在哪里？现在可能已经往别的地方去了，比如往个人消费上面去靠。那个时代领头的是中集集团、宝钢股份，后边是什么？那肯定是顺应我们国家大势的个股。

我认为现在的产业政策扶持很清楚，新能源类、工业自动化类，比如人工智能。我们的人力成本越来越高，越来越贵了。我们从传统的靠人力资源支撑的中国制造开始转型。另外一个产业是大健康，人口老龄化了，平均年龄越来越高，将来的人口结构一定跟现在不同。在人口老龄化的过程中，我们该怎么去选择？肯定是选和人口老龄化相关的。如果有一天中国成人尿不湿的销量超过了婴儿的，那我们一定去做跟老年人相关的行业，60 岁以上的人喜欢什么，我们就去干什么，一定做这样的投资。

2. 符合区域经济特点

这是地图炒股的本质。2015 年 9 月的时候，我们主打上海本地股。为什么？其实就是一个区域经济特点。中国的事情往往是这样的，在一定时间内，集中所有优势资源去扶持某一个地区。做区域经济发展的时候也是这样，先把一部分地区搞起来，然后让它带动周边地区的经济，这是区域经济的典型特征。2015 年 10 月之前上海本地股比较热，2015 年 10 月北京本地股开始热，当时据说北京有一个大型游乐场投资，这个游乐场比迪士尼的还要大。这就是热点在转移。

3. 符合国家战略

典型的“一带一路”倡议、混合所有制改革，这两块应该是长线的，几乎是不断被提及的话题。这个长线可不是 10 ~ 20 年的长线，因为长线也讲究择时。中国的股市大周期都不会超过两年半，想去做 10 ~ 20 年的大长线，想得有点多了。可以长期去观察，但是在中间高低点起伏的时候，该走还是要走。

六、长线股的情绪特点

大牛股成长的过程，就是群体情绪不断发酵，不断酝酿，不断慢慢释放的过程。如果释放得很快，那就是一路轧空的涨停板，比如，ST 金泰（旧名）。但是长线牛股是一点一点引爆的，它的情绪预期引发有以下几个特点。

1. 所在板块好人缘

好人缘就是要有人经常地谈论这只股票，或者经常谈论这个板块。如果一个板块在市场中无人问津，也许会诞生一两只走势不错的个股，但对于我们来讲，发掘它是很困难的。最好的情况是这个板块经常被大家谈论，是大家关注的重点，这个板块的运作就会简单。板块不能太冷，太冷去发掘就很困难。

2. 里程碑式的发展标志

天士力生产了全国销量最大的单一中药消费冠军复方丹参滴丸。在 2007 年的时候，我印象里销售额应该是过了 6 亿元，2009 年的时候顺利地过 10 亿元。首先，它有一个基础，现金流很好。它还有一个里程碑式的发展标志：把自己的丹参滴丸拿到美国去做 FDA 认证。

通常，我们看到的药品说明书里都是“不良反应暂不明确”“成分暂不明确”等字样，而天士力在做什么？它在做现代中药。比如，复方丹参滴丸对冠心病和心脑血管疾病有效，它就告诉你，这个药品里面三七、冰片和丹参，起效的是哪种成分，起到什么效果，分量是多少。天士力公司把这种方法叫指纹图谱，对所有中药的指纹图谱进行分析。

这条路如果能走通的话，大家想一想，我们中国有多少国家保密配方药，是不是可以挨个分析一遍？一旦美国 FDA 认证通过，那我们对它的想象空间立刻就全部打开了，既然丹参滴丸可以这么做，大家都要用到的那些药品是不是也可以这样做？所以，这是一种里程碑式的发展标志。那么，判断它没有价值也很简单，最典型的例子是重庆啤酒，乙肝疫苗的临床数据和双盲随机测试结果很差，所以这么做就不再是里程碑，而是墓碑。

3. 颠覆旧有观念的生态

我认为最典型的例子就是腾讯。大家想象一下，在 2003 年之前，有谁会想到 MSN（微软开发的聊天软件）会被腾讯干掉？它完全颠覆了旧有观念，完全是一种新的生态模式。腾讯真正颠覆我们的是它有大容量的用户，只要抓住了用户，随便什么行业，只要想介入，一定是被全覆盖的。我们有两种人生：一种人生是在现实中，一种人生在虚拟网络上，只要跟虚拟沾边的，全被腾讯绑走。它想做这样的一个大生态。这种生态不管能不能实现，只要敢构思，就已经很厉害了。这就是颠覆了旧有观念的生态，腾讯几乎在任何一个行业都不可阻挡，能够打败它的，只有它自己。

4. 识别大机会和小机会

在群体情绪预期变化过程中，要去识别大机会和小机会。比如，某一家公司既有气质，又有发展前景，行业规则制定也非常好，但是它不在我们所说的产业和国家产业政策扶持的行列，往往我们还是要把它归到一个小机会。比如我以前一个朋友专门研究瑞贝卡，全世界高端假发的 70%，低端假发的 40%，大概都是这家公司制作的。但是我不愿意去做深入研究，倒不是说这个行业不好，只是比较小众。另外，它的复制性到底有多强，我们不知道。最关键的是，大家对于这个行业谈论太少，它没有一个好人缘。大家谈的不多，情绪上的刺激就少，形成不了一个内循环：就是我们不停地从这个话题到那个话题，互相地刺激，左脚踩右脚。它没有这种效应。所以，我觉得这种公司还是小机会。

5. 对重组的理解

重组如果让我用两个字评价就是：不值。做重组真的不值得。我希望大家尽量地去做站着把钱挣了的交易，不要去打听消息什么的。因为你听别人的消息去做重组是不能错的。除非你的资金管理非常到位：我拿 100 万元去赌重组，赌成了，还拿 100 万元去赌。一旦你停牌停进去，接下来几个月怎么过啊？尤其是牛市的时候做重组更不划算。涨跟你没关系，放出来的时候暴跌。在牛市里做重组，上市公司的胃口特别大，重组的障碍特别多。我们经常看到在牛市里重组失败的例子，为什么？因为要价太高。而对于重组方来讲，当然希望越便宜越好。

在时间选择上，熊市末端或靠近熊市末端才是做重组的好时机。比如，2013 年的时候去做重组，2014 年搞一年，2015 年开始暴发；或者 2014 年的时候参与定增。我前两天接触了一个朋友，2014 年

8 月的时候搞定增，2015 年解禁，定增价 7 元，后来到 17 元，最高到过 42 元，开心得不得了。这种情况全凭运气。但对于我们大多数人来讲，不要把自己的财富梦想建立在运气上。

七、长线股的价格特点

1. 在10元以上

自己做这么多只长线股，我的感觉基本上股价都在 10 元以上，10 元以下的很少。为什么？因为比较便宜的股票，你看不出它的气质。你可以自己去看一遍，能够看得进眼的长线个股，基本面略好一点，有好的质地、好的前景，10 元钱以内的几乎找不着。

2. 绝对涨幅在30%以上

从低点到爆量，成交量和换手率开始变得很大，这个时候至少要有 30% 以上的涨幅。

3. 股本不大

股本不大是比较关键的，比如 2003 年的时候，我们做过海油工程，做过贵州茅台，当然没拿住。股本不大，它的扩张前景会更好一些，送股能力会更强一些，从小到大有一个过程。以前，我们基本上只做流通股本 1 亿元以下的。但是市场容量大了，我觉得三五十亿元的市值都是可以接受的。但实际上，经过 2015 年的牛市之后，国内三五十亿元市值的公司都已经很少了。

这是长线股介入时的价格特征。

八、长线股的图形特征

图 9–2 是长线股的图形特征，起初 3 个涨停板，爆量，从低点弹起来，至少 30% 的涨幅，换手率突然变大，波动率加大。然后一点一点缩量，平台缩量整理之后，突破整理平台，中间偶尔有没有放量的下杀，但是也会迅速回到上升通道线，一路慢牛推起来，最终 K 线加速冲起来。

图9–2　长线股的图形特征

这只股票是在大盘震荡的时候长线的好股，唯一不好的是在加速的过程中它在放量，也就是说，涨势已经基本接近尾声。如果在加速的过程中，量没有放出来，还是缩量的，还能继续拿。拿到这样的长线股之后，浮动止盈跟上，高点回撤不超过 15% 就不走，这只股票带来的好处能够享受很久。

第三节 杠杆和择时

一、杠杆的运用

1. 确定性上加杠杆

我们要学会在确定性上加杠杆。比如我有一个短债，一年的收益率是 5%，借贷成本是 1%，那我会上杠杆。这里边有两个条件：第一，它是个债券，到期还本付息是确定的；第二，它是个短债，还本付息的确定性更强。

大家要记住：所有的杠杆操作，必须是在确定性上加杠杆，而不能够在不确定性上去赌杠杆。学会加杠杆，不要赌杠杆。

2. 择时

我们在选择杠杆的时候，要学会择时。尽量保证上杠杆的部分就是获利的。这样的话，会让你的持有心态非常放松。为什么我一直跟大家讲，不管你是做短线、中线、长线，还是做商品期货、期指，短线能力都是第一位的。你介入就挣钱和介入就被套牢，完全是两种感受。

我不知道那些上了大杠杆在银行股上去赌的人，是怎么熬过 2015 年 6 月的暴跌的。甚至救市之后他们拿银行股去熬，都不可取。因为救市的时候，银行股几乎就没怎么跌，冲进去了之后，银行股其实也没怎么涨。

最便宜的杠杆实际上是期货，是没有成本的，成本只是在升贴水的基差里，尤其期指大幅度贴水，成本是负的，相当于杠杆是负的。所以他们融资买银行股，为什么不去做几张上证 50 的多单呢？上证

50每个月换月都能挣20～30个点。空出来的资金去做逆回购，也比买银行股强很多。这是最简单的交易常识，分红一年才一两次，而期指每个月都有贴水。

3. 对波动的预防

在上杠杆的时候，我们一定要避免什么呢？手术成功，病人死亡。就是说你猜对了它要暴涨，但是在暴涨前巨幅波动的时候，被打出来了。我一个特别要好的朋友，在2003年开始的那轮铜的大牛市中，他的仓位太重了，结果第一天，铜跌了一点，他砍了，砍够了保证金。第二天铜暴跌的时候，他没办法，没钱往里补，砍仓砍了。他砍掉的时候都知道自己有可能砍到了一个最便宜的地板价。后来铜从他砍完的第二天就高开，而他就没有再做进去，然后第一波涨到3万元，后边直接从3万元上到8万元，涨得非常快。我们必须做力所能及的事情，要预先想到有可能会有大的波动。

4. 底线思维

当你加了杠杆之后要知道，杠杆会让你赔得没有底。所以要给自己设一个底。也就是说，上赌桌的时候一定要告诉自己，在什么样的情况下，自己是要站起来的，这就是底线思维。

5. 适当的时候拆杠杆

什么叫适当的时候？即加速的时候。一旦加速，可以选择把杠杆拆掉。大家要在适当的时候把杠杆拆掉。

二、杠杆运用经验

1. 一定要让自己舒适

当年欧洲央行德拉吉说有可能会扩大量宽的幅度，大幅度地提振了欧股。那天晚上，我都已经躺在床上了，左思右想，不对，我把英国的富时空单先平掉，把美国标准普尔的空单仓位去了一些。那时就是自己不舒服了，一定要让自己舒服，要学会让自己微微出汗，很兴奋，但是晚上睡得着。

2. 反人性只需要买（卖）100股体会

我们大多数时候是在跟自我的人性战斗，跟人性的缺点战斗。这个战斗的过程冲突非常激烈，我们需要战胜贪婪，战胜恐惧。我的体会是，做股票只需要 100 股，如果做商品就是一张单子。比如我空了，然后它往上涨，我很恐惧，既想砍掉，又想继续拿。那么，我在想体会自己的真正的反人性的时候，加一张空单，或者平一张空单。错了，损失有限；对了，对整个交易信心是极大的提振。这种事情就应该做。比如，我拿了一堆股票，现在总觉得它要跌，或者说各项指标都预示着它要跌了，但是我就是不舍得卖，那怎么办？老怕错过上涨怎么办？卖 100 股，无非是卖错了，损失有限，但是卖对了呢，你的自信心就会有极大提升。要学会用一张单子来体会反人性这种残酷。

3. 锲而不舍和死扛到底的区别

锲而不舍，是不连续地在战斗，死扛是始终拿着不动在硬挺。比如 2 000 点，我空标准普尔空进去了，结果 2 030 点一看情况不对我出来；然后 2 040 点我又进去了，然后跌到 2 020 点的时候，我先平出来了；回头弹到 2 030 点，我又进去了，2 050 点的时候又把我打出来，这叫锲而不舍。死扛是什么？死扛是冲进去的时候不管，怎么样我都不管。

锲而不舍，如果一直错的话，对自信心是一种极大的摧残，这种摧残其实是一种财富，当最别扭的时候扛过来，然后赚到了一笔钱之后，你会觉得这个事情很简单。你如果真的能熬过去，然后做到知行合一，看对，忍受住了波动跟折磨，最后做成功了，对你的自信心是极大的帮助，基本上你就能够体会到勇者无畏的含义。

4. 加速的阶段降低杠杆避免高波动

我们要学会加杠杆，不要赌杠杆。一旦加速，先把杠杆拆掉。

5. 浮动止盈

浮动止盈跟上，要用利润赌。我们要学会享受“1+1”，用利润赌，至少保证了本金不出问题。

6. 对冲加轻仓

杠杆运用这么些年，给我的感觉是，如果用杠杆去做长线，应该对冲加轻仓。杠杆长线的秘诀就是轻仓，仓位一定要轻。不然的话，很难抵抗市场的波动。

第四节　信息的收集与判断

对于个股选择、宏观选择，我们在信息的收集和判断上有以下几个需要注意的问题。

1. 有专业的知识和技巧

在交易过程中，交易员肯定需要专业的知识和技巧。最起码要看得懂财务报表。对于一个行业基本面的分析，对于整个行业的产业链流程应该都理解。要有一些最简单的交易技巧或者分析技巧去辅助。比如，懂得去横向比较、纵向比较，比行业、比地区，去进行分类的统计。

2. 有大局观

你要知道哪些是主要矛盾，哪些是次要矛盾。要顺大的势，要顺政策和宏观的大势。

3. 信息收集需要坚持不懈

信息的收集需要坚持不懈地定期跟踪。不光是对长线个股的研究，做短线交易的人对每天操作的每一只股票，今天支撑位多少，操作计划是什么，都应在一块屏幕上写得清清楚楚，这样做心里就会非常有数。这样做想不赚钱其实都很难的，坚持不懈对自己的提高肯定是有帮助的。

4. 注意信息中的杂音

杂音就是有真消息有假消息，有胡说八道的东西。比如当时我研究天士力的时候，有一个中科院的院士说复方丹参滴丸有毒，当时很多人跟着一起说这个药有毒。这是不是杂音？全国销售额 10 多亿元的药，上市已经快10年了，有毒现在才被发现概率是很低的，这其实就是杂音。

5. 众口一词的企业一定要小心

不管是大家众口一词说好，还是众口一词说不好，我们都要小心。因为众口一词说好，价格一定不便宜；众口一词说不好，肯定有不好的道理。所以不管是哪种众口一词，对于这样的企业，我们都要小心。

第五节　行业选择

对于当前重点选择的行业，我把它分成两大类：一类是非周期类，一类是周期类。对于这两类的讲解，下面都是我个人的观点，大家可以有选择地吸收。钱是自己的，观点是我的。

一、非周期行业选择

1. 人工智能和自动化

我觉得现在如果选重点行业，我会把人工智能与自动化作为首选。因为我们的人力成本确实是在逐渐提高的，所以人工智能和自动化是对应时代脉络的。

2. 大病种特效药

别的行业我不敢说，对药品行业的研究，我觉得自己比市场上90%的研究员水平都要高，因为我自己做药品研究时间很长。而且我的观念和很多人不一样。之前国内药品的定价，是发改委按成本定价。很多人觉得：一个心脏支架的成本才多少钱，卖给我们多少钱，太贵了。其实，我们不应这样思考。同样一粒药丸，虽然成本只有 10 元，但是这个成本没有涵盖企业的研发成本。大家现在都在说，中国没有多少自己的独创药。为什么没有？哪个药品公司敢去做药品研发？为什么药品研发都是美欧的药企在做？因为它们对于医药的专利保护是最完善的，如果都按成本定价的话，那些公司早就倒闭了。很多公司为了研发一种药出来，甚至要花上百亿美元的成本，这些成本全部都包含在药品售价中。那么国内的药品企业为什么不愿意去做研发投入？因为发改委定价是按成本定价，根本不考虑企业的研发投入。最简单的方法，企业做普效药，做特效药，发改委说定价太高。有的企业还会选择另外一条路——仿创。在人家研制的药方里加一点没有什么作用的成分，但是两种药的配方就不一样了。

但实际上这不是医药行业前进的方向。尤其是在中国，人口众多，我们在大病种上面人口基数太庞大了，一旦我们的药品在定价方面向药效靠拢，不再以成本定价，而是以药效定价，以消费能力去定价的话，医药行业发展真的会很迅速。所以对于医药行业选择，我就六个字：大病种特效药。

3. 医疗资源类

非周期性行业，一定是跟人类生活即衣食住行密切相关的。一旦我们的社会进入老龄化之后，医疗资源的需求量会迅速提升。所以从 2012 年到 2013 年的时候，我开始关注一些上市的医院。

4. 老龄人口服务保障类

为老龄人口提供服务和保障，包括别的跟老龄化相关的行业。比如殡葬产品和丧葬一条龙服务。

非周期类的在今后几年甚至十几年，都可以反复运作。在择时上，高了，觉得整个市场的时点不太对了，先出掉；低了，再接回来，这样反复操作。

二、周期行业的判断

1. 去产能化是主要潮流

去产能化的过程，是行业大浪淘沙的过程，是一个行业重新洗牌，找到新的增长点的过程。

2. 资源类企业风光不再

在这个过程中，资源类企业风光不可能再有。所以不要把更多的精力倾注于煤炭、有色金属这些原材料上面。应该关注哪里？应该关注产成品环节。比如今年倒掉了一批钢厂，关停并转了一批之后，应该去买钢厂，因为利润又要回来了。

3. 关注长期低油价下化工类公司的机会

大家去看一下上海石化的业绩预告，2015 年的业绩增速大大超出预期。因为油价长期低迷，而它的产成品价格没怎么降。这样的公司其实有很多的，只不过是应该在哪个时点关注的问题。

4. 产业利润在工业流程中转移的机会

比如黑色链条，最上游是铁矿石，是矿山；中游是铁矿石的贸易商；再往下是钢厂采购；采购完了之后，钢厂生产出来产成品，比如坯材、线材、板材，卖给下游，再做成家电、汽车、空调。在这个产业链里，产业的利润在不停地游走。那么，现在的利润在哪儿？现在除了矿山挣钱，别的都不挣钱了。那么，在下一阶段，是矿山的利润吐给钢厂。产业利润要从矿山端往产成品去滑，它滑过来的过程就是我们挨个去买的过程。先滑到钢厂，我们就应该先买螺纹钢抛矿石；利润从钢厂再往下游走，那我们就再往下面去，就去抓产业利润游走的这个格局，只需要做一个大的正确的方向就行了。在产能削减的这个大浪潮里，它一定是从原材料端往产成品端靠近，所以我们要关注产业利润，在工业流程中转移这样的机会。

三、对银行股的看法

1. 没那么好

银行股这么便宜，一定是有原因的。比如银行的呆坏账一定会大幅度提升，这个没有什么可探讨的。说起银行股，很多人觉得它非常好，我承认它是被低估了，但是这个低估其实没我们大多数价值投资者认为的低。

2. 也没有那么差

很多人认为中国的银行都不行了，都该破产了，这个思路是错的，为什么？原因如下。

第一，历史低估的悖论。银行股历史低估值下有一个超级悖论。对于银行股的历史低估值，市场给出的解释是：呆坏账会变多，中国的实体企业会面临崩溃，从而导致银行的坏账压力巨大。如果我们承认是这种情况，那信用债为什么这么贵？现在信用债的收益率非常低。收益率这么低，它隐含的含义是：这些企业到期都可以还本付息。如果都可以还本付息的话，银行为什么会有呆坏账？有一个朋友在网上回答我说：因为是银行最终兜底这些账目，也就是说是银行在买信用债，这样说有道理，但只是一种可能的情况，实际上不是银行买信用债的。

为什么当时我对这个行情不是很悲观，而且也愿意做买 A50（新华富时 A50 指数）抛标准普尔指数这样的对冲，就是我觉得大家还没有意识到，银行股的低估和信用债高估之间的矛盾。从某种意义上来讲，如果我可以这样操作，一定是赚的，而且一定是大赚。

第二，利率自由浮动和存款保险带来的违约风险。双降之后，对于利率自由浮动和存款保险这两方面，我们现在就看得更清楚了：一方面是加入 SDR，另外一方面是存款保险与利率自由浮动。这两方面会导致我们将来的一些小银行也许有违约的情况出现。

所以，安全的银行一定是大银行，这是一个大前提。比如，某一个小城市的城商行很难吸引特别大的单一个人账户。因为存款保险就 50 万元，而且这些城商行往往会遇到一些莫名的风险，例如，鄂尔多斯城商行在鄂尔多斯这个城市不行了之后，能不能去兑付大部分的存款？我觉得这也需要打一个问号。

本章小结

长线的一些忠告

长线交易应有闲钱、闲情和闲心，交易才能不为生活所迫，不被压力折磨，也不用担心盈亏。

第一，择时比选股更关键，也更简单。如果对于择时能力比较自信，也可以去买 ETF。

第二，长线并不是死捂住不放，跟着择时也要来回走，尤其是针对科技类的公司和新兴行业，要不断地提高自己的回撤底线。因为新兴行业很有可能热一阵子就没有了。比如团购网站，我们现在看到的就比较少。比如巴菲特，他不买科技股，你说有没有道理？他最起码回避了科技日新月异的发展给他长线持仓带来的不确定性。柯达是一家 100 多年的公司，说没就没了。所以，就算是用长线的思路去参与，我们仍然要把回撤底线逐步抬高，来保证我们的亏损是可控的。

第三，慎用杠杆，或者不用杠杆。我特别反对大家去融资买银行股，从交易手段到交易理念全错。如果你想融资买银行股，开个期指账户，去买上证 50 就行了。

第四，长线股一定有一个从低波动率到高波动率，从低换手到高换手，然后换手逐渐减少的过程。

高级课程

★

第十章

如何构建交易体系

第一节 高级课程概述

本篇一共包含五章。本章是总纲领，有一些内容在初级课程和中级课程已经简要介绍过。从本章开始，我带领大家进入专业交易的领域。

一、欢迎探讨和质疑

初级和中级课程的内容，基本上是你不听我的，肯定会吃苦头。但到了高级课程之后，我已经不再是绝对权威。大家一定要想清楚，因为也许我的一些观点未必对；更关键的一点是，我的一些观点也许并不适合你。所以，我们可以一起探讨，也欢迎大家质疑我的观点。

二、高级课程学什么

我想告诉大家，一个职业交易员，在低风险领域、中等风险领域、对冲领域、逻辑构建领域应储备知识，在交易模式、交易逻辑和交易框架方面应具有专业技能，并能起到一些作用。这个作用不光是对大家有帮助，对我自己也有帮助。对于我来讲，在这本书的出版过程中，我相当于把交易体系重新梳理了一遍。如果有读者能就书中的一些观点与我一起进行充分的探讨，那么我非常感谢他。因为这种相互探讨，互相理解某一种交易逻辑，甚至为我打开一扇窗，对我来讲是有非常大的益处的。

三、需要什么样的条件

大家一定要明白，要满足什么样的条件才可以对高级课程中的内容进行实践操作。坦白地讲，我认为高级课程更适合成熟的交易者。因为成熟的交易者知道自己是干什么的，长处在哪里，知道自己的方法，知道挣谁的钱，赔哪里的钱，愿意承担风险。另外，这跟每个人自我学习的能力也密切相关。

四、平时应该怎么积累

高级课程涉及对冲、期货、期权、股指等内容，这些知识从哪里积累？我告诉大家，这些内容最好的来源就是交易所的网站。在交易所的网站上，有我们想要的所有资料。

这种积累是一个循序渐进、细水长流的过程，并不是今天学了，以后就不用看了。包括我自己，也要经常地翻一翻，可能一些交割制度、交割品的标准也会有变化，需要不断学习。

第二节　市场品种框架

市场的交易品种，按不同的标准，大致可分为三类：第一类，商品；第二类，固定收益产品；第三类，股票。

一、商品

商品主要分为现货、期货、期权三大类。

二、固定收益

对于固定收益类的债券来讲，我们经常交易的是 204001（1 天国债回购），包括正回购和逆回购。

债券分为信用债和国债，这两种债券都是现货券。

现在的国债期货品种只有两种：5 年期国债期货（TF）和 10 年期国债期货（T）。

这两个品种都是以交易价格报价的，而实际上我们在银行间市场做交易的时候是按照收益率报价的，两者之间的换算大家要学会。可以用 XRR 函数来算，也可以用票面利息来算。我现在经常用的，比如现在 100 元面值的 5 年期国债，票面利息是 3%，如果价格是 100 元，收益率就是 3%。如果价格是 101 元，因为是 5 年到期，一年折 0.2 元，它的近似收益率是 2.82% ~ 2.83%。如果你想要特别精确的数据，可以登录中央国债登记结算有限责任公司网站，那上面有国债收益率详细的利率曲线结构。关键要理解收益率和价格的关系：收益率越低，价格越高；收益率越高，价格越低。

另外，也要了解一些专业术语，比如基点，2015 年 10 月 23 日 10 年期美国债券收益率下降了 4 个基点，4 个基点就是 0.04%，相当于万分之四。一个百分点是 100 个基点，比如央行一次降息 25 个基点，实际降息 0.25%。

利率掉期，海外市场有国内却没有，它揭示的是标的债券违约的概率。违约概率越大，利率掉期的数值就越大。

三、股票

1. 正股

跟股票相关的，就是正股。

2. ETF

和正股搭配的是 ETF。

3. 期指和衍生品期权

和 ETF 搭配的是期指，同时还有 ETF 的衍生品期权。

市场品种共有三个框架，其中包含了商品、债券、股票。在这些交易框架里面，大家做得最多的是正股、期货、期指和衍生品期权。做债券的比较少，商品期权国内在 2015 年还没有推，直到 2017 年豆粕期权在大商所上市，当时商品只有场外期权可以做。

有关市场品种框架参见表 10–1：

表10–1 市场品种框架

类别	品种			
商品	现货	期货	期权	
固定收益产品	回购	债券	国债期货	利率掉期
股票	正股	ETF	期指	衍生品期权

那么，在这些交易品种里，什么样的品种最容易有机会呢？是衍生品。大家记住：衍生品是市场情绪的风向标。比如，2014 年 12

月底，沪深 300 升水 120 个点以上，当时沪深 300 的点位在 3 200 点左右，升水 120 点相当于升水了 4%，而当时离到期交割只有不到 20 天的时间。20 天 4% 的无风险收益是非常高的，这说明市场情绪非常狂热。2015 年 10 月 30 日中证 500 贴水 300 点，中证 500 的指数价格不到 6 800 点，贴水 300 点，意味着一个月就贴将近 5%，那一年要贴 50% 了？这也揭示了市场的情绪，说明大家对于小票还是很悲观的，认为它随时会倒。

在这些衍生品的品种上，我们可以看到情绪的作用是比较明显的，我们在大量地做套利或者做对冲的时候，就要用到这些品种，通常在这些品种上机会也相应地多一点。

第三节　交易方法分类

一、交易方法概述

主要的交易方法有四种：期现、套利、对冲、投机。参见表 10-2：

（一）期现

期现是做期货和现货关系的。

1. 期现的分类

第一种是商品期现套利，简称商品期现套。商品期现套的含义，我可以打个比方。我有现货贸易背景，那么我把货物进口过来，然后在期货市场上做空，这就是商品期现套。我也可以去现货市场上采购，注册仓单，同时在商品期货上做空，然后去交割注册仓单。

如果我买的低，卖的高，中间的费用包得住，那就赚钱了。

表10-2 主要交易方法

交易方法	种类			专业难度	交易难度
期现	商品期现套	股票期现套		最高	简单
套利	跨品种套利	跨期套利	内外盘套利	高	较难
对冲				较高	难
投机				低	最难

第二种是股票期现套利，简称股票期现套。对于做股票的人来讲，可以买沪深 300 的全样本个股，同时抛一张期指，到了最后一天，或者倒数第二个交易日，它们两个收敛到 0 的时候平掉，这是股票的期现套。

这是第一大类——期现。

2. 期现的特点

第一，期现是无风险的交易。你做的时候就已经知道，最终能赚多少钱，但也许过程中会亏很多。比如，沪深 300 的现货价格是 3 000 点，沪深 300 指数期货的价格是 3 050 点，两者有 50 个点的价差。这 50 个点的价差，成本大概是 10 个点，扣除成本，在理论上，能赚 40 个点的利润。

第二，期现的风险在过程中。但是，在实现这 40 个点的利润的时候，它的路径并不见得是从 40 个点到 0 这样来实现的，也许是从 40 个点到 140 个点，甚至是 540 个点，最终又回到 0。那么，在这个过程中，也许会有大量浮亏出现。比如 3 000 点现货，3 050 点期货开上去了，它俩价差本来是 50 个点，结果第二天股指发疯了一样升水了 120 个点，那么账上浮亏立刻就是 70 个点，但是到交割日，它仍然会回来。

所以这种交易模式比较像债券，你只是知道起点和终点，做的时候是起点，交割最终收敛是终点，但是这个收敛的过程也许不如你想象得那么好。如果收敛的时间特别长，这个期限套的不确定因素就会更多。反之，如果交割的时间很短，它的确定性就比较高。换言之，如果还剩 3 天到期，升水 50 个点，那你就应该大力地做。如果还有一个月，眼下只升水了 50 个点，也许你要考虑一下，一个月赚 40 个点划算不划算。

包括我们做商品的期现也是这样。2015 年 10 月 30 日网上有人说铁矿石 1 月要逼仓，11 月还没到，就去逼两个半月之后的仓，这是不可能的。真正逼仓，会在 12 月下旬。为了不给空头找仓单的机会，只有到临近交割的时候，去做这个基差才是有的放矢，确定性强。

（二）套利

套利有多种方式方法，包括商品跨期、跨品种、内外盘，都属于套利的范畴。比如，起初提议上海原油期货[①]，既可以用人民币报价，

① 中国原油期货于 2018 年 3 月 26 日在上海期货交易所子公司——上海国际能源交易中心正式挂牌交易，成为我国首个对外开放的期货品种。原油期货最终选择以人民币为计价货币，同时接受以美元等外汇资金作为保证金使用。

又可以用美元报价，其实就相当于一个外汇期货，可以买美元的品种，同时卖人民币的品种，相当于在做人民币的贬值。大部分的套利，都不是无风险的。比如，股票的要约收购可能面临失败。基于分级基金的，可能有两天的风险敞口，哪怕用期指锁上，也面临着一个流动性或者是折溢价突然变化的问题。

在这个范畴里面，它的专业和期现不一样。期现没有投机的成分，看到期现，就看到了这个期现的价格是否覆盖成本，如果有利润，要看这个利润符合不符合收益率的要求，符合就做，不符合就不做。在做的过程中，要做好资金管理。这是期现专业的地方。套利专业的地方在于：如果是跨品种的，你对这两个品种的逻辑架构关系理解不理解？如果是生产流程套利，对整个生产流程是否清楚？比如，从铁矿石到螺纹钢，过去利润一直在矿山，后来利润到了钢厂，那么，此时如果买螺纹钢抛矿石的话，大概能赚4个月的钱。可再后来钢厂普遍亏损，连宝钢都亏损了，那么应该倒过来做，买矿石抛螺纹钢。这个套利对你的专业要求就是应该很深入地了解产业结构。

（三）对冲

对冲和套利唯一的区别在于：套利是有逻辑依托的，对冲有逻辑点在，但是逻辑不明确，或者说没有联系特别密切的现实交易逻辑。比如跨品种套利，可能买煤、甲醇、聚乙烯，但全部是跨在同一个产业链里。做对冲的话，也许产业离得就比较远，可能买了个猪肉，卖了个鸡蛋，或者买了个欧洲，卖了个美国，这种叫对冲。所以，套利可以看作是一种完全对冲的形式，或者一种对冲的特殊形式。对冲的范畴更广一些。

（四）投机

投机很简单，就是简单直接地买或者卖。

二、期现交易

1. 基差

期现交易的核心在于获取基差。基差就是现货价格和期货价格的差额。期现配比很简单，买多少现货，卖多少期货。比如，买 1 000 吨焦炭现货，空 1 000 吨的焦炭期货，焦炭期货一手是 100 吨，那就空 10 张。

2. 升水贴水

通过基差，我们引出来两个概念：一个叫升水，一个叫贴水。现货比期货贵，那么是现货升水，期货贴水；反之，现货比期货便宜，那就是现货贴水，期货升水。谁贵谁升水，谁便宜谁贴水。

3. 买现抛期

我们做期现交易的核心在于，买现货抛期货。现货我们很难抛，只有在极特殊的情况下我们可以做反式的，所以只是做了个虚拟的买现货交易。

比如，有一家保险公司，10 年期理财型的保单每年分红 2%，10 年期国债收益率每年 3.3%。通常情况下，当有一笔保费收入的时候，这家保险公司总是买上相应的 10 年期国债，用国债的分红覆盖保单的分红。假设，现在有 1 000 万元的 10 年期理财型保单，不能有风险敞口，那它就要去买 1 000 万元的国债现货，但是现在市场买不到 1 000 万元的国债现货，这时候怎么办？先买 1 000 万元的国债期货，等去买国债现货的时候，在买 1 000 万元的现货同时把 1 000 万元国债期货的多头头寸平掉，这实际上是多头套保。多头套保的主要目的是对冲保单的风险，但是有时候偶尔也会拿到基差。

4. 获取基差

最常见的多头套保拿基差的情况是铁矿石。比如一家钢厂，现货铁矿石升水幅度特别大，期货铁矿石月月贴水，虚拟库存更加便宜，那么它去储备库存的时候，可以不备实体库存，直接在盘子上买虚拟库存。钢厂月月都有采购计划，出来一个月计划，就在远期买一个月的虚拟库存，比如买 50 万吨，一张单子是 100 吨，那就做 5 000 张单子，下个月也做 5 000 张，一轮一轮过来。到了当月到现货市场去采购，然后平掉期货上的多单就行了，等于把所有的敞口全部封闭死。最起码在买远月的时候，已经占到了便宜，这其实是多头在获取基差。

那么，空头获取基差就是我们所谓的买现货抛期货的过程。在股票市场上，现在不存在期货的多头可以获取基差，因为没有做空机制去卖现货。所以导致我们市场的期现结构，比如中证 500 指数贴水贴了 4.5% 以上，年化收益率超过 50%。为什么会出现这种情况？因为我们没有做空现货的工具，如果有做空现货的工具，那么空 136 万元的现货同时买一张中证 500 指数合约，一个月之后收益率就是 4.5%，这个基差马上就会回来。

5. 基差的特点

为什么会出现基差？基差出现有很多因素，但我认为最关键的是市场的投机情绪。基差典型的特点是：在顶部的时候一定是大的back（backwardation 的缩写，意思是期货远期贴水），在底部的时候一定是大的 contango（期货远期升水）。

一般来讲，在顶部的时候，我们看到远期都是大贴水的。比如当时铁矿石现货在 900 元的时候，远期是在 800 元。在底部的时候，远期都是大升水的。比如，原油跌到 20 多美元的时候，远期月月升水 2 美元。所以当时高盛、美林这些大投行纷纷租油轮，买大量的原油囤在公海，让这些油轮在海上飘着，然后期货市场上月月卖空，3 月换 4 月、4 月换 5 月，等到期现合拢的时候去交割。这样，每个月升水 2 美元，一年要翻倍了。基差的获得主要就来自市场的偏离。

6. 核心要素

核心的要素是什么？是我们要去计算最合算的交割物的价格。大家一定要体会“最合算”这三个字，不是所有的交割物都可以作为期现计算的依据。比如玻璃这个品种，华尔润（华尔润玻璃产业股份有限公司）自己取消了交割库资格。为什么？因为它的交割品永远交不进去，太贵，没有人愿意去买它的仓单往里面交。

国债期货有一个概念叫 CDT，就是最便宜的可交割券。当做空一手国债期货，交割的时候，要交 100 万元的国债现货，可以交割标的券里的任意一个。但是这些标的券因为久期和票面利息不同，所以每一只券都有一个转换因子。用转换因子计算之后，会发现有一些券最合算，那么我们把最合算的这个叫 CDT，它是最便宜的可交割券。这个 CDT 的价格，其实决定了到期交割的期货价格，如果国债期货价格和 CDT 价差足够大，那么就买 CDT 抛国债期货，如果可以融券的话，还可以倒过来做。所以，期现交易看现货的价格，就是看 CDT，或者商品期货中最便宜的仓单。那么，什么样的仓单在交割上对空头有利？如果最便宜的仓单可以大量复制，那么这个仓单我们通常认为对空头最有利。哪里的仓单最便宜，只能通过现货商来打听。目前股指期货是现金交割的品种，不然做空没券交，最终逼空的概率就会比较大。

三、套利交易

1. 盈利来源

我们在进行任何套利之前，都要想清楚：我赚谁的钱？换句话讲，这个套利交易，最终是以谁的亏损为代价，盈利来源在哪里。大部分时候，我们的盈利来源主要来自以下几方面。

第一，市场情绪。比如，多头比较冲动，远月的升水比较大，那么就可以买近抛远。或者，在一个生产链条上，大家都认为钢厂要破产，即便钢厂的盘面亏损现金流已经 100 元了，还是有人愿意买矿石抛螺纹钢，那他们就是要把钢厂打得再惨一点儿。

第二，市场结构。2013 年铜的近月和远月价格曲线是一个典型的 U 形结构。假设第一年 11 月的价格是 51 000 元，12 月价格是 50 600 元，第二年 1 月价格是 50 200 元，2 月、3 月的价格是 50 000 元，4 月变成了 50 200 元，5 月变成了 50 600 元，7 月变成了 51 000 元，这个价格结构是前面高，中间平，后面又翘起来，那么这时候应该怎么做？如果这个结构始终维持，就应该买在这个 U 形的左下角，抛在这个 U 形的右上角，随着时间的推移，左下角会跑到 U 形的左上角，你的多单在占便宜；然后你在右上角的空单会变到右下角，你的空单也在占便宜，只要这个 U 形结构一直持续，在这个 U 形结构里就能一直赚到钱。最大的风险是这个 U 形结构变了，变成了一个非常陡峭的直线，往右上角跑的结构。

第三，实体企业。为什么能够赚实体企业的钱？因为实体企业套保方向和我们套利的方向相反。

2. 安全边际

套利交易的另外一个问题就是你的安全边际在哪儿？这个安全边际，跟很多做长线的人想法是不一样的。很多做长线的人觉得，安全边际就是巴菲特讲的"护城河"，买得越便宜越好。做套利，其实考虑问题的方式不同。当做套利的时候，首先要问自己，有没有能够确定地保护自己的装置？

第一，基差保护。比如矿石现货 400 元、期货 350 元，螺纹钢现货 1 800 元、期货 1 850 元，我们首先要看安全边际在哪儿，如果买矿石抛螺纹钢的话，螺纹钢至少有 50 元的现货期货升水，矿石有 50 元的期货贴水，这是在基差结构上的一个安全边际。

第二，现货企业。当做套利的时候，一定有隐藏的含义在里面。比如你买矿石抛螺纹钢，为什么呢？一旦减产，矿石的需求量就小了，对于楼市的供应也小了，这对螺纹钢的价格提升是一个利好，对矿石的价格是一个向下的压力。所以，买矿石抛螺纹钢，是赌钢厂不减产。那么，另外一个安全边际是钢厂短期会不会减产检修，如果钢厂眼下的高炉开工率很低，那么买矿石抛螺纹钢就是有安全边际的。因为钢厂的开工率已经很低，可能不会再低了。这是现货企业的生产角度的另外一个安全边际。

第三，产业政策。国家产业政策保护，比如现在去买矿石抛螺纹钢，在产业政策上就有问题。所以，真正重要的是产业政策，宏观上的安全边际就体现在这个地方。基差只影响临近交割的月份，如果拿得比较久，后两个原因才是我们做宏观套利的主要原因。

我做套利交易，吃亏大都是这两种情况：要么停损晚了，要么止盈晚了。换句话讲，就是太贪心，老想一口气把利润拿足。所以，停损非常必要。自己设定一个限度，比如，在 4.0 的比价进去，大概在 3.9 的比价时就要停损了。

3. 套期保值

最后，我们在套利交易上，一定要密切关注现货企业套期保值的动向，也许会产生很多套利机会，也许会成为一个套利陷阱。

比如，近月的焦炭价格贴水很凶，远月的焦炭价格还在升水，计算以后你发现买近抛远有利可图，做进去以后又发现，自己接了一堆焦炭再往后转抛有很大的问题。它动一下 7% 的焦沫就出来了，你的成本损耗仓储费用特别高，只有理论上的价格。但是，一旦考虑了焦炭企业的套期保值，你就会知道，原来是大量的焦炭企业在近月都有比较冲动的套保需求，它们都在往盘子上卖货。而实际上，投机多头愿意接货的寥寥无几。在这种情况下，这个品种被打得大幅贴水。

4. 逼仓

一旦牵涉到现货企业的套期保值和交割，可能就有逼仓的问题。从理论上讲，多头逼仓具有天然优势，因为只要有钱就行。多头空头在微博上互相喊话。空头说：你有钱吗？多头说：你有货吗？我见过的逼仓，基本上是以多逼空为主。尤其是在 2015 年这一阶段，动不动多头逼仓就出来。为什么？这是商品经历了一轮大熊之后，很多多头想抄底。并且期现的结构对于期货的贴水又比较大，所以在这个时候，市场已经陷入了空头习惯性做空的境地。它觉得：看空的预期过了，大贴水已经过分地体现了悲观的预期，所以想去做个多头接接你的货。

逼仓牵涉到交割制度，很多人的思路是这样的：如果是多头逼仓，不管三七二十一，从 2 000 点开始直接扛，把你扛飞掉，然后就无量跌停板，交易所规定三板强平，等着交易所三板把我强平掉就行了。比如，1501 的甲醇就是最典型的例子，一家大型现货企业参与了，结果交易所没有强平，多头逼仓失败，一下就崩溃了。

我认为：如果我们想长期参与期货市场交易的话，不要把逼仓看成是理所当然的，也不要觉得逼仓是一种很犀利的手段。如果做投机或者做套利做到要去逼仓，基本上已经败了。一定要分清楚商品的主次，把主要精力放在供求研究上。至于博弈的那部分，市场会去教育那些不服的人。

四、对冲交易

现在市场上比较流行的是对冲交易。国内自从 2010 年开始有股指期货以后，基于对冲的模型出来很多，有阿尔法的、股指和现货的、各品种对冲的，还有一些主题基金，全是做对冲的。关于对冲，需要考虑的方面主要包括以下几个。

1. 对冲什么

我们现在谈对冲谈得比较多，我的感觉是：在朋友圈里聚会，或者去参加一个论坛，这个论坛里的嘉宾如果没有人谈对冲的话，好像档次就不够高，其实不是这样的。我们如果去考虑对冲，首先要想一想对冲的到底是什么。

2. 是否有必要对冲

比如，我认为我买的股票现货都很好，只有一种情况我的股票现货会崩掉，那就是这个市场出现了问题，如果可以对冲掉市场毫无目的的暴跌，那么就应该去空期指。这样的话，等于是买了现货，抛了期指，看上去像是期现套，但实际上不是。因为我不可能去做交割，仅仅是用期货上的空单锁定了系统性风险，在出现“黑天鹅”之后，可以免受伤害。这就是对冲的雏形，为了对冲系统性风险。

那么，现在我们可能对冲别的一些方向。比如欧洲央行又开始实行宽松政策，那我就可以买欧股，同时抛美股，因为欧股涨得比较好，我比较担心美股出问题，全球市场下来。或者我可能会买欧股同时抛欧元，这其实已经不是对冲了，很像两个同向的单边，这种情况其实完全没有必要对冲。

3. 对冲的方法

对冲交易并不一定是一买一卖。有可能两个都是买单，也有可能两个都是卖单。不存在交易一定是不同方向的，只要回避相应的风险，起到对冲的作用就可以了。比如，我买一个中证 500 指数的股票组合，然后卖等值的最大升水的期货合约，这样就可以做一个现货和一个期货的对冲组合，在盘中把一部分涨的差的股票卖掉去追涨的好的股票，在收盘前我再换回来，在盘中来回搬砖。

那么，这种组合风险在哪？风险在于期指出现大幅波动，先大涨，保证金金额不足，爆仓了，然后现货又大跌，再就是成交量大幅下降的时候，这种组合会因为大量的交易摩擦产生亏损。

4. 逻辑的相关性

比如我曾经买美债抛黄金。为什么这么做？因为当时就已经在谈论美联储 QE（量化宽松政策）的退出，美黄金月月升水，美债月月贴水，一个季度美债贴水 0.4 美元。那么，这里的逻辑性是，挣美债的基差。

5. 头寸配比

第一，按照波动率配比。有些品种的波动率不一样，假设黄金的波动率是 1%，美债的波动率是 1‰，那么买美债抛黄金，配美债的资产数量就应该是黄金数量的 10 倍，如果买 1 亿元的美债，就应该空 1 000 万元的黄金，这样波动率才匹配。

第二，按照标的额配比。比如，买欧洲 50 抛标普，一个以欧元计价，一个以美元计价，300 万欧元相当于 360 万美元。那么，买 300 万欧元的欧洲 50，相应就要空 360 万美元的标普。

一般常见的对冲都是按等标的额配比，大多数品种波动率变化不明显，尤其像 10 年期美国国债，它的波动率基本上没有什么变化。当然，大家可能也要有一些前瞻性的思考，警惕它的波动率突然起来。

6. 介入和退出的时机

对冲交易的介入和退出时机是一个很复杂的问题，因为这不光决定了介入的那一刻的时机点，也决定了退出的止盈位置。这个很难，是大多数对冲交易赚钱的秘诀。

人云亦云的时候其实就是给利润的时候，这个时候去追也许已经晚了，这个时候应该想的是该撤了。我干这么多年也没有找到特别好的办法，总结下来就两句话：第一，要领先市场；第二，不能领先太多，领先一步最好。这个时机非常难掌握。

五、投机

投机很简单，就是简单直接地买或者卖。大家需要考虑的主要问题有以下几方面。

1. 用不用杠杆

一旦运用杠杆，就面临对于波动的承受力的问题。

2. 资金怎么管理

哪怕是做纯股票投机，大家也需要考虑，是满仓做，半仓做，还是三分之一仓位做，或者像很多人那样以 3 ∶ 3 ∶ 3 的仓位来做。

3. 花式交易

花式交易是我发明的一个词，我的一位朋友是这方面的好手。比如，A、B 两只股票各投 50 万元，早上一看觉得 A 比 B 强得多，那就把 B 卖了全部补成 A，快收盘前再换回来，还是 A、B 各 50 万元，这就是日内的花式，总在做 A、B 两者上涨和下跌之间的时间差。

比如，2014 年上半年我天天做焦煤和焦炭，当时焦煤和焦炭的主力资金不是一拨人在做，经常会出现焦炭都已经冲起来 1% 了焦煤还没有动的情况，这时候可以立刻买焦煤抛焦炭，它俩一回来再换回来。包括现在银行股的“搬砖”，今天这只银行股涨，把它的多单挪到另外一只上，明天那个涨，再挪回去。花式交易带给我们额外的收益。

4. 长短结合

在投机里边，还有日内和长线的结合。现在像我的学生们，如果基本上每天稳定的话，能做到 2‰、3‰ 的收益率，这已经非常理想了。如果你是长线投资某一只弹性没有那么差的股票，每天有 2‰ 的额外收益的话，其实你选择的这个长线个股是什么已经不是很重要了。

六、交易方法总结

1. 本质上都是投机，只是风险收益比不同

就算是无风险的期现交易，也有波动的风险。那么换句话讲：大家都是赌，投机是赌，套利是赌，对冲是赌，期现还是赌，只不过每种交易的确定性不同。

2. 必须了解规则和品种特点

这些交易方法，不管你做哪个，都要了解规则和品种特点，两眼一抹黑乱做肯定不行。

3. 专业难度依次降低

在这些交易方法中，专业难度最高的是期现，其次是套利，再次是对冲，最后是投机。

4. 交易难度依次升高

上述交易方法对交易能力、交易技巧的要求是依次升高的，做期现的人基本上不用太高的交易技巧，只要看清楚它的收益率自己是否认可就行了。

5. 必须清楚自己到底是什么水平

我这里有一个小测试，是很多年前在 55168 论坛上发过的一个投票测试。对应每一个年龄段的交易技巧，我都有八个字的评语，参见图 10–1。如果你的年龄与这个评语是匹配的，就说明你只是普通交易者；如果你处于 24 ~ 29 岁的年龄段，但是你的交易能力是 35 ~ 39 岁的评价，那你就是非常有天分的交易者；如果你处于 40 ~ 44 岁的年龄段，结果你的评价还是初出茅庐、血气方刚的，你就不要从事这个行业了。

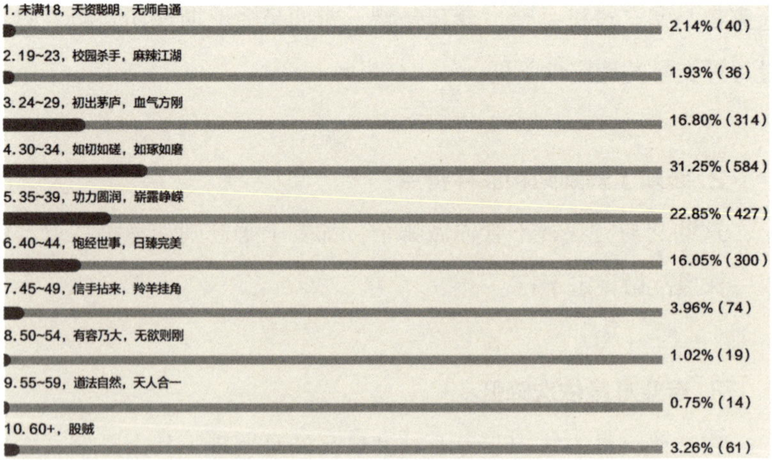

图10–1 交易技巧和年龄结构测试表

七、走上自己的交易之路

我一直在强调，要选择自己的交易之路，这主要包括以下四个方面的内容。

1. 性格适合

急性子不做长线股，慢性子不做日内交易。

2. 知识结构适合

没有研究过回归，没有学过数学，非要去搞量化，非要去搞阿尔法，这不是在跟自己抬杠吗?

3. 与学习能力匹配

学习能力分好多类，有些人给他们个游戏 5 分钟就会了，10 分钟之后就精通了，那么他们就是做短线的好材料。还有一些人可以埋头研究一个专题，研究 5 个小时、10 个小时，甚至 10 天，去比较 40 只股票里面哪只更好，那他们就是做长线的料。

4. 构建交易体系

要按照自己的性格特点确定交易方式和方法，构建自己的交易体系。

第四节 交易体系

一、如何构建交易体系

很多人问我，怎样构建自己的交易体系？我认为至少包括以下几方面的内容。

1. 你是什么样的人

每个人都有自己的人生观、价值观和世界观。你的人生观是什么？你活着有没有人生哲学？有些人说：我活得浑浑噩噩的，没有人生哲学。其实每个人都有自己的人生哲学，只是自己没意识到或没发现而已。

2. 你的投资（投机）方法论是什么

比如：有人提出来“捡烟头”的价值投资方法，永远买便宜的，这就是他的投资方法论；有些做套利的人奉行“我只占便宜不吃亏，看得见利润我再去，利润够了我再来，不够我就不要了”，这也是他们的投资方法论；还有注重现金流的，比如一个网友就只看现金流，每年的红利如果能超过 6%，长期就可以买，至于这个资产损失，他根本不在意，“只要能保证长期给我 6% 的红利”，这是他的角度，他要解决的是怎么去发掘长期可以给 6% 红利的标的。

3. 你对市场的本质认识

你怎么去理解市场？你认为市场是对的，还是错的？你认为自己是一个顺应市场的人，还是一个找市场漏洞的人？你要根据自身的投资方法论来确定自己的交易方式。你如果是一个顺势者，是一个不抬杠的人，是一个痛打落水狗的人，那就应该去做短线，而且应该去做追涨杀跌的短线。你如果是一个喜欢抬杠的人，喜欢挑毛病的人，那就应该找一种方法去度量市场的错误，在市场错得离谱时进来。

4. 基于自己的交易方式去选你的交易模型

比如，你认为市场是错误的，要做错误的回归，那应该怎么去度量这个错误，这个错误到什么程度是离谱的，你下手的标志是什么？你不能泛泛地说：市场错了，所以我来了。它哪里错了？错到什么程度了？是错到拿头去撞墙了，还是左轮枪顶自己脑门上，准备开枪自杀了？到底是哪种错？你要有基于自身交易方式的交易模型。

5. 不断完善基于这个交易模型的交易技巧

总结、完善、修正，再总结、完善、修正，不断地重复这个过程。你的交易体系，要从一个简陋的框架不断地打磨，一直到根深蒂固。你知道自己挣什么钱，知道自己只适合挣这些钱，挣这些钱是最轻松的，那么你就做这个。

6. 交易没有对错，没有高下，只有适合与不适合

在交易中，大家首先要判断自己适合哪种交易，不适合哪种交易，其实交易并无高下对错，最重要的是看是否适合自己。所以投机或者交易，是非常隐私的事情。我们可以谈观点，谈判断，但是交易的方向其实是很隐私的事情。这个隐私并不是说我很保密，而是你有你的方式，我有我的方式，可能我们同时看多一个品种，但实际上你做多与我做多方式是不一样的。你做多可能就是买了不动，我做多就是顶上打打，底下打打，每天又是加又是减，你会觉得我每次都抄到底了，其实不是这样，也许我顶上还有砍仓的时候。每

个人都不一样，这是很个性化的东西，所以交易没有对错，只有适合和不适合。

二、我的交易体系

我给大家举例子说说我的交易体系是什么样的。

1. 守恒

我的人生哲学是：我认为所有东西都是守恒的。这里付出得多，这里收获就多；那里付出得少，那里收获就少。对应这个市场，波动率小的个股，长期可以跑赢市场；波动率比较大的个股，因为都在损耗，长期会跑输市场。这是我的人生哲学，所有东西都是守恒的。

2. 市场永远是错的

我的投资方法论或者我的交易哲学是：市场永远是错的。

3. 套利交易

既然市场是错的，那我就选择套利交易，无风险也好，有风险也好，我就选这样的一个交易模式。

4. 背离体系

我要度量市场的错误，那就用背离体系。我自己总结了什么是顶背离，什么是底背离，符合这种背离体系的时候我就做。

5. 大中小三周期套用模型

介入的切入点，我自己总结出来，用大中小三周期套用，搭配我自己的背离体系。我只要在上面用得好，就行了。

6. 不断度量市场情绪的变化和偏差

我要不断地度量市场情绪的变化。比如，市场情绪是什么时候起来的，情绪点燃的路径是什么，在哪里引爆最合适。

这是我自己的交易体系。在实际交易的时候，我也在不停地实践这个体系，一遍又一遍，让它滚起来。真正有自己的交易体系之后你会发现，在你交易的时候，体系都没太大的问题，只是执行层面容易出问题。老老实实地按照体系做，就算是亏钱，心里也不会不舒服，是可以接受的。但是亏损往往不是因为体系的问题，而是因为自己的执行能力不够强。

三、各类体系的优缺点

1. 人生哲学需要时间体会

大家也可以参照我的交易体系，用这样的方式去排一排自己的交易体系。把这几个问题想清楚了，你的体系很容易就搭出来了，剩下的事情就是不断地磨合，不停地用。

2. 需要克服的人性弱点不同

各类体系优缺点都不一样，没有所谓的高下之别，只是某一种交易方式或者某一个体系需要克服的弱点有所不同。比如你按市场是对的这样一种交易哲学进行交易，那你应该做短线，做追涨杀跌，此时你要克服的是恐惧，要勇敢，该追就追，不管是往上追还是往下追。如果是做背离的，那么你要克服的就是贪婪，已经出现顶背离了，你还想着它会再涨一涨，再等一等，那你就会输给贪婪。实际上，大多数没有体系的人，是先输给了贪婪，然后输给了恐惧。有自己体系的人，实际上只会输给一类，不会输给两类。那么，这些人只要克服那一类的弱点就可以了。因为这些人有体系作参照，最起码比别人省一半的心。

3. 没有高下，只有对你而言的难易

这里的优缺点，是没有高下之别的，只是对你而言哪种更难，哪种更容易，交易体系是个人属性很强的东西。

四、纯投机交易体系的构建

个人纯投机交易体系的构建，我认为应该包含以下几点。

1. 你的特点是什么

人的性格不可能既适合这个，又适合那个。复杂问题简单化，简单事情重复做。一定要有针对性，不要想着面面俱到，把一个优势做到头，不停地去重复一个很简单的东西。

2. 是做短线，还是做长线

如果你做的是短线交易体系，那你的切入标准是什么？买的标准是什么？卖的标准是什么？对于交易周期的要求是什么？对资金管理的要求是什么？纪律在哪儿？怎样总结和修正？这是短线交易

体系要明确的内容。

你可以发现，短线交易体系对于确切的每一个动作都是给到位的，这是短线的特点。其实做短线就是在做细节，好的交易员一天能做到3‰，一般的交易员一天能做到1‰，一年下来他俩的收益率差50%。所有的短线交易体系都要做到明确，进有进的明确依据，退有退的明确依据。

3. 短线交易体系要素

短线交易体系的要素包括：切入标准、进出标准、交易周期、资金管理、交易纪律、总结修正。

如果发现自己的交易体系是针对短线的，自己的性格也适合做短线，那你就在短线上做这样的分类，把这几条找张纸写上，贴到自己的电脑旁边。

我告诉大家，做短线想挣钱是不难的，短线做到最后就是：无他，唯手熟尔。反而是长线不好做，为什么？因为长、短线关注的焦点不同。短线是有标准的，能给到每个具体动作，而长线是给不到的。

五、长线交易体系构建

1. 要有市场情绪点的概念

举个例子，2015年9月底的时候，一个朋友给我发了一份10月国内外综合新闻列表，我把这些信息全部整理出来，列了一个时间表，国家领导人去哪儿，对应哪个概念，发现10月上半个月的核心词就是核电。这其实就是市场的情绪点，如果这些情绪点被不断刺激的话，一定要注意这个方向。其实这也是游资找题材股最简单的方法。

我在 2015 年交易时在外盘股指上回撤非常大，就是因为有两个情绪点漏了。第一个是欧洲央行扩大宽松规模，第二个是日本央行维持宽松。如果把 10 月欧洲央行的议息会、美联储的议息会，包括日本央行的决议，这些信息全部连在一起，就是一个多头排列。最后一个多头是日本央行维持宽松。为什么我在这轮反弹上吃亏了呢？就是因为干了这么多年，我还没有把整个市场的情绪点做得特别细。如果大家做长线交易，一定要把这些情绪点做细。比如长线做某一只股票，这只股票在今后 2 ~ 3 年的情绪点、大事件、进度表，以及哪个报表体现什么，你都心里有数，想不赚钱都很难。

2. 看到这些情绪点之后，脑子里要做推理和演绎

这可能就是一种纯发散型的思维，比如上海本地的消息不断，迪士尼在刺激，金改在刺激，上海的国资改在刺激，就应该选这类股票。本地股在扩散的时候，突然有一天爆出来了一个北京的环球影城，然后是首开股份、北京城建、中国武夷，这些个股在动。这不就是热点从上海本地股往北京扩散了吗？它的逻辑跟迪士尼不是一样的吗？区别在于迪士尼可能涨两倍，这个可能涨一倍。但是如果市场的资金愿意大力做多的话，说不定涨 3 倍都有可能。所以我们做长线交易，要会推理和演绎，要学会发散性地思考问题。

3. 整个逻辑框架在盘面上体现不体现

这与我们是不是要退出密切相关。基于这个逻辑框架去做的长线交易，结果发现，根本就没有体现这个逻辑架构，或者市场压根

儿就没有谈论这个逻辑架构，市场没有交易这个逻辑，意味着这个逻辑大概是有问题的。如果这个逻辑有问题的话，要不要修正，怎么修正，应不应该退出？

4. 退出标准

这几个要素虽是基于长线的，但其实对于热点题材的抓捕也是有用的，也是往这个方向去考虑的。不管是哪种交易要素，不管是短线的还是长线的，在构建自己的交易框架时，你就会发现，关注点明显是不一样的。短线更加讲究纪律，长线更加讲究长期的逻辑体现。但是不管是哪种交易要素，退出标准总是很关键的，就八个字：硬性止损，浮动止盈。

本章小结

我的经验和教训

最后，谈一谈我的经验和教训。

1. 止盈很关键

大多数时候，让我很不爽的交易是把赚钱的单子拿到只赚了一点点，甚至亏钱。一定要学会适可而止。“宜将剩勇追穷寇”这样的事情，尽量不要做。因为我们所有基于痛打落水狗的做法，在加速的时候，总是期待后边还有好多。但实际上，尤其是杠杆交易，比如期货这种杠杆比较大的交易是很难的。2008 年那种崩盘会有多少次，我干这么多年就遇见那一次。所以，把一些交易策略主要往这方面去靠，那是做小概率。还是应该做那种弯弯绕绕的下跌，不那么流畅，中间抽一下，然后我们再回来，重新空回去。

2. 杠杆交易慎用

大多数的股票交易者习惯了无杠杆交易，一旦运用杠杆，是非常辛苦的。尤其是在你很陌生的领域，比如债券的杠杆。有的人做期货还要配资做，期货的保证金是5%，他再做个1∶5的配资，已经20倍的杠杆现在做到100倍，稍微一晃就亏了。

3. 无负担交易

很多人把自己买房子的钱拿来炒股，把结婚的钱拿来炒股，这都是有负担的。因为这些钱是不能亏的，一旦亏了，你的压力会很大，你会崩溃的。可以想象一下，一个衣食无忧的人来做股票和一个每天必须挣50元吃饭钱的人来做股票，二者相比，后者的压力比前者大太多了。尚福林说过，做股票最好是三闲：闲钱、闲心加闲情。

4. 交易体系越简单越好

很多年前，我有一个交易体系非常复杂，以至于我自己经常搞混，明明该走却忘了走。交易体系应该越简单越好。

5. 爱上有分歧的品种

我现在发现品种的一个办法就是，一定要喜欢那些有分歧的品种。分歧越大越好，尤其是对于个股，有人说很好，有人说很差，那么这只股票一定值得研究一下。

第十一章

如何做无风险交易

第一节　无风险套利的内涵

什么是无风险套利，无风险的内涵是什么？通常情况下，我们认为无风险具有以下两个特点：第一，知道起点和终点；第二，不用止损。因为我知道自己的预期收益是多少，所以做进去的时候不用止损。换言之，这是一个知道起点和终点的交易，我做这个交易，不用止损。

下面，我们具体考量一下什么是无风险。比如国债是知道起点和终点的，现在 100 元买，每年给年息，一共 3 年，到期之后还本付息。这听上去有道理，但是有人会说：这东西有风险，万一兑不出呢？有这样的概率，这种概率我们叫系统性风险，我们所说的无风险是不包含系统性风险的。因为如果考量系统性风险的话，那就什么事都不能干了。能把钱存银行吗？那怎么能存呢？银行会倒闭，就算不倒闭，骗子会把钱骗光，骗子不把钱骗光，去存钱的路上会遭遇车祸。所以，如果钻牛角尖的话，全世界几乎没有无风险的交易了。我们这里讲的无风险就是两条：第一，知道起点和终点；第二，做进去之后不用止损。

第二节　商品期现套

一、商品期现套的种类

商品期现套有以下两种类型。

1. 买现抛期

最简单的无风险交易，就是商品期货的期现套。第一种期现套，买了现货做空商品期货。比如，11 月买一吨铜，现货是 48 000 元，12 月交割的铜，期货是 48 500 元，那我买 5 吨现货抛一张期货合约，到期之后，拉到仓库里面去交割。这就是期现套利。最终，我相当于通过期现套把这个货给卖了。在这个过程中，我需要止损吗？不需要。哪怕现货涨了，我也不用止损，除非是觉得卖到期货上太便宜了。那我把现货卖掉，然后把期货的空单平掉就行了。

2. 仓单交割

第二种期现套，不用入库交割，直接去买现货仓单就可以了。什么是现货仓单？就是符合交易所要求的交割库，标准货物都是放好的，这是一个标准货物的交割凭证。你去买这个仓单，然后抛期货，本质上与你拿现货抛期货是一样的，这也是一种期现套。

二、商品期现套的操作核心

做商品期货期现套的时候，我们应主要注意两个问题：第一是利润的计算，第二是杠杆的计算。

1. 利润计算

做商品期现套主要是获取基差。在做商品期货期现套的时候，首先我们要明白成本。比如 48 000 元买一吨现货，48 500 元空一吨期货，因为要拿到交割，期货保证金应该在 20% 以上，如果是 20% 的保证金的话，要 1 万元。现货上，买现货要 48 000 元，一共 58 000

元，离交割时间有一个月，这一个月的资金占用利息、仓储成本和交割时产生的各种杂费都加在一起，如果比 500 元少，这些费用一共 100 元，我能挣 400 元，那这件事情对我来讲也许就值得做。这就是算利润。在算利润的时候，只考虑成本和交割价差，只要成本和交割价差划算，那就可以做。

2. 杠杆计算

如果有利润，自己认为划算，那是不是就可以做 1 000 吨、1 万吨、10 万吨、100 万吨？做的量越大，对于期货来讲，抛压就越大；对于现货来讲，买的力量就越强。这本身就是一个压缩期现基差、期现利润的过程，在我们加杠杆的过程中，这个利润自动就被压缩掉了。压缩到什么时候就不压缩了？压缩到利润计算，发现不划算，那就没有人再去上这个杠杆了。

三、巨头困境

在商品市场，做期现套的非常多。有很多人利用各种方式和方法，在商品期货市场做期现套，包括一些国际巨头，比如嘉能可、渣打。为什么渣打被标普下调信用评级，就是因为在过去这几年，渣打也好，嘉能可也好，它们利用各种融资手段，大量地购买有色金属现货，在有色金属期货上面抛空保值。通过这样的操作，它们可以拿到两部分利润。

第一部分利润，是金属现货加工费的利润。这部分利润特别高，多的时候，像铝这样的品种，2 000 美元的商品，加工费要 350 美元。这叫贸易升贴水。

第二部分利润，是整个金属的远期价格曲线，是以升水为主的，越远的合约越贵。比如：现货铝是 2 000 美元一吨；60 个月以后的期货，2 500 美元一吨；3 个月之后的期货，2 040 美元一吨。那么嘉能可等企业因为手上始终拿着现货，它们的这些空单就会往后展月，空单展月越卖越贵，等于它们拿走了两部分利润，同时控制着整个产业结构。在金属市场震荡或者是震荡慢牛的行情里面，这种收益率是非常高的。

但是，一旦金属市场或者全球大宗商品出现暴跌，它们可能就会面临比较大的现货头寸亏损。如果杠杆不能很快拆掉，它们还会面临现货跌价损失。同时，它们为了控制自己现货交割的能力，去影响远期的价格曲线，又要囤更多的现货来进行调节。这样的操作就会导致它们的资产负债表特别差。

2015 年那一轮，嘉能可、托克、必和必拓、淡水河谷股价的暴跌，主要原因都是它们的资产负债表太差了。如果修复资产负债表的过程能够完成，那么它们就能够维持，否则就面临破产。对于嘉能可来讲，当时很多人认为它完成不了资产负债表修复。对于必和必拓和淡水河谷这些矿业巨头，它们修复资产负债表只有一个办法，减少债务。如何减少债务呢？开源节流。所谓开源，就是卖资产；所谓节流，就是裁员。卖资产有两种方式：一种是把之前囤的现货资产卖掉；另外一种是大量地扩大再生产，把出口规模扩大，用量来换利润。跌到这个份上了，一些大宗商品仍然不减产，就是这个道理。这其实也是末期大家互相乱杀快要结束的迹象。

第三节　股指期现套

一、股指期现套原理

1. 原理

股指期现套原理很简单，买股票现货，抛股指期货。只要股指期货比股票现货高，高的这部分就是利润。

2. 交易方法

假如沪深 300 指数现货 3 000 点，期指 3 100 点，那么，按照沪深 300 指数的编制配方，去买所有的成分股，同时空一手股指期货。到期的时候，不算手续费的话，能挣 100 点，一个点赢利 300 元，那么，一张单子能挣 3 万元。

二、现货样本选择

大多数在市场上做股指期现套的人，都是用买一篮子现货抛期指的办法，而不用 ETF。因为现货的冲击成本小，同时，现货股票的流动性好，不存在头寸做得大而平不出来的问题。

但是 ETF 有这个问题，尤其是沪深 300 指数。在 2013 年之前，做股指期现套，还没有沪深 300ETF 的时候，我们是用深 100ETF 和上证 180ETF 来做一个比例，拟合沪深 300 指数。当时的比例是 3∶1，上证 180ETF 是 75%，深 100ETF 是 25%。后来发现，2010 年之后银行股表现很差，一路下跌，导致上证指数走势很弱，反而深圳股票走势很强。当时一些比较激进的人在做期现套的时候，就不考虑上证 180ETF，直接做深 100ETF。

实际上，不管用这两个ETF中的哪一个，它们都不具备充足的流动性。以3 000点计算的话，一张期指合约，账面价值是90万元（3 000点乘以300元）。90万元头寸的ETF是什么概念？按照当时两个ETF只有1元左右价格的话，90万份的ETF基本上要击穿2～3个价位。大家可以想象一下，ETF的最小波动单位是0.001元，那么90万份，多一个价位，就是900元，这个冲击成本太高了，所以这是不选择ETF的主要原因。

还有一个原因，ETF本身有溢价和折价，而且ETF的溢价折价的方向和期指的升水贴水方向刚好相同。

也就是说，当期指大升水的时候，ETF的交易价格是高溢价。看上去期指升水120个点，但做进去发现ETF可能只做到了60个点。等到平仓的时候，看着期指是大贴水的，结果ETF交易价格也是大贴水的，以为是负10个点平仓的，其实结果可能是负20个点平的。我们做现货一篮子股票的人可能挣了100点，而做ETF套利的人可能只挣了50个点。所以大家都用一篮子现货抛期指，而不用ETF。

ETF唯一的好处是可以用信用账户升杠杆。

三、现货配比

1. 最少两套头寸

现货配比，像我做这种套利的时候，至少做两套头寸，这是最小值。为什么？比如，2015年11月沪深300期指在3 800点左右，一份合约是100万元多一点，100万元去买300只股票，有很多股票是买不足100股的，不足100股，按照交易规则是不能申报的。这样，名义上是买了300只样本股，可实际上只能买到240只股票，多余的那些钱怎么办？只能去买 ETF，你会发现它的跟踪误差特别大。如果做两套头寸，也就是说空两张期指，买 200 多万个股的时候，可以买到 285 只以上的股票，这样的拟合度，跟踪误差就可以控制在 1‰ 以内了。理论上讲不到 1‰ 的跟踪误差，就认为是没有误差。

2. 配方

沪深 300 指数的配方是有配方表的。这个配方表，大部分交易员都是自己做的。实在不想做，可以买一套 Wind 资讯的数据库。

3. 下单

下单，大家都是用程序来做的。做配方表，导入程序，鼠标点击，一次进行 300 笔委托。在这个过程中，我们需要什么？快捷的交易速度、方便的程序和尽可能低的交易成本。

4. 交易速度

交易速度这方面，市面上大多数能够做股指期现套的交易软件，速度都是一样的。那我们比的是什么？比的是通道的速度。最快的通道，大概 4 秒钟就可以把 300 笔委托全部做完。对于普通散户来说，在普通通道 4 秒钟做 300 笔委托连成交回报都看不见。

那么，问题出在哪里？出现在以下两个方面。

第一，通道快。现在很多软件商，像同花顺、通达信都提供专门的快速交易通道。这种通道，速度确实比较快。

第二，成交回报和行情读取速度快。

5. 交易程序

正常情况下，如果要做期现套的话，开户的证券商至少要提供两个便利：第一，多档行情，最起码应该是 10 档；第二，要有成交推送功能。

什么叫成交推送功能呢？我给大家普及一个基础的证券知识：当做了一个买入之后，你的券商会主动向软件提供商的服务器申请交易回报，申请到交易回报之后，再把这个交易回报反馈到你的交易终端来。但是我们做期现套的时候，当我的交易指令发出之后，不管成交与否，行情服务器和数据服务器都会把成交回报主动地推给我，我立刻就能收到这个回报。为什么这么设计？这是为了避免我去进行二次查询。因为程序化的查询不同于个人一下一下去点刷新键，程序读取回报的时候一秒钟刷新 200 次。比如，有可能我这笔委托是 60 套头寸，18 000 张单子。进行二次查询的话，券商的服务器负载量会非常大。如果没有推送功能的话，券商的交易系统要瘫痪了。这也是为什么券商要把这种交易放到专门的通道里去做，不然的话，一个人把通道占满，别的客户就不用做了。

6. 交易费用

交易费用里最大的部分是印花税，其次是佣金和过户费。券商最低的 5 元手续费标准是可以谈的。

四、以往情况

我是全国第一批做股指期现套的，从 2010 年 4 月股指期货实施就开始做。我从 2010 年 4 月做到 2011 年 4 月，年化收益率大概在 40%，除去成本最后算下来收益率大概在 27% 的样子。到 2011 年年底的时候，年化收益率只有 9%，几乎没得做了。

期指开盘第一天，当时沪深 300 股指是 3 000 点左右，第一天期指升水 70 个点，第二天这 70 个点回到 0，收盘的时候又拉回到 70 个点。这是什么概念？就是说第一天我满仓做进去，第二天我就可以在 0 附近平仓出来，而第二天晚上我可以重新开回来，一天挣 70 个点。而所有的冲击成本加上交易成本，当时一共 11 个点左右，100 万元头寸的单子，一天赚 15 000 元，大家恨不得开着收割机过来收割韭菜，这块真的是无风险套利者的天堂。现在，期现套的收益率已经远远不如当初了，大家的做法也变了。

五、期指升贴水结构特点

从 2014 年 10 月到 2015 年 11 月，我们经历了期指的大幅升水，升水最高的时候达 120 点，也经历了 2015 年六七月大幅度的贴水。2015 年 11 月沪深 300 贴水 120 个点，比现货低了将近 4%。大家有没有想过这个问题：一个月低 4%，一年低 50%，如果月月有 120 个点贴水的话，每个月期指买多单，将来每个月换月，这样持续换两年，你的成本变成 0，钱就是白捡的。

国内期指的升贴水情况，就是这么极端。升水的时候很疯狂，贴水的时候更疯狂，甚至让你觉得莫名其妙。

原来期权升贴水没这么毫无章法，2015 年 8 月，期指贴水了 100 点，期权只贴水 10 个点，给了 80 多个点的套利空间，我想也不想就进去了。因为用期权做空头头寸拟合的时候，是买一个卖权卖一个买权，看上去是朝死里空，立刻有人找我谈话。还有人说我：

你得多恨这个股指啊，把它卖成这个样子。但其实我是在做套利。80 点基差，3 天就回到 20 点了，现在这样的机会也没有了。

国内的升贴水就是这样，结构变化剧烈，从大升水到大贴水可能很快。以往这么多年的交易，大升水的时候我见过，大贴水我也见过。所有的升水和贴水，原因是什么？就是情绪。

为什么会大升水？就是大家对于杠杆价值的一种认识，升水 100 个点，就是大家认可用 100 点升水去支付做多的杠杆。那现在 40% 的保证金，相当于只有 2.5 倍的杠杆，因为杠杆倍数小，所以它的升水一定不会大。所以，升水也好，贴水也好，都是情绪的问题。

2015 年股灾以后，国内期指贴水的幅度特别大，持续特别久，为什么？因为我们没有做空现货的工具。如果有的话，这个贴水早就不存在了。所以很多人说：期指一直贴水，是导致股票市场下跌的元凶。大家不能这么想。想让期指不贴水很简单，放开融券做空，期指立刻就不贴水，甚至会变成升水。但是，代价是什么？代价是现货崩了。因为我肯定是买期货抛现货，那么现货抛压马上就出来了。

整个升贴水结构的特点，我们也许要迎来成熟市场的那种情况：长期小幅贴水。为什么会长期小幅贴水？如果是长期期货升水的话会出现这种情况：我买个股抛期指，期指的空单换月越换越贵；股票的现货我拿了之后，有股息分红，可以转融券借给别人，可以让我的日内交易团队去做 T+0。会有这么好的事情吗？这种事情应该不会出现。所以会以期指贴水的形式，把利润收窄。以后市场成熟了，就是这样一个标志，是平水略贴结构，不会贴特别大。贴特别大，又有人去空现货买期货，这样的话又是反向在做一个期现套。

遇到升贴水扩大，只能扛，它一定会回来的。这个时候就很讲究时机，体现交易员的经验。比如 2014 年 11 月底 12 月初的时候，很多交易员在 45 个点、50 个点基差时开进去了，后边拉到 86 个点基差。而有经验一点的，可能在 70 个点基差时才开始做，这主要是靠经验和感觉。

六、大贴水市场操作技巧

在期指大贴水的情况下，我们应该按照以下方法做。

1. 多头（空头）部位向便宜（贵）的方向转移：相对收益变绝对收益

要学会把多头部位向便宜的方向转移。我强调过好多次，融资买银行股的都不聪明。为什么？这是你的多头部位，为什么不去买更便宜的上证 50。迎合大贴水市场，想去做单子的时候，也是这个道理：卖一个贵的，买一个便宜的，然后买的这个多单应该越买越便宜，月月便宜。

2. 期权拟合空单或者等待

所以，应该用期权拟合空单，然后多单往后边转，把相对收益变成绝对收益。但是现在期权的空单，拟合起来都很累了。大贴水市场只适合用期权来拟合空单，同时大部分时间在等待。

3. 投机角度：做倒数第二个交割周的反弹行情

此外，从投机的角度考虑，在大贴水市场的时候做倒数第二个交割周的反弹行情。在第二章，我们讲了期货的交割属性和投机属性，倒数第二个交割周大贴水的时候，如果有反弹，这个时候市场的投机属性是往上走的，交割属性也要往上走，这个时候做反弹事半功倍，要学会这样做，大贴水市场就这么做。我身边的几个朋友，从2015年8月以来，每个大贴水市场都去做中证500。大家可以回头去看，从8月以来，8～10月三个月，基本上在每个月倒数第二个交割周，中证500都会有一根长阳线出来，不是4%就是5%。

七、期指升贴水特点总结

期指升贴水的特点，刚才我已经说过了，在这里总结一下。

1. 大幅度升水之后一定是大震荡

大升水意味着市场的情绪进入癫狂状态。期指升水的本质含义就是愿意做多的人为杠杆定的价格。升水越大，说明做多的人给杠杆定的价格越高，愿意付出更多的代价去获取杠杆，这也意味着市场更疯狂。那么，在这之后都是大震荡。

这种震荡有两种形式：一种是现货暴涨暴跌晃一下，然后把升水打没，一种是期指直接跌下来。不管是哪种，当看到现货期指大升水，你做期指多单总是要谨慎的。为什么？因为把相对收益做成绝对收益，你的多头部位要往便宜的上去，期指大升水，期指的多单跟现货比已经贵了。这往往也意味着做期现套的人入场之后，这个期现价差合拢，有可能会出现宽幅震荡的合拢。这种合拢可能会很快，也可能会很慢。合拢快的话，两天暴跌直接就到位。

2. 大幅度游走在升贴水两端意味着转势

这周升水 50 个点，下周贴水 50 个点，下下周又升水 50 个点，意味着什么？意味着期货找不着方向，两边分歧巨大。这种情况往往都是转势的标志，尤其是在相对顶部和底部的时候。

举两个最典型的例子。第一个例子，2014 年 6 月，期指从大贴水 50 个点到全面升水 40 个点，后来是一轮强力上涨。第二个例子，2015 年 6 月中证 500 从一路贴水，突然间有一天变成升水，然后紧接着两天之后又被摁成贴水，而且一下从升水 200 个点贴到了 500 个点，最高的那天贴到 700 个点，后边就是暴跌。

大家一定要记住：大幅度的升贴水来回转换，往往预示着转势。这个转势的方向，基本上看看图，你也会知道是往哪个方向去。往往在这个时候，顶背离也好，底背离也好，都出现过了。很多人问我：你光看这个 MACD 的顶背离跟底背离，看起来好像成功率不高啊？谁说成功率不高，你带着这些佐证，再去看它，成功率特别高。

3. 期指的纯投机

在接近一周到期的时候，做共振的行情（参见第二章第五节）。

4. 转融通特点展望

在转融通放开，大家可以自由地把股票以约定好的收益率出借给别人，当这种情况很普遍的时候，我们的期指就会变成平水略贴，维持很长一段时间。那么这个平水略贴，跟我们整个市场交易结构是有关系的。从我们国内目前的情况来看，这个时代还远远没有到来，去散户化结束后才会出现这种情况。

第四节 期权套利方法

一、期权拟合头寸

1. 空头和多头拟合方法

多头拟合：买一个买权卖一个卖权。

空头拟合：买一个卖权卖一个买权。

大贴水的时候，做空头拟合很简单，就是买一个卖权，卖一个买权。多头相反。一般来讲，买一个卖权和卖一个买权，总是要付出的，因为你有义务仓在，不太可能买一个卖权，卖一个买权之后是有净收入的。除非你做的是价外的虚值，或者是深度实值的。

2. 以往情况

以往期权市场是一个什么样的市场呢？2015 年 8 月的时候，期权市场一天有两三万张的成交量。

一张上证 50 等于 30 张买权和 30 张卖权。比如，同样都是 12 月到期的期权和上证 50 的期指，我买 30 张 2 500 元行权的卖权，同时卖 30 张 2 500 元行权的买权，对应的就是一张期指行权。行权价是无所谓的，只要对上就行了，比如：2 500 元行权价，2 600 元行权价，2 700 元行权价，各开 10 张；或者 2 500 元开了 6 张，2 600 元开了 7 张，剩下的 17 张都开在 2 700 元上，这样也可以。只要总数加起来是 30 张，而且单个的同一个行权价张数相同就可以了。一般做 3 个合约，每个合约开 10 张是最简单的。为什么？因为交易软件允许同时进行 8 笔委托，30 张除以 8 个合约除不尽，除以 6 个合约，就是一个合约 5 张，你买 3 对，一次 5 张，再一次 5 张，两次下单开一张期指就可以了。

如果只买一个卖权而不卖买权的话，会出现什么情况呢？因为没有义务仓的头寸，下跌的话，收益无穷大，上涨的话，没有什么风险，但是成本就会高很多。如果拟合到一个区间里，因为没有把那个卖权的权利金收到手，是有负收益的。最简单的办法就是用通达信和汇点的软件去好好看一看，拟合的目的不光是降低成本，还要构造一个好的空头头寸。

从市场深度的角度来看，整个市场的深度比原来要深了。这些内容大家一定要会，因为期权是带杠杆的，比期现套的利润足。

二、期权交易技巧

在期权市场中，我们还遇到过只买一个看跌期权，同时多上证50的。因为买看跌期权付出的权利金比贴水还要小，比如期指贴水了200点，看跌的那个期权的价格只有0.15元，这样的话你就挣了0.05元，这0.05元实际上就是50个点。2015年9月，上证50就出现过这种情况，就是在送钱。2015年8月底有两天暴跌，往2 800点下杀，上证50贴水了120多个点，当时50ETF期权卖权的价格才0.09元多一点，等于是两边建仓之后，这个头寸是100%挣钱的。后来整整回来了一个权利金，即0.1元，相当于期指赚了100点。那么，怎么发现这些机会？Wind资讯的软件是允许在外部挂EXCEL表格进行运算的，当收益率出来报警的时候，你就开始往里开。

三、交易时需要注意的问题

这里需要注意的问题比较多，我会分别给大家讲解。

第一，你首先得通过考试，得有各个交易方面的最基础的知识。

第二，你要对整个市场的行情比较敏感，要学会用某些方法去计算。

第三，对于交易的费用，你要很了解，还要有一定的资金量，然后去跟券商谈。你说：我保证你们营业部第一笔期权交易就是我。它也许会对你特殊优惠，如果收你一手 16 元的交易费用，那你干脆别做了。一手 16 元是什么概念？期权交易现在一张单子，最便宜的 1.7 元。你想想看，多可怕啊！

第五节　股票现货组合技巧

在我们做股票买现货抛期指的过程中，用股票现货做现货组合的时候还有一些别的技巧，我这里主要讲四种。

一、大小切换

沪深 300 的样本股有 300 只，里面有一些是大企业的股票，比如银行股、保险股、中国石油、中国石化，还有一些小企业的股票，包括创业板、中小板的股票。如果当前的行情是大企业的股票在涨，那我就可以把小企业的股票卖了，买成大企业的。当小企业的股票在涨，我就可以把大企业的卖了，买成小企业的。这本质上在做什么呢？这其实就是我们所说的阿尔法。

这是第一种组合的技巧，猜大小。猜对了，就是超额利润；猜错了，相对亏损。因为你有其他的利润，所以这个亏损是可控的。

二、分级基金的套利技巧

我们可以把沪深300的成分股，按照分级基金的单类去分级。比如，买一张沪深300全样本的现货需要100万元，其中券商股的权重是21%，那么就应该用21万元买券商股，但是我不用这21万元去买中信证券、海通证券这些股票，我把这21万元直接申购成证券分级基金的母基金，然后去做分级基金的套利。

那么这个时候，我要算一下分级基金的持仓是多少。比如，如果这个分级基金持仓只有80%，那我要买21万元，为了便于说明，我们按20万元算的话，那我就得申购25万元的母基金，这样拟合到我的沪深300全样本指数里面，才能让我的全样本指数跟踪误差小。

这中间就牵涉到一个问题，这个母基金的持仓是会变的，需要进行动态管理。因为如果要做这个套利的话，可能不光做沪深300和券商这一个板块，可能是三个期指——中证500、沪深300、上证50，证券板块、医药板块、一带一路题材，全做了。这么多的现货，全部配置估计至少要10亿元，每个交易员管一个部分，一个交易员管几个分级，跟踪着行情，是这样运作的。

如果单挑一个分级，跟踪误差就大，如果做全，不同的交易员在某个板块多，某个板块少，某个行业涨，某个行业跌，这样相互抵消，就变成系统内力了，冲击就变得很小。这其中可能就有一个共性的问题了。比如，这些分级突然间都加仓了，或者扎堆去申购了，这个时候就需要变一变，这就牵涉到仓位的管理问题。怎么挣钱？不就是靠这个挣钱吗！跟散户比优势在于是整个团队在干这个事情。自己一个人去搞分级，会累死，但是一个团队有20个交易员，其中 18 个交易员每人管一个分级，你怎么比？光靠母基金的折溢价套利，基本上都会有 12% ~ 13% 的年化收益率。

三、ETF替代的优势

我们需要做长期头寸的时候往往用 ETF 来替代，ETF 最大的优势在于持仓稳定不用调仓，跟踪误差几乎没有，交易费用特别低，只有佣金，没有印花税。

比如，我们当天买入和卖出一共要交 1.55‰ 的手续费，这 1.55‰ 里有 1‰ 是印花税，所以用 ETF 替代最大的好处就是节省了交易费用。同时，在长期持有期现套结构的时候，用 ETF 相对来讲不用去调整现货持仓，不用去做指数对照。

四、增强型现货策略

更加激进一点的是增强型的现货策略。因为大小切换还可能只切换在期指上，比如，我现在做的是沪深 300 的全样本期现套，但是我觉得大盘股要涨，那么这个时候我有可能是买沪深 300，抛中证 500。但是我觉得小票涨，那有可能是把沪深 300 的空单换成了上证 50 的空单，大小切换是在期货上实现的。同样，现货上也可能做这样的一些增强型现货策略。

再比如，这两天我认为银行股、保险股、证券股要超涨，煤炭股、钢铁股会出现一些问题，那么我就把样本股里边所有的钢铁股卖掉，然后去买银行股，这就属于超级增强型的现货策略。这种现货策略现在都是用计算机实现，而且都是用一些客观触发条件来实现，而不是用主观判断。因为主观判断有可能会判断错误。

第一，核心是买强抛弱。

不管是哪种策略，我们的核心都是买强抛弱，就是在判断阶段性的相对收益。大家一定要深刻地意识到这个最朴素的对冲原理，我们大多数的对冲交易，都是基于这四个字：买强抛弱。

第二，资金管理。

正常情况下，买现货抛期指，所有的头寸做完之后，期指上所有的仓位不应该超过 50%，至少剩一半可用资金。现在期指的保证金很高，需要 40%，在这种情况下你的保证金占用可以多一点，比如 8 成仓，因为杠杆下来了。

第三，股票停牌的处理。

对于买不到的个股，有两种方式：第一种是该买这只股票的钱，不买这只股票，用它来买 ETF；第二种是该买这只股票的钱，不买这只股票，把所有这些买不到股票的钱集中在一起，然后重新分配给剩下买得到的，再来一轮，一遍一遍往下分配。这两种方式仅仅是在跟踪误差上有区别，没有谁优谁劣的问题。

第六节　债券无风险套利

一、债券无风险套利的方式

债券也是知道起点，知道终点的，基本上无风险。那么在债券上，无风险套利也有两种方式。

1. TF和T的期现套

TF 和 T 的期现套就是 5 年期国债（TF）和 10 年期国债（T）

的期现套。

2. 加杠杆做正回购

我们可以做正回购上杠杆：买债质押入库，正回购上杠杆，再买债质押入库，正回购上杠杆，循环往复，一直持有到期或者持有一段时间之后，开始解锁出库，然后把债券都平掉。我认为它是无风险的，它的风险在于可能买不到现货交割的券。碰到这种情况怎么办？我下面会讲解。

二、国债期货期现套

我们先来阐述第一种，国债期货的期现套。

1. 交割的难度

国债期货和股指期货原理是一样的，区别在于国债期货是现货交割，股指期货是现金交割。以现金交割的产品一定会收敛得很好，跟交割结算价几乎贴得没有一点缝。但是现货交割面临着货的问题。所以我们要有所认识：国债期货的期现交割比股指要难。难在哪儿？难在可能买不到可以交割的券。

2. CTD的概念

所谓 CTD，就是最便宜的可交割债券。每一个国债期货合约挂牌的时候，它所有的可以交割的现货券都有一个列表，在这个列表里，其中有一项叫转换因子，我们算所有的 CTD 都是根据转换因子来计算的。网上有专门的公式，大家就记一点：哪个券交割起来最划算，就用哪个券。

很多时候 CTD 是理论上最划算，而现实中根本买不着的。比如，2003 年发的一个债，全市场根本买不到，所以即便明白 CTD 的概念也拿不到这个券。碰到这种情况怎么办？这我们引申出来第三项内容：去买国债 ETF（510010）。

三、国债ETF和国债基差

1. 国债ETF的缺陷

目前的国债 ETF，有两三个，510010（上证 5 年期国债 ETF）应该是成交量最高的。买它当现货，你赎回来的时候，它是赎给你现货的。但你要明白一点，如果你是个人户，就不要做交割。原因有几个：第一，现货券流动性很差，很难买到；第二，杠杆太大，要买够现货，资金占用会特别多。

所以，如果做国债期货的期现套，你就不要去交割，买了这个现货 ETF，就拿着不动，然后一直抛国债期货，每个月转抛到下个月就行。用这种方式赚基差，在 2015 年 7 月的时候，半年的绝对收益率应该有 13%。那么，现在去看，发现其实还有一部分收益在后面。以前国债期货每个月的升水很大，导致它每个月的远近价差非常大。当时一个合约是 0.4 元，一年 4 个合约是 1.6 元，去掉手续费和冲击成本的话，大概能拿到 1.3 元，而国债现货基本上能上到 5 倍杠杆，这个收益率已经很高了。

2. 国债基差的含义

做国债期货期现套的时候，我们要考虑国债期货的基差是怎么来的。自 2014 年上市以来，国债期货基差一直很大。为什么？因为我们的降息预期很足，降息、国债上涨时间越久涨得越多，所以远月的国债期货就比较贵。

理论上讲，国债期货的正常结构，就应该是贴水结构。为什么？如果它是升水结构的话，是不是一个天生的买现货抛期货的品种？当然是。国债的红利很足，还不用缴税，所以国债期货一定是贴水，或者是平水略贴的。

如果国债期货在升水，就说明降息的预期非常足，这就是国债基差的含义。对于国债期货的期现套来讲，大多数的个人户不太会做，你要理解这种交易模式。

四、债券正回购

债券正回购是近几年的热点，不管是谁谈到正回购的时候都是四个字——杠杆吃息，好像加了正回购杠杆然后吃利息就没问题一样。下面，我重点讲讲债券正回购。

1. 全价交易

债券是到期还本付息的，国内现在的债券是全价交易，带着利息买，同时带着利息卖。比如，某债券面值 100 元，票面利率 7.3%，相当于一天是 2 分钱，如果今天交易价格是 100 元，明天交易价格还是 100 元，后天交易价格仍是 100 元，在这种情况下我今天买这个债是 100 元，明天买这个债，我虽然是按 100 元申报的委托，也是按照 100 元成交的，但实际上我的钱是按照 100.02 元冻结的，这就是带着利息买，我要是后天买就再多出 2 分钱的利息，大后天买又多出 2 分钱的利息。

全价交易的好处是整个债券交易的价格平稳，带着利息买带着利息卖可以避税，下家有一家承担税收就可以了，解决了利息税的问题。而净价交易是不带利息买，不带利息卖的，到期分红时整个贴水结构一下就会出现一个大的除权缺口，然后还有 20% 的利息税，计算起来非常困难。所以，全价交易这种方式是比较科学的。

2. 正回购交易方法

债券到期是要还本付息的，所以，我们可以认为它是一个知道起点和终点的交易。如果债券到期的年化收益率是 6%，比如，我在市场上做 204001（1 天国债回购），正回购成本是 2%，这样的话我放大 1 倍杠杆就多 4% 的收益。国内的债券，交易所允许 1+5 倍杠杆，现在有一些券商可以给你放到 1+4 倍，多 1 倍杠杆就是 4% 的利润，5 倍杠杆就是多 20% 的利润。对于一个债券基金来讲，一年能做到 9% 就很棒了，对于一个追求无风险的人来讲，一年 20% 也足够好了。

正回购的做法就是：买债→质押入库（质押入库之后你手上就会多了标准券）→买入 204001（1 天国债回购，这个时候是冻结标准券）→然后变成现金（需要注意这里有一个折算率的问题）。

3. 折算率越高杠杆倍数越大

比如某一只债券的折算率是 0.7，当这只国债全价等于 100 元的时候，买 100 张是 1 万元的市值，但实际上折算标准券的时候只能折 70 张标准券，70 张标准券质押之后，去买 204001 只能借来

7 000 元。也就是说这个债的等级不高，虽然是 1 万元的市值，但从市场上只能借 7 000 元。等到下一次 7 000 元买成 7 000 元的债券，再质押入库只能借出来 4 900 元，最终能够上的杠杆倍数就是 1 ÷（1 – 折算率），这是你的总杠杆倍数。

折算率越高，杠杆倍数越大。曾经有过买 100 元的债，质押进去，由于券商计算失误正回购出来 101 元，在这种情况下，当时比较疯狂的交易员，国债的杠杆倍数可以上到 40 多倍。哪怕到期收益只有 1%，年化都 40% 了。当然，如果跌 2.5% 基本上也爆仓了。

4. 风险

这样操作的风险在于违约和波动。

第一，违约。所谓违约，就是债券到期之后无法还本付息。

第二，波动。因为国债收益率比较低，所以这样的操作不太会用国债。而波动大的时候一下就可以把你抖出来，比如，1+5 的杠杆只能支持 9.5% 的波动，因为在跌的过程中折算率也在往下走，大于 9.5% 的下跌，立刻就要面临亏光的问题。

5. 信用债危机

债券市场的分水岭是 2011 年的“9・30”事件。2011 年 9 月下旬，云南国资委宣布，其旗下的国资公司在银行的借款以及发的一些债券，不能够保证按时还本付息，只能暂时先还利息。以这个事件为诱因，几乎所有的信用债纷纷暴跌，跟云南相关的一些信用债直接跌了 25% 以上。大家可以想象一下，债券跌 25% 是什么概念？比如楚雄债，实际上是一只很好的高等级城投债，从一百零几元，跌到了 75 元，2012 年春节的时候又回到 82 元、83 元，这个时候机会来了。刚开始泥沙俱下的时候，你是不敢去接飞刀的，但是过完春节，我知道这个事情可控，所以 88 元买，大概 4 月底的时候就已经涨到了 96 元，不算利息，3 个月挣了 40%。

债券跟宏观调控关系特别直接，逻辑上特别好懂。从 2011 年 3 月开始，国内开始实施稳健的财政政策和稳健的货币政策。宏观从紧所有的债券就不涨，开始阴跌，到了 9 月之后出现瀑布式暴跌。那为什么当时很多高杠杆做正回购的没爆仓呢？因为券商的风控没有到位，券商根本没几个人懂债券，实际上那帮人早就亏得一无所有了，但是券商没强平，已经是负资产的人，还在每天做 204001，回购还钱，而且一路竟然挺了过来，到了 2012 年 6 月，没砍仓的反倒赚了一笔，砍仓的悔不当初。

“9・30 事件”之后，交易所对正回购的风险有了明确的认识。第一，提出了 1+5，只允许上五倍杠杆；第二，投资者认证。怎么认证呢？适当性管理，必须开通交易权限。现在的适当性管理越来越严格，已经变成了 300 万元的投资门槛，并且需要签署一大堆协议书及参加考试，而且现在很多债券有购买限制，有时折算率也会突然被调到零，所以我从 2013 年之后就很少做债券，因为没有机会。

6. 国内债券市场的特点

国内债券市场的特点是，几年都没行情，来一次行情就是一个超级行情。那遇到这种情况我们怎么办？大概率是等。

因为国内经常会出现“钱荒”，在资本充裕的时候，都会有这俩字。出现钱荒的时候，都是莫名地暴跌。我总结国内债券市场就是：三年小抽风，五年大抽风，每隔一段时间一定会大抽风一次。这跟我们宏观从紧有关系。我们以往的货币政策在宽松的时候，在3～5年的周期里，一定会有一年或者两年连续从紧。一旦出现连续从紧，就很容易出现钱荒；一旦出现钱荒，整个债券市场就会往下抖一次，两年一小跌，五年肯定有一次暴跌。如2011年9月30日的暴跌，即使流动性很充裕，但也许下一次刚兑没有了的时候，可能就是一个超级暴跌。

7. 警惕刚兑被打破

国内债券还有一个特点是刚兑。截至目前，中国的交易所债券市场没有任何违约的历史，没有一家公司在交易所债券市场违约过，而银行间的债券市场违约出现过好多起。正因为我们交易所债券历史上从未有过违约，所以给大部分债券交易者一个假象，国内的债券不会违约。这是一种很可怕的思维和想法，因为违约一定会暴发。而且我们也可以猜测，或许违约已经离我们越来越近。我估计政策是想让交易所债券市场被银行间债券市场尽早吃掉。

第七节　ETF的无风险套利

一、套利原理

在ETF的图形上，我们可以看到白线和紫线。白线是交易价格线。紫线是净值线，也叫IOPV。当白线大于紫线的时候，我们称为升水。这时候，应该去买ETF的全样本个股，然后去申购ETF，再把ETF的份额卖掉。

二、套利流程

升水套利流程：买样本股→申购 ETF →马上卖掉 ETF 的份额。

贴水套利流程：交易价格便宜，买 ETF 的份额→赎回一篮子股票→卖出股票。

这两个套利，完全靠手动做肯定是不行的，需要用专门的软件。

三、申购赎回清单

你要有申购赎回清单。每一个基金公司每天对旗下的 ETF 都会进行调整，也就是说，ETF 每天都有变动。在这个清单列表里，有几点需要大家注意。

第一，配方。一组 ETF 最小申购赎回单位一般都是 100 万元，这 100 万元个股的组成有一个配方。

第二，现金替代。到底允不允许现金替代，是不允许，还是必须替代？为什么必须替代？因为有一些是关联企业，比如建银基金发的 ETF 就不能持有建设银行，那么你做的申购赎回清单里面，关于建设银行的所有买卖都要用现金来替代，这是必须的。

第三，现金修正。正常买赎，有时你可能会发现自己的钱被冻结了，不要急，这部分的现金会锁定两个交易日之后清算的时候还给你。它是为了避免你完不成清算和交收，预冻结了，多冻结的这些钱，两个交易日之后才会还给你。

这三点都得看清楚，然后再做，基本上我们都是按照软件来做的。

四、ETF套利的衍生操作：买入卖出停牌股

因为 ETF 的交易机制，可以买入份额，赎回清单，然后卖出股

票。反过来，也可以先买进全样本股票，然后申购 ETF，卖出份额。两种形式之间，可以进行一个 T+0 交易。这种方式会变相产生很多额外的策略。比如可以买入或者卖出某一个停牌股。

举个例子，2015 年长江电力停牌，我当时想买长江电力，应该怎么做呢？买 ETF 份额，只要当天申购赎回列表里长江电力是成分股，不是现金替代，那就可以买这个 ETF 的份额，赎回一篮子股票，然后把其余的股票全部卖光，这样就拿到了长江电力。那么，当我想减持停牌的长江电力，该怎么办呢？把剩余的 49 只股票全部买齐，搭配长江电力去申购成 ETF，申购 ETF 份额之后，再把 ETF 卖掉，这样就把长江电力减持了。

这就是为什么双汇“瘦肉精”事件曝光以后，当天深 100 的 ETF 是折价的，因为用这种方式可以减持双汇发展，先买大量别的样本股，搭配上双汇发展，去申购成 ETF 份额，然后立即把它卖掉。ETF 会平价吗？不可能平价。如果平价相当于 1 分钱不花就把双汇卖了。

五、瞬时套利现状

目前，ETF 的无风险瞬时套利国内没有了。为什么没有了？因为都已经用电脑和程序化在盯着了。2004 年到 2005 年，我在做这个的时候，瞬时套利利润率能有 5‰ ~ 7‰，年化收益率在 45% 左右。当时做得最好的是国泰君安，后来大家都开始做，一下把这个收益率就压得很低。现在机会更少，出现机会反而不敢做。比如，双汇出事那天，深 100 折价很多，好几个人跟我说：今天是不是很开心了？我说：你想想这是什么情况，好好看看申购赎回清单里双汇是什么状态，马上就知道怎么回事了。

六、延时T+0

现在大部分人在做 ETF 的时候，其实用的是它的另外一个功能——延时 T+0 的功能，当天买当天就可以卖掉。一般我们做 ETF 的延时 T+0，都是买篮子股票，申购成 ETF 后，再卖份额，因为这样做的话可以省掉一边的印花税，成本很低，只有不到 0.5‰ 的手续费，关键是成交量高。基本上一个 500 万元的账户，一天可以做到 5 000 万 ~ 6 000 万元的交易量，所以券商特别欢迎这样的客户。我以前是专门干这个的，现在不做了，也没指望我的学员们做，因为这其中的对手盘非常强大。

第八节　分级基金套利

一、套利原理

分级基金套利是赚母基金的折价和溢价。当母基金折价的时候，就意味着 A 份额和 B 份额贵了，那么我们就应该申购母基金后进行拆分，然后卖 A 份额和 B 份额。反过来，如果母基金溢价的话，我们应该买 A 份额和 B 份额后合并，赎回母基金。

二、预估母基金净值

在这些交易里面，最大的问题是预估母基金的净值。这个净值只能预估，因为当天看到的是昨天的数据。这个功课最好自己去做，也可以登录集思录网站，上面的列表非常清楚。

三、风险敞口的特点

第一，T+2 的风险。大部分的券商现在都支持盲拆，但不管是否支持盲拆，T+2 总是有风险的，而且这个风险点是控制不了的。比如今天有 20% 的折价，但是买进后暴跌了，你怎么去规避这个风险？

第二，母基金持仓变动。因为都是预估的，不知道它的母基金今天是卖了还是买了，而且也不知道母基金会不会遭遇大额的赎回。

第三，拒绝申购赎回。你在做母基金溢价的时候，把 A 份额、B 份额都买了，结果不让你赎母基金，而且往往是暴跌的时候不让你赎。所以通常情况下，我不建议大家去做溢价套利，因为溢价套利手续费太高了，要 5‰。我跟很多基金公司都谈过，我说：你们 5‰ 的手续费太高了。他们说：没办法，这样套利是在薅我们的羊毛，再便宜的话，你就赎完了。

我原来做分级的时候，是一分三份滚着做。比如我有 3 000 万元的头寸，我是 1 000 万元 A 份额和 B 份额，1 000 万元母基金，1 000 万元在路上，滚着做的，两边都可以做。基本上每天都有机会操作，可以让我的收益率更均匀一点。当然，前提代价是也放弃了偶尔出现的一次机会。比如 6%，可能只有 1/3 的头寸做到了，剩下来的一个做了 3%，一个做了 1.5%，可能就是这个水平；当然如果都押在一把上，可能 6% 没赶上，只赶上了 1.5% 的。

第四，分级日内风险。分级的时候，在日内也有一些问题。如果你想规避日内的波动的话，肯定是在最后收盘前才做。但折溢价比较大的时候会出现在盘中，这个时候在某一些基金上，是可以通过期指来平滑一下的。

比如，银华锐进、银华稳健，还有银华 100，都是母基金。假如今天是 A 份额和 B 份额折价母基金，盘中一度出现折价 3%，这是一个非常好的机会，肯定是买 A 份额和 B 份额，然后空上深 100，锁住头寸，同时，空上沪深 300。因为沪深 300 和深 100 的波动幅度我们认为是全相关。

到了收盘的时候，把深 100 平了就行。这就用期指锁住了收盘时间点和交易时间点之间的下跌风险，等于盘中任何时候都可以做这个套利。

第九节　吸收合并和要约收购无风险套利

无风险套利还有一种方式是，吸收合并和要约收购。

一、现金选择权

在吸收合并和要约收购里，最关键的就是换股价的现金选择权。

二、安全边际

然后，要知道安全边际在哪里。

三、技巧和经验

第一，要做国有企业。因为国有企业承诺了就一定会完成；民营企业即便承诺了，如果发现赔太多它也不会干。

第二，预期不要太高，能有 20% 的利润就很不错了。

第三，换股之前要走人。换股之前一定要走。为什么？因为所有的预期都在换股，换股之前是预期最充分、最富有想象力的时候，一旦换完预期就释放完了。

第十节 拟 合

怎么去拟合以上这些内容？比如做买现货抛期指，然后我在现货头寸构建里，可以做分级基金，也可以做期权拟合，也可以做加强版的阿尔法。我们可以把这些东西全部都杂糅在里边，但是我们核心的思路就是只占便宜不吃亏。什么意思？我一定要买得更便宜要卖得更贵。这就是最朴素的观念。把它们都拟合掉，就可以了，收益率也能做得比较稳定一点。当然靠一个人是不行的，必须靠一个团队，才能够把这些点全部抓住。

本章小结

无风险预期收益率情况

对于无风险预期收益率，要注意以下几点。

1. 市场的无效性

这个市场是一个超级无效的市场：第一，散户众多；第二，以往不规范。那么，以后它逐渐地要跟成熟市场接轨，去散户化进程一直在持续。

2. 无风险收益率

真的不是说我们喜欢做套利，如果做套利只有 4% ~ 5% 的利润，真无所谓，做不做都行。但是现在做套利无风险收益率能到15%，为什么不做？当然，这个年化收益率不均匀，好的时候，两个月就给你25%，剩下的10个月就让你歇着了。

3. 预期收益率不要太高

我自己的体会是：你的预期收益率不要太高。人家问：准备做多少？我说：年化15%。其实做完了有可能是40%。但是你非要做到20%，那可能这个弦就绷得太紧了。不要盼行情，要等机会。什么叫盼行情？就是先做进去，然后希望老天保佑。等机会是我大把钱在外面，别人没机会，我就看着不下手。然后，脑子里面对于资产收益率的要求不要太高，就可以了。

4. 资金容纳度

从资金容纳度来讲，无风险交易市场容纳的量会很大。期现套全做的话，全部搭配进去，你有个100亿元、200亿元其实都可以。关键是期指那边给不给容量。

5. 对交易员的要求

相应的，这类交易对交易员的要求就特别高。不像以前，以前交易员可能专注某一个市场就可以，但是现在一定要做多面手，各个方面的基础知识都要掌握。

第十二章
如何做低风险交易

第一节　低风险套利的核心

常见的可操作的低风险套利，主要是两大类：第一类，在金融衍生品市场；第二类，在商品期货市场。在本章中，商品期货的内容会讲得比较多一点，对于资金量稍微大一点的朋友来讲，这会是一个非常稳定的获益渠道。

操作这些低风险套利，最核心的要素是寻找定价的偏差。那么，这种定价偏差是怎么产生的？有很多种原因，其中最简单的一个原因是：大家对同一个东西的认识不同。比如，巴菲特认为17港元的中国石油（00857）是贵的，但是中国石油（601857）在A股上市，有人认为48元人民币的价格是便宜的，这就是一个完全的定价偏差。当这种定价偏差在同一时间出现，就产生了相应的套利机会。

这个例子中，巴菲特是在2006年、2007年两年间陆续卖出中国石油（00857），而中国石油（601857）2007年11月才在内地A股上市，这两者的情绪暴露是不同步的，这时候做套利很难。而且大部分时候，这种套利可能是陷阱，因为你等不到套利的利润回归就已经输了。

但是有一些套利，其定价偏差出现在同一时间，比如同样的一罐可乐，在美国的价格折算成人民币后跟国内价格一比，是有价差的。而这个价差我们怎么去找，怎么去处理，就是接下来要介绍的内容。

第二节　金融衍生品交易概述

金融衍生品低风险套利大致可以分为两类：第一类是同品种跨市场套利，第二类是跨期交易。

一、同品种跨市场套利

金融衍生品低风险套利是需要止损的交易。它不像金融衍生品的无风险套利，可以通过买现货抛期指锁定基差，或者买国债现货抛国债期货锁定价差。金融衍生品的低风险套利是带风险敞口的，需要找一个止损点。

我们的风险点在哪里？在于我们做的时候，不知道收益回报是多少，也许我们会赚很多，也许只能赚一点点，也许会赔到止损线，收益率不是我们在做的时候就能够确定的。换句话讲，做同品种跨市场金融衍生品的套利，收益率是多少我们不清楚，这是一个不知道终点在哪儿的交易。

二、跨期交易

跨期交易在金融衍生品里是非常难的，牵涉到很多东西。比如说基差的定价、对远期预期的计算，包括股息、回购利率、融券利率，篮子货币的分红、派息，以及市场多种因素的影响。虽然风险比较低，但是也相应会存在一定的风险。

第三节　金融衍生品跨市套利

一、内外盘套利品种

（一）可以操作的同品种跨市场金融衍生品

目前，我们可以操作的同品种跨市场金融衍生品，只有内盘与外盘的股指期货。所谓内盘，就是我们的 IH（上证 50）、IF（沪深 300）和 IC（中证 500）。外盘以美元计价的 A 股指数，现在只有新加坡期货交易所的 A50 指数。

（二）新加坡 A50 指数简介

下面，我简单介绍一下 A50 指数。新加坡 A50 指数是按国内 A 股市场最大的 50 只个股，以各自所占权重编制的一个样本指数。

1. 指数相关性

对于指数相关性，大家可以记住这些数字：新加坡 A50 指数与上证 50 的相关性超过 99%，与沪深 300 的相关性在 97% 以上；与中证 500 的相关性比较低，不到 70%。

2. 以美元计价

A50 以美元计价，最小波动单位是 2.5 美元，也就是以 2.5 美元为一个价位，一张沪深 300 合约大致相当于 16 张 A50，这只是大致按照合约金额来计算，其中也包含人民币汇率因素。相应地，如果做套利，而且更看好涨势的话，多头部位如果是 A50，就买 17 张；如果认为是跌势，多头部位是 A50，可以买 16 张。

3. 特点

跟国内的股指期货相比，A50 有以下几个特点 。

第一，合约小，更像是迷你合约。

2014 年 11 月，A50 的保证金是 330 美元一张，当时 A50 的价格在 7 000 点左右，这是一个超过 20 倍杠杆的期指合约，而且是国内的期指。在 2014 年 9 月之后，A50 保证金逐渐上调。2015 年 11 月，一张 A50 的保证金是 2 000 美元，大概等于 5 倍杠杆。跟国内的股指期货相比，即便上调了几次保证金，A50 依然是一个迷你品种。这样的品种，对于国内愿意赌的小额“赌徒们”来讲，是非常好的。

第二，A50 的参与结构以海外基金和有海外资产的个人大户为主。因为其客户都是海外基金和有海外资产的大户，所以很少做远月合约。为什么不做？因为太遥远了，远期定价都是很模糊的，他们只关心近期的定价。而在国内，即便很远月份的期指合约，交易都比较活跃。

包括商品，我们可以看到 11 个月之后交割的铁矿石 1609 合约，持仓量已经很大，大家都已经去赌那个合约了。而在国外，这么远的合约，实际上是没什么交易量的，即便要做，也是以价差单的方式做，也就是所谓的跨期交易。只有“赌徒”众多的地方，才会去乱赌，赌特别远的东西。

第三，A50 为了保证这个品种的流动性，采用做市商制度。

大概最大的三四家做市商完成了 A50 交易量的 25% ~ 30%，这是相当庞大的份额。而新加坡交易所，也必须要依赖这些做市商，才能够维持这个合约的热度。

国内的股指期货从 2014 年年底一直到 2015 年四五月的大发展，

也导致了新加坡 A50 指数合约的成交量非常好。但是 6 月发生股灾之后，由于我们的市场波动过于剧烈，新加坡交易所开始不断地提高 A50 保证金，从原先的 1 300 美元一张到最高的 2 400 美元一张，到后来将近 2 000 美元一张。这主要是由于两方面的原因：一方面，新加坡交易所自己提高保证金，导致了整个 A50 交易活跃度大幅下降；另一方面，国内期指保证金提高到 40% 以后，因为国内期指交易成本非常高，导致基于上证 50 股指期货合约和新加坡 A50 之间的日内高频套利交易没有了，所以它的成交量自然也就下来了。

二、期权和期指

2015 年推出的上证 50ETF 期权，也可以与我们的期指套利互相搭配。

有朋友问：既然只买一个看跌就可以达到做空的目的，为什么还要再卖一个看涨？卖一个看涨，是为了收回你的期权费，你卖了看涨，买了看跌，最担心的是上涨。但是你在期指上开了相应的多单之后，上涨的风险是没有的。相应来说，卖出了看涨，就等于收回了一大笔期权费用，这样才会让我们的空头部位是有利可图的。单纯地去买一个看跌做空，挺贵的。

期权推出以后，上证 50ETF 期权与上证 50 股指期货和新加坡 A50，交易上的勾稽关系就更多一点。

三、恒生指数和国企指数

还有另外两个指数，跟我们的 A 股也是比较密切的：一个是恒生指数；一个是 H 股指数，也就是国企指数。

1. 恒生指数

恒生指数类似于香港的“上证指数”。占恒生指数权重前 20 的公司，有一多半其主要业务都在内地。也就是说，恒生指数其实是与内地经济紧密相关的。

比如说，看空香港经济去空恒生指数，思路没问题，如果能够把这些业务从内地的个股剔出来，做空的效果会更好。比如，我去做空香港的百货业和香港的地产业，最简单的办法是卖恒生指数，同时买腾讯、港交所和汇丰银行。

2. H股指数

通常所说的 H 股，是指内地的公司到香港上市，它们的主要业务也都在内地，整个 H 股板块的公司大多来自银行、保险和地产行业。但是，H 股曾经出现低估值的现象。

H 股的低估值我认为有两个原因。第一个原因是，对于港股的整体不信任导致 H 股估值偏低。因为参与 H 股和恒生，都是在参与香港市场。如果看衰香港经济，认为这个市场有问题，就必然会导致 H 股估值偏低。第二个原因是，对于内地金融行业的不信任，或者说，认为内地银行的呆坏账要大幅攀升。

这是内外盘期指套利品种的介绍，下面谈谈内外盘套利逻辑框架。

四、内外盘套利逻辑框架

1. 利润贡献点

我们做内外盘期指套利，利润贡献点在哪儿呢？利润贡献点其实就是我说的价格的扭曲。而这个扭曲来自很多方面。比如，我们对于H股的定价是低的，相应对于A股的估值就是高的。

2. 基差利润

什么叫基差利润？比如，大概从2010年开始有沪深300股指期货以来，国内的期指都是升水的，但A50基本上都是贴水的。也就是说，A50的股指期货远月一定是便宜的，这个时候我们就可以长期做多A50，抛国内的沪深300股指期货。只要介入的位置不是特别差，就能赚到钱。

当时国内的升水，每个月在30～70个点之间；A50的贴水，每个月多的时候要贴100个点，最少也要贴四五十个点，所以空单会越空越高，多单会越买越便宜。仅基差利润，每年就有10%～15%，多的时候甚至到20%。

而股指期货是保证金交易，假如是10倍杠杆，两边各半仓，相当于是1/4的总仓位，这样做一年的话，获得30%～40%的收益是很轻松的。唯一不方便的是，两个合约在交割时间上不同，国内的期指在每个月第三个周五交割，而新加坡A50是在每个月倒数第二个交易日交割。只要提前换月，空单换月的同时多单也换月，就可以了。这是基差的利润，做内外盘套利，大部分的利润贡献点都在这里。

3. 汇率变量

还有一小部分利润，在人民币的汇率上。比如买新加坡A50，同时卖国内的期指，等于买了一个以美元计价的产品，卖了一个以人民币计价的产品，相当于在做一个进口。而做进口特别要担心的是人民币贬值，一旦发生人民币贬值，买 A50 卖国内期指就要承担额外的损失，或者说利润回吐。换言之，在国内过去长达数年的人民币升值过程中，我们做买国外抛国内一直在赚钱，这就是我们的另外一部分利润。

这里就会有一个问题，到底哪边赚钱？以国内的情况来看，如果从 2010 年开始做这样的操作，大部分时候你是国内国外都赚到了。国内，赚的是基差；国外，赚的也是基差。但是到了 2014 年下半年，就变成了国内大幅度地亏钱，国外在赚钱。这里就会有一个风险的问题，后面会讲到。所以，汇率变量也是我们利润来源的一个方面。汇率问题在期指上可能不关键，但是在商品上非常重要，因为它关系到我们的进口利润。

4. 指数关系

新加坡 A50、恒生指数、H 股指数和国内期指的关系是：新加坡 A50 指数是完全跟着国内走的；H 股指数和内地联系紧密；恒生指数比较特殊，白天跟 A 股、晚上跟美股，这是由香港联系汇率制度决定的。

简单地说，港币的发行依赖于美元。只有当香港经管局在三大发钞行存入美元的时候，才能发出来相应金额的港币，让港币跟美元硬性挂钩，这就是联系汇率制度。这也是曾经为什么大家普遍不看好香港经济的主要原因。

从香港房地产价格和经济增长情况来看，港币是不可能加息的，因为香港的房地产价格太高，一旦加息，房价是撑不住的。但是从联系汇率的角度出发，美元加息，港币一定要同步加息。港币跟美元硬性挂钩，美元升息了港币不升，拿港币的人就会抛港币换美元。所以美元加息的时候，港币一定也要加息，这是一个非常突出的矛盾，也是香港恒生指数和美股指数联系密切的重要原因。

5. A股港股折溢价

在这么多年的交易生涯中，我发现了一个特别有意思的现象，用恒生指数除以美国的标准普尔指数，可以得到数 A（恒生 ÷ 标准普尔 =A），假设 A 股的沪深 300 指数等于 B（沪深 300=B），当我用 B 除以 A，得到数 C（B ÷ A=C）。

它们的数学意义就是：恒生指数除以标准普尔指数所得到的 A，其实就是剔除了美国影响之后的香港股市。因为香港股市同时受美国和内地两个市场的影响，剔除美国的影响就只剩内地的影响。相应地，我们用 A 股除以这个数值，其实就是两地估值差的区间。我相信这个估值差的区间一定跟 AH 比价正相关：这个估值差高的时候一定是 AH 比价大的时候，低的时候一定是 AH 比价小的时候。

这时候我们去观察 C，它有没有上下的极限？或者说它的极限区间到底在什么地方？从 2009 年之后，这个 C 的波动非常稳定，我印象里多数时候在 110 ~ 130 之间波动，最高在 190，最低在 110。你可以观察一下极端的情况：什么时候在 190，什么时候在 110？基本上到 110 的时候，国内大盘马上就要大涨，或者几乎是大涨的前兆。这实际上是国内的期指与标准普尔之间的一些勾稽关系。

6. 资本流动因素

在资本流动因素上，大家更希望去购买哪个类型的资产？如果我们更希望去购买美元资产，那么买 A50 卖国内的上证 50 指数合约大概率就能获胜。如果更喜欢国内资产，可以倒过来做。如果大部分资金往香港去，买 H 股卖 A 股指数，或者买恒生指数卖 A 股指数是对的。反过来，也可以倒着做。

五、内外盘套利技巧

下面讲内外盘套利的技巧，其实都是暗扣着利润贡献点的。

1. 人民币方向

人民币方向即人民币未来到底是升值还是贬值。

2. 基差特点

我的经验是：最好的切入点，一定是在基差不利的时候。

比如，铜在 2015 年 11 月的比价非常大。正常来说，我们应该买伦敦铜抛上海铜，但上海铜贴水，伦敦铜升水，这就是基差不利的时候。为什么呢？这是由远期合约的合拢预期导致的。利润产生的这个过程，就是基差逐渐从不利到有利去的过程，一直到最后对我们最有利的基差那一段，如果还能一直持续有利的话，我们的利润就会很多。这是基差的特点。

但是对于国内的期指，这个特点不明显。因为国内期指永远在升水，从 2010 年有沪深 300 指数期货这个品种一直到现在，一年可能最多也就 20 个交易日是贴水的，国内对于期指做多的情绪始终存在。

海外交易的参与者，主要是机构和 QDII，就是交易 A50 的这些人。这些资金更喜欢的做法是买现货抛期货，所以一旦有升水，会立刻通过 QFII 进来买现货，然后，期指抛在 A50 上，这样做既获得了无风险的利润，又获得了分红。所以，国内和国外的基差刚好是反的。

国内期指基差永远都是升水排列，而 A50 的基差大多数时候都是贴水，最多的时候贴 1%，2015 年股灾的时候，国内贴水更多。所以，基差的特点没有商品那么明显。但是大多时候，不管做哪个内外盘，基本上都是：切入点最好的时候，一定是基差不利的时候。

3. 加速度特点

举个例子，我们当时用沪深 300 指数做套利，国内大盘突然间涨了一下，在短短两分钟内，沪深 300 指数直接跳涨了 0.5%，但实际上在这两分钟跳涨 0.5% 的过程中，有 40 秒涨了 0.3%，而在这个过程中 A50 动都没动。

这个时候，很多的日内量化盘，就会直接买 A50 抛沪深 300，因为 A50 一定要跟，如果不跟，国内的沪深 300 一定会回来。这个其实就是加速度的一个特点，也是日内两边做量化的基础：单位时间内一个涨得多，一个涨得少，那我就买涨得少的那个，抛涨得多的那个。

当时很多做 A50 投机盘的小伙伴，就是看着国内的沪深 300 来做：沪深 300 起来，就买 A50；一看沪深 300 掉头下来，假的，平掉 A50。这和我们看到中国电建涨，去买中国交建，看到南方航空涨，去买东方航空，实际上是一个思路。

4. 现货的加入

国内期指和现货的关系体现在两者通过人民币实现，所以更密切一点。比如说我做了一个买 IH 抛 A50，当 IH 升水比较大的时候，我又买了现货，抛了 IH。这就相当于我把现货引入了，一旦引入现货，我可以做现货，可以做分级基金，可以做 ETF，也可以做 ETF 套利，这就衍生出来一个更大范畴的套利。国内很多对冲基金就是在做这样的事情。

比如，可以做增强型现货，做了增强型的现货之后，找一些弹性好的，交给其他人来日内做 T，如果一天能做到 3‰ 到 5‰，那这个年化也不得了。如果这个可以接受，那么 A50 上的小幅贴水也可以接受。所以一旦引入现货之后，会产生多种多样的股指期货套利技巧。

第四节　金融衍生品跨期交易

一、基差特点

国内的股指期货是 4 个合约，当月、下月、当季、下季，然后还有我们的现货指数。所谓基差，就是当月和下月，以及当季和下季这 4 个合约之间的关系。在这 4 个合约之间，前 3 个合约有可能是相邻的。假设现在是 11 月，那我们现在交易的合约就是 11 月、12 月、3 月、6 月。但是如果现在是 4 月的话，我们交易的合约其实是 4 月、5 月、6 月、9 月，那么 4 月、5 月、6 月这三个月是相邻的，而基差在前 3 个月是相邻月的时候会更有规律性。

举个例子，如果我们现在交易的合约是 4 月、5 月、6 月、9 月这 4 个合约，逻辑上 4 月合约和 5 月合约的价差，与 5 月合约和 6 月合约的价差应该大体相等。如果不考虑分红派息等因素，期指的基差应该是一个时间的函数，跟我们的预期收益率相关。而预期收益率通常不会来回变化，在时间间隔相同的情况下，这两个基差应该大体相同。

有些时候，我们会遇到两个基差间的其他情况。举个例子。假设现在的现货价格是 3 000 点，期指 4 月合约是 3 050 点，5 月是 3 080 点，6 月是 3 120 点，9 月是 3 150 点。如果是这样的一个月差结构，跨期交易应该怎么做?

在这个结构上，如果是我，一定是买现货抛 4 月合约。因为现货与当月差了 50 个点，5 月合约与 4 月合约差了 30 个点，6 月合约与 5 月合约差了 40 个点，9 月与 6 月中间隔 3 个月，而合约只差 30 个点，而现在的时点与 4 月相差一个月不到，现货与 4 月合约却差了 50 个点。所以，在这个结构上至少可以做到：第一，买现货抛 4 月合约；第二，抛 4 月合约多 5 月合约；第三，买 9 月合约抛 6 月合约。所以从交易性价比上，一定是做现货和 4 月合约的价差最划算。

二、蝶式套利

还以这个月差结构为例，4 月合约与 5 月合约差 30 点，5 月合约与 6 月合约差 40 点，中间差 10 个点。如果认为两者相差的点数应该一样的话，那么，还可以买 5 月合约抛 4 月合约，同时买 5 月合约再抛 6 月合约，这种做法就是通常所说的蝶式套利。像现在这个月差结构，一个差 40 点，一个差 30 点，可能意义不大。但是如果 4 月合约是 3 050 点，5 月合约是 3 060 点，9 月合约是 3 130 点，做蝶式意义就非常大。当然，这种情况比较少见。

三、基差结构

因为基差不同，基差结构可以分为好多种，比如根据逐月升水、逐月贴水，有 L 形、U 形、倒 U 形等。对应这些结构，我们可以去进行一些操作。比如，买在 U 形的左下角抛在 U 形的右上角，随着时间的推移，只要这个结构没有变化，我们就能不断地获得一些利润。

四、过往情况

从 2010 年一直到 2012 年，期指贴水都很少见，几乎看不到。期指的第一次大幅度贴水，是在 2013 年 6 月。过去，期指在每年 6 月的时候偶尔会有贴水，但是持续时间不长，而这几年的 4 月、5 月、6 月这几个月，期指会出现长时间贴水。这是因为大家更多地关心到了分红的因素。

过去银行股也分红，但是那时股价比较高，分红的比例不大。到了 2012 年，银行股已经跌得很厉害，股价很低，这时分红率就变大了。所以，当我们看到 6 月合约升水 3 月合约的时候，买 3 月合约抛 6 月合约也许就是对的。因为大多数的上市公司会在 7 月完成分红，少数几家最晚也会在 8 月完成。但这个不是完全无风险的，因为市场的情绪可能会突然间逆转。

五、交割陷阱

期指的交割结算价，是以最后两个小时的算术平均价为计算依据的。换言之，如果最后两个小时是单边行情，那么，基差在最后两个小时是完全不靠谱的。

记住我的结论：所有的期指基差交易，不要到交割清算日完成。你做的所有期指跨期，要在交割结算日，也就是每个月第三周的周五前一天，最晚周四，就把它做完。该平仓的平仓，该移仓的移仓，该换月的换月。因为最后一天可能会出现一些突发的状况。

六、期权的定价影响

现在的期权，因为交易的深度已经出来了，所以相应的定价也是有效的，或者说有效的地方会更多一点。

我们经常看到股指大幅贴水，国家在管恶意做空，但其实你看期权，拟合一个空头也是贴水，这里头几乎不存在缝隙。如果存在缝隙，那就是超级大的机会，属于捡钱的机会，一定要抓住。

第五节　金融衍生品交易总结

一、黄金期到干预期

2015 年 6 月之前是金融衍生品交易的黄金时期，不管是做跨期还是跨市，都是黄金交易期，机会特别多。包括我们做无风险套利，机会都特别多。但是，2015 年 6 月之后，期指进入干预期，国内基本上停了。在那个时候，我们只能等待，虽然时间可能比较长，但正是大家学习的好时机，抓紧机会把本事学会，等将来再做。

二、衍生品交易的合理性

衍生品交易有它的合理性，这些衍生品的交易对市场是有贡献的。衍生品市场的参与者由三类人组成：第一类是投机的，第二类是套利的，第三类是套保的。套保的人是转移了风险。套利的人是抓住扭曲的机会，把市场从不正常修复到正常合理的范畴。那投机的人在这个市场里面，起到的积极作用是什么呢？

1. 提供流动性

流动性是最宝贵的，如果没有投机的人，套利就不存在。没有投机的人，大家就没有冲动；没冲动的话，就没有扭曲机会，套利也就不存在，只剩下做套保的。但是做套保的都是一个方向，流动性在哪儿？没有对手盘，流动性也无从谈起。

2. 承担风险

投机者在获得投机利润的同时，也承担了投机风险。也就是说，套保的人把自己的套保风险转嫁给了投机者，投机者有风险过渡的功能。

3. 对定价的揭示

投机本身就是对定价的一种揭示。你不能说投机的定价一定不准，大多数时候，反而现货商的定价是有偏差的。尤其是在超级大的行情中，我们发现，亏得最多的一定是现货商。为什么？因为他们没有想象力。你问一个做现货螺纹钢的人：你能想象螺纹钢跌到1 700点吗？没有人想得到的。做现货玉米的人，会觉得玉米能从2 400点跌到1 800点吗？也不可能。可实际上，它就是跌到了。这实际上就是对定价的揭示，这个定价只要是市场的公允定价、公平竞价，博弈的成分少一些，就没问题。

这就是衍生品交易的合理性及对市场的贡献。

三、人民币的方向占有权重越来越大

过去我们做跨市场套利交易的时候，不太关注人民币的方向，但是现在必须要关注，原因有两个。

第一，跨市场套利的利润率不如以前了。以前跨市场套利的利润率可以稳定在每年40%，甚至50%，现在跨市场套利的利润率，可能只有不到20%。

第二，人民币从几乎没有波折的单向波动，变成了宽幅的双边波动。比如，2015年人民币两次大幅度贬值，年初一次，汇改一次。这种大幅度的贬值严重超出了市场的预期，人民币的远期汇率4天波动了4%，一些特别远期的合约报价都已经波动到了6%。这是什么概念呢？如果做远期套利，进口毛利率一年才10%，在人民币上3天就打没了。如果带了杠杆，介入的价位又不太好，浮亏立刻就会出来。

所以，人民币的波动方向占有的权重越来越大。这对于国内所有基于内外盘模式的交易员，以及外贸型企业，都是特别大的挑战。2015年，在人民币汇率大幅度波动之后，有进口商过来问我：我们如果要套保的话应该怎么套，怎么去保证人民币的汇率？我说：你现在再去保，其实是没有什么意义的。因为当时现货人民币对美元的汇率在 6.36，远期为 6.8，最远的远期可能是 6.9，那是非常离谱的一个价位。

四、现货策略组合

现货策略和跨期结合，尤其是各种阿尔法策略，过去不太被人关注。但是现在有人通过各种各样的现货交易，从原来的纯跨期转移到了一些现货类型的交易上。像之前提到过的分级基金、ETF 及 ETF 套利，还有现货 T+0，以及指数拟合，可以结合多种策略。这种交易模式的逐渐扩展，会导致整个市场的一些交易行为发生变化。最直接的影响是：如果做日内 T+0，我们的对手盘会变得很强。

五、交易手法变化

过去，大差不差，大家闭着眼睛闷头做就行。而现在，我们要考虑的东西就很多。比如，这个基差到底合适不合适？3 ~ 6 个月之后，基差变化大概是多少？人民币是保还是不保？如果保，是保利润部分，还是保交易金额部分？应该根据这些制订一个详细的交易计划。跟过去相比，现在进行操作的难度是大大加强了。这也是跨市场套利，包括基差套利在内的整个套利市场越来越难做的原因。这也从另外一个角度说明了市场的有效性在增强，虽然市场仍然是非常无效的。

第六节　商品期货低风险套利

一、金属跨市场套利

1. 品种

什么是基本金属？目前，我们的交易品种只有铜、锌、铝、铅这几种，品种数量非常少。所以，我们谈基本金属，通常就是指铜、锌、铝这三种，可能还有镍，现在镍的量也上来了。

2. 套利原理

套利的原理是同品种在不同市场的定价。基本金属的跨市场套利，范围很广，市场容量很大，从 1999 年就有人在做，是一个非常成熟的市场。很多贸易公司也是通过这样的方式来做现货贸易的。

3. 市场

金属跨市场套利交易的主要市场有三个：一个是伦敦市场，即伦敦基本金属交易所，简称 LME；另一个是 COMEX，即美国纽约金属交易市场；第三个是上海期交所。伦敦市场的交易品种有铜、锌、铝三种，而 COMEX 市场的交易品种只有铜和锌，但是锌的合约小，没做过。

4. 3M 合约

LME 市场交易的成交量比较大，一手 25 吨；而 COMEX 市场交易一手是 5 万英镑，两个单位不一样，大家可以换算一下。伦敦 LME 市场并不是严格意义上的期货合约市场，更像一个远期交易合约。

比如2015年11月14日我买了一手伦敦铜，那么，我把当天买的伦敦铜，在当天卖掉，就是把当天的这个头寸平掉了。如果我当天买了，当天没有卖，就是日内没平仓，那么，第二天我的持仓账户里出现的合约就是3个月后的合约，也就是2016年2月14日，即一份160214的铜合约。同样，如果第二天我卖出一手铜，那么这手铜实际上是160215的合约。对于这一点大家要格外注意，所有的伦敦合约都是3M合约，即3个月后的合约。

5. 调期交易

因为LME合约是3M合约，换言之，就是：今天买，交割日从今天开始往后推三个月；明天买，交割日从明天开始向后推三个月。那么，如果头寸的买卖方向不发生在同一天，是平不掉的。这样一来，如果要去对冲，就需要交易商，或者说是在你的交易商的上手，做一个交易，我们叫调期交易。

比如：我今天买了一手铜，2月14日到期；一星期之后，我又抛了一手铜，那么到期日就是2月21日；我想把这一买一卖两个合约对冲掉，那就要把我的多单往后展期一周，需要付一周的展期费用。

现在做展期，基本上没什么手续费，只需要付调期费。调期费就是所谓的0到3个月的价格排序表，这个很关键，我们把这个叫伦敦的3M升贴水。在文华财经里，LME的页面下有一个交易品种0～3M，就是指这个。调期费最高的时候到过200美元，最低的时候是−100多美元，变动非常大。也就是说，调期费如果是200美元，远月会是大贴水；如果是−100美元，远月会是大升水。

我们国内几月合约就是几月合约，而伦敦每一天都是一个新的合约，跟国内不一样。如果想要做跨市场套利的话，这些内容必须要理解，不理解的话，将来你会发现你挣的那点儿钱，全付调期费了。

6. 资金容量

铜的资金容量几乎没有上限。我以前做铜，做 1 万吨很轻松。锌的头寸就不要太大，我在伦敦锌市场上做过 2 万吨，出不来，吃过很大的苦头。在国内交易时段，一天成交 1 000 多张单子，1 万吨是 400 张单子，我当时做 2 万吨 800 张单子，根本出不来。展期的话你会发现，本来基差对你有利，可今天到你展期，基差就对你不利，你刚调期完，钱都付了，变成收钱了。其实你也知道，这就是他们在坑你，但是没办法。

二、金属跨市场套利现状

1. 收益稳定

金属跨市场套利，近些年的情况是年化 20% 以上的稳定盈利。这两年收益率有所下降。

2. 流动性好

金属跨市场套利的流动性特别好，比如铜，做五六万吨问题都不大。如果有现货贸易的背景，做的量再大一点也没问题。

3. 操作方式多样

金属跨市场套利的操作方式更加多样，比如直接盘上点价过来，或者做贸易结算，或者搭配着买锌抛铜、买锌抛铝、买铅抛锌，操作方式非常多样。

4. 长线资金坚守

很多参与的资金，长线资金始终守在这里就没走过，包括我自己。很多人问我：你主要做什么？如果是不熟的朋友，我就直接跟他说：我主要是做内外盘套利的。为什么呢？因为始终有一些钱就在等基本金属出现这样的机会。一旦有这样的机会，我们必须要来做，因为这个确实也跟捡钱差不多。

5. 市场机会长期存在

我认为这个机会长期存在。为什么？因为做金属跨市场套利、内外盘套利，我们的利润来源在于人民币的不可自由兑换。大家可以自己去看一下伦敦铜和 COMEX 美精铜，几乎没有利润区间。但是为什么国内的铜和伦敦铜有这么大的比价偏差？就因为人民币不能自由兑换美元。很多企业为了借到国外的低息美元贷款，会用美元信用证进行融资，有融资铜的问题，所以导致国外铜和国内铜的价格波动区间这么大。

衡量整个价格波动，通常我们是用人民币价格除以美元价格。从逻辑上讲，这个比价应该大于人民币汇率，因为进口总有各种各样的杂费。但其实我们真正要关注的并不是比价，后面会详细介绍。

三、跨市场套利原理

1. 套利原理

套利的原理是同品种在不同市场的定价。

2. 赢利的本质

第一，市场的冲动。

大部分时候我们是在挣市场冲动的钱。比如：头一天，国内空了好多铜，但国外的铜没怎么动，这个比价就窄了；第二天，国内继续空，国外还不动，比价又窄了。这就是市场的冲动。

第二，我们的外汇不可自由兑换。

第三，现货市场的套保。

比如，进口铜的赢利窗口打开，大量的进口商开始点价进口，买伦敦盘，抛国内盘做保值。这个套保的过程，其实就是进口的流程。这样的话，这个比价也会立刻收窄。

3. 寻找市场预期改变的逻辑

所以，同品种跨市场套利的核心，是去寻找市场预期改变的大逻辑，找好的介入点，然后进去做。

当判断进口利润打开，大量的现货商要做点价进口的时候，就去做正套；当判断进口点价结束，比价要向上回归的时候，就做反套。尤其是当认为人民币要持续升值的时候，就应该大量做正套。或者说，由于市场冲动，比如 2014 年的“青岛港融资事件”，大家认为融资铜被打爆，大量地去甩进口到国内的铜，导致国内铜价格暴跌，而国外没跌，所以比价到了 6.99。

四、跨市场套利方法

1. 套利方法

套利的方法很简单，就是买入一个市场的头寸，同时抛出另外一个市场的头寸。

2. 配置思路

配置有两种思路，等吨数和等金额。比如伦敦铜一手是 25 吨，国内铜一手是 5 吨，等吨数就是一手伦敦铜对五手国内铜。我们是按照等金额做。比如现在伦敦铜是 5 000 美元一吨，那么一手伦敦铜是 5 000 美元乘以 25 吨再乘以汇率，这就是人民币货值，然后除以人民币计价的铜价，再除以 5（国内一手吨数和伦敦一手吨数的比值是五倍），算出来就是一手伦敦铜应该搭配几手国内铜。这个数值应该在 4.22 左右。如果按等比例做，就是一手伦敦铜对 4.22 手国内铜，如果是等吨数做，那就是一手伦敦铜对五手国内铜。

3. 不同品种之间的搭配

在做套利的时候，不同品种之间通常也会有一些搭配，比如铅锌套利、锌铜套利。这里有一个很有趣的现象：如果整个基本金属是涨势，那么铜的弹性会比锌好，铜和锌的比价会变大；如果是跌势，铜和锌的比价会变小。这是非常有意思的现象。

五、跨市场套利经验

1. 大的扭曲和背离一年至少出现一次到两次

根据过去的经验，铜也好，锌也好，大的扭曲和背离一年至少出现一至两次。以铜为例，在 2014 年，一次是 3 月的反套机会，一次是下半年的正套机会。2015 年 11 月后，我认为到了进口铜给利润的时候，这个位置是不错的正套区间；11 月 12 日前后，锌也给出了正套的机会，我判断盘子有可能暴跌就没做。总之，每年都会有一到两次这样的机会。

2. 现货情况和经济基本面会给正套带来无风险收益

在现货情况和经济基本面还可以的时候，如果看到正套会带来无风险收益，是可以大量做的。换言之，在从国外进口一吨铜到国内，卖掉就可以赚钱的时候，是应该大力买国外铜抛国内铜做正套的。进口有利润就意味着已经赢利了。另外，美元货可以开信用证，相当于3到6个月的短期信用证，有额外利润。比如，先买1亿美元的货，然后抛在国内，用赢利的人民币货保值。而借来的这1亿美元，是用美元来支付的，相当于做了一个美元的贷款。实际上，只要国内保值，这个货点价进来，就地已经把它给保值销售掉了，资金回收拿到了相当于1亿美元的人民币，3到6个月之后才还这1亿美元的贷款。过去，进口一吨铜亏2 000元都有人做，何况2015年进口有利润，还可以美元融资。

那么，2015年为什么进口有利润？

第一，国内无风险利率的下行，导致资金对收益率要求很低，资金用途也很少；美元信用证又在收紧，美元开证难本身对进口就是一种抑制。

第二，大家看不懂人民币未来的走势，害怕人民币大幅度贬值。如果人民币大幅度贬值，去盲目地做进口就非常不划算了。

关于保货值还是保利润，我的观点是：如果要做大，1亿元人民币没法保，远月人民币涨得太高，意义不大。其实我一直认为人民币汇率的波动本身就是利润来源之一，不应该去保，反而应该保赚到的美元。比如说，今年赢利 2 000 万美元，要保的是这 2 000 万美元对应的人民币货值。换句话讲，如果未来人民币升值，有可能导致这 2 000 万美元对应的人民币利润算下来只有 1 800 万美元。我要做的是利润的保值，而不是货值，虽然会牺牲一些利润空间。

六、跨市场套利发展趋势

跨市场套利也有自己的发展趋势。这几年最明显的有以下几点。

1. 相当多的套利资金逐渐进入市场

最近几年，相当多的套利资金进入这个市场。很多并不专业的套利资金通过各种各样的 QDII 产品进入市场，包括在海外发一些对冲基金。

2. 市场的波动幅度和频率会降低

这么多的套利资金进入市场，必然会导致波动的幅度和频率都降低。原先市场的波动幅度是非常宽的，比如原来在 0 ~ 100 之间来回波动，而现在只是在 40 ~ 60 之间波动。

3. 大机会带来的收益率会远远超越以往

这样一来，市场会呈现出什么特点呢？比如，原来每年我们做的波动幅度是 20 ~ 80，或者 80 ~ 20，一年会有三四波行情。现在，一年中的大部分时间，波动都在 40 ~ 60 之间，但是偶尔一次大的波动，可能会在 120 ~ 150 之间，利润很窄。但是方向一旦出来，会特别离谱。

比如2014年“青岛港融资事件”发生，在比价6.99上已经有大量的做内外盘的人开始开仓了，因为这是这么多年，难得的一次掉到7以下。实际上，最低到过6.79，印象中我是6.85做的。三周之后，这个比价就回到了7.35。这是一个超级大行情，从原来进口一吨铜亏4 400元，到三周之后进口一吨铜只亏800元。实际上，就是中国的进口需求、融资需求的影响，导致大机会带来的收益超过以往。

4. 国内机构大量套保的出现会把盈利空间上下打穿

为什么会出现这种情况？我认为就是国内机构大量套保的出现，会把盈利空间的顶底打穿，相应那些投机套利的会在顶和底上止损。

因为这个套利不是完全无风险的，对于一些没有现货进口能力的企业是有风险的。就算是有现货进口能力的企业，在亏1 000元的时候去做正套，当它认为这个亏损额要变大，最终变成了现货进口，你说它是会认亏，还是真的会把这个现货进口进来？它肯定会认赔平仓。进口进来要亏这么多，盘面平也是亏这么多，但是进来要报关，从保证金制度变成实打实的交钱、交割、验货、找下家销售。那它为什么不在盘子上平掉认亏呢？所以它是会止损的。它一旦止损的话，就会把这个顶底打得更离谱。这就是为什么我以前做内外盘会做进去，拿着，享受波动，然后平出来。但是现在，我一年都不在里头，有一次机会出现，就集中精力做一次，一年做一回，做完之后半年都不再想。

其实我在等什么？就是在等这些人把顶和底打穿。比如，我认为顶部已经被打穿，锌的比价已经到了 8.2，现货进口锌一吨可以挣 800 元，基差也不错，国内锌升水，伦敦锌也远月升水，而且调期 10 天还占便宜，是可以做的。

七、跨市场套利风险

1. 政策风险

关税一旦改变，就会立刻产生风险。这就是我不愿意做棕榈油进口的原因。很多人问我：你怎么不做棕榈油的进口？你怎么不做白糖的进口？你怎么不做棉花的进口？因为政策风险无穷大。做棕榈油的进口，出口关税是马来西亚说了算，这个国家朝令夕改是有历史的。白糖和棉花内外盘套利能做吗？它们是配额制，配额内是一个关税，配额外又是另外一个关税，走私糖遍地都是。这两个是不能做的。

增值税的影响不大，因为增值税是不变的。而关税的影响大，一旦加关税，就意味着进口成本立刻变大。比如铜和锌的比价，锌有 1% 的关税，铜是零关税，所以铜的比价在 7.2 ~ 7.5 之间，锌的比价在 7.8 ~ 8 之间，差一个百分点。

2. 汇率风险

人民币短期大幅度地升值或贬值，也会产生巨大的风险。假设你是在汇率为 7.3 附近做的正套，汇率一旦拉到 7.45，亏 0.1 个比价，就相当于国内一吨铜亏 500 ~ 600 元。

3. 资金风险

因为是在做国内国外的市场，所以资金管理不到位的时候，某一边会被打爆。比如说买国外抛国内，暴跌导致国外没钱。国内赚了大量的钱，你没法跟国外的交易商说你有大量人民币，人家不会管你，掉头就把你的仓位砍掉了，刚砍完又大幅度反弹，国内砍还是不砍？所以，仓位太重的话，会导致被动退出。我的习惯是两边的头寸都不超过 60% 的风险度。

八、跨市场套利操作

知道了风险之后，我们要怎么应对这些风险。

第一，国内对于金属需求导致的进出口政策，是不会频繁发生改变的。比如，现在的进出口政策鼓励铜进口，所以铜的进口关税是零，铝也是零关税，锌的关税税率是 1%。不管什么品种，在进行进出口政策调整之前，通常会有各种各样的前兆，比如，天天提贸易摩擦的时候，就应该提防着点。

第二，在确定性不强的时候，我们使用人民币期货对冲汇率风险。

看不清楚人民币的汇率怎么变，那就用人民币期货对冲一下。比如，买伦敦铜抛国内铜，等于是在做一个进口。这个时候，我比较担心的是人民币贬值，如果人民币不贬反升，对我来讲就是超额利润。如果我对人民币判断很准，在人民币大概率升值的情况下，我也不会套保人民币，因为这是我的超额利润来源。

第三，资金管理。

我自己做，不会超过 60%，尤其是海外的仓位。海外的保证金低，所以仓位更要小一点。我的经验是：大多数时候，赢利都在国外。所以，一个好的内外盘套利交易员，总是人民币账户越亏越多，美元账户越赚越多。如果这个交易员大量的单子赔的都是美元，赚的都是人民币，那就是有问题的。

九、需要注意的几个问题

跨市场套利需要注意以下几个问题。

第一，两地资金平衡。

国外国内的资金比例搭配要平衡，如果有 500 万元资金，那么就把 200 万元放国外市场，300 万元放国内市场（2 ∶ 3）就够了。为了取得复利的收益，要不断地平滑市场的资金配比。国外赚钱赚多了，就让它回来点。

第二，由于大宗商品的定价权是在国外的，所以大部分时候你的盈利就是在国外的，所以你的资金回调一定要有保障。尤其是在国内单边亏损巨大的情况下，资金回不来非常麻烦。

第三，收益率回报非常不均衡。比如，有可能在短期内就产生 5% 以上的回报。看似年化非常厉害了，但其实根本做不到。所以对于收益率，应当算长期，基本上一年做得好的有 20% 的收益率，做得不好就是 10% 的收益率。

十、跨市场套利技巧

1. 长假双边锁

比如，判断春节期间会有大行情，那就在春节前买入卖出双向开仓，两边都做，既买又卖，只要不自成交就行。以铜为例，国内多头开仓 1 000 张，空头开仓 1 000 张，国外不做。在国内放长假的过程中，如果海外市场连续暴跌，机会就来了。国内开盘跌停板，就在跌停板上平多单。因为平仓盘优先成交，成交了 5 手，就买一张伦敦盘的多单。这样就从一个国内的双边对锁仓，变成了内外盘仓位，多单从国内挪到了伦敦，肯定占大便宜了。等于是内外盘套利，开仓的比价特别好。

那么，什么时候平仓？一旦国内的跌停板打开，两边平仓，一定赚大钱。不光铜，黄金、白银都可以这么做。这样操作，希望国内跌停板幅度越小越好。如果 1% 的跌停板，赚得更多；如果跌停板是 20%，机会就没了。通常情况下，国内休市 7 天，波动 10% 是很正常的，国内一开盘，4% 跌停，会很舒服。如果国内没有跌停板，没有涨停板，你的平仓盘优先的特色就体现不出来。

2. 追求基差做结构

追求基差做一些结构的东西，尤其是伦敦盘和美盘，还有国内盘的套利。如果国内盘贴水，伦敦盘升水，而且比价比较小，那就可以买国内抛国外，比价上不吃亏，基差上赚大钱。或者做伦敦盘和美盘套利，都可以。

3. 美精铜的特点

美精铜几乎都是升水铜，没有贴水铜，这跟它的交割地有关系。美精铜的交割库都在美国本土,所以美精铜几乎是月月升水的。如果伦敦盘和美盘有这样的基差机会，比如伦敦铜的调期是买单越来越便宜，而美精铜是两个月换月一次越来越贵，那就可以买伦敦铜抛美精铜。

4. 对大势的判断

当做内外盘套利时，我们对于大势要有一个判断。我刚才讲过，做这个套利的时候，盈利基本上都是在国外的。所以当比价较大，你买国外抛国内做正套的时候，盈利出现在国外，说明什么呢？说明应该看涨。所以，内外盘套利非常有经验的人会对价格的短期波动很敏感。比如锌跌到 1 600 点左右的时候，有人问我：怎么看锌？我说：这个比价我肯定不空，因为这个比价已经到了可以做正套的时候，至少伦敦盘我不敢空。这就是对大势有一个判断。有时候，长线判断可能没有那么准，但是短线却是很敏感的，因为这个比价有可能迅速就回来了。曾经有一次，伦敦锌一晚上涨了 11%，把比价直接从 8.0 左右收到了 7.7 左右，在 8.0 左右你去空它很危险，这个比价确实是令人不舒服的。这是对于大势的判断。

本章小结

金属跨市场套利总结

对于金属跨市场套利，我总结了以下几个特点。

第一，机会长期存在。我估计会一直到人民币外汇管制放开。

第二，盈利比较稳定。我估计最终可能会稳定到 10% 以内。

第三，对操作要求很高。这些要求包括：首先要有美元，其次还要有备用的美元，美元还要能随时回来。

第四，恰当的机会出重手。尤其是对于一些确定性机会，一定要勇敢做。

第五，在流动性上可以乐观一点。

第六，门槛高，对交易员要求高。

第十三章

如何做对冲交易

本章内容难度比较大，和之前讲到的直线型思考方式不同。我不能说我讲的就是答案，或者完全没有问题，它只是我的一种交易思路和思维，有的交易策略在当前的交易环境可能是对的，但时过境迁，也许就是错的，甚至是反的。因此在运用这些策略时大家要有所甄别，长期来讲肯定要形成自己的对冲交易理念。

第一节　对冲策略

一、对冲的意义

对冲最朴素的想法就是买一个卖一个，或者是买了一个资产，同时为了预防买这个资产的风险，去做其他的补救。对冲的主要意义就在于，冲掉一些无法规避或者很难规避掉的风险。

二、对冲的核心

对冲的方法有很多。比如可以买一个卖一个；比如买债卖股或者买债买股；再比如我买欧元同时也买美股，这可能也是对冲。这些交易的核心，都是为了构建一个可以覆盖大概率成功的交易组合。

三、对冲的方法

比如，当要做一个交易策略，我认为这个东西会涨，那么我肯定要买。但是，如果发生某种情况，它有可能会跌，而且大概率只有这种情况发生它才会跌，别的情况都不至于让它下跌。举个例子，如果我看好中国的股市，那么最简单的操作方式应该是买A股的股指，沪深300、中证500、上证50都可以。但是我比较担心美股暴跌导致全球金融系统危机，我认为只有这种因素才会导致A股暴跌。那么，我就应该买A股的指数同时抛美股的指数，这就是一个对冲。如果我判断香港市场崩溃会导致A股暴跌，那么我就应该买A股指数，同时抛港股指数。

所以对冲真正的核心都是为了在大概率成功的基础上做一个交易组合。这种交易组合未必是反向的，有可能是同向的。就像上面提到的，我可以买一个A资产，同时再买一个B资产，那么买B资产有可能对应了我买A资产价格下跌的条件。如果A资产价格下跌是由某一个事件引起的，这个事件也会导致B资产价格上涨，那我可能两个同时买，这也是对冲。比如，有一段时间我在做油粕比的时候发现，原来买油抛粕或者买粕抛油，一买一卖其实是单边，反而两个都是多单或者空单才是对冲。

1. 一篮子股票和大盘

比如，我看好10只股票，但是特别担心市场崩溃或者整个A股指数不行。比如说现在上证指数是5 000点或者是8 000点，这几只股票我仍然很看好，但怕今天的大盘不行。这时候我买了这10只股票，同时把股指抛上去，这就是最朴素的对冲。

这种对冲其实已经把一个相对收益做成了绝对收益。原来我仅仅追求的是跑赢大盘，但是现在我有做空大盘的工具，只要跑赢大盘它就变成了我的利润。

2. 豆油和豆粕

这其实属于商品，豆粕大概有 50% 是用在家禽饲料上，20% 用于喂猪。因为家禽的存栏相对比较稳定，补栏很快，所以我们认为影响豆粕需求的因素主要是猪。国内的豆油和豆粕主要靠从美国进口的豆子或者从阿根廷进口的豆子进行压榨，可以压榨出 18.8% 的豆油和 78.5% ~ 78.8% 的豆粕，剩下来的是杂质和水分。

通常情况下，如果美豆价格是恒定的，豆油与豆粕应该是一个涨一个跌，因为这牵涉到压榨厂的利润。当它觉得豆粕容易卖的时候，一定是玩命压榨卖豆粕，然后豆油就甩掉了。这样就会导致粕贵油便宜。反过来，豆粕不好卖，但是豆油好卖，就可能变成挺油的价格，粕就随便卖了。基于不同的情形，在交易上我们可能会选择买粕抛油或买油抛粕，这就是一种对冲的思路。

这种对冲的思路规避掉了什么呢？规避掉了美豆价格的涨跌。如果我只买豆油，那可能要担心美豆下跌，如果纯抛豆粕，也许会害怕美豆上涨，但是我既买油又买粕，只需要考量油和粕这两个产品在油厂的库存特点以及供求矛盾。如果豆粕严重供过于求，而油供不应求，就应该买油抛粕；反之，就应该倒着做。这是两个产成品之间的套利。

这种对冲交易在海外市场是非常多的，一会儿讲到产业链结构的时候，还会讲产业链流程中间的套利，这些都属于跨品种套利。在跨品种套利里，很多时候我们构建的并不是套利头寸，而是对冲头寸，后面再详细讲解。

第二节 如何对冲

我认为研究对冲或者进行对冲操作实践，主要精力应花在以下四个方面。

一、基于产业链研究的跨品种对冲和跨市场对冲交易

什么是产业链？比如炼制螺纹钢，主要需要两种原料：第一种是矿石，第二种是焦炭。焦炭从焦煤里面炼出来，和铁矿石一起变成粗钢，然后到钢坯，然后到螺纹。这就是一条产业链。

再复杂一点，比如，全球现在最大的产业链是化工。从源头的原油、石脑油、PX（对二甲苯），然后到PTA（精对苯二甲酸），这是一个链条。从原油到石油石化是一个链条，变成塑料，然后变成PP（聚苯乙烯），这又是一个链条。这些是在同一产业链的跨品种对种。

跨市场对冲，比如棉花，我们从最源头的棉花到棉花贸易企业、加工企业，一直到纺织企业、成衣企业，最终到消费端，这也是一条产业链条，从商品期货跨越到了A股市场。这些产业链的每个环节,我们都可以找到相应的商品期货品种或者上市公司,比如七匹狼、鲁泰A等。

这是我们研究对冲交易的第一部分，基于产业链研究的跨品种对冲和跨市场对冲交易。比如，买美豆同时抛国内豆油豆粕，可能我会做得更复杂一些，豆油和棕榈油两个混着来，或者再加上国产的菜油菜粕，更夸张一点，我可能还搭配着高粱、油菜籽、小麦、玉米，等等，这样牵涉到的品种更多了。不管怎么样，我们追求的

都是在一个大产业链下去研究跨品种及跨市场对冲。

二、基于宏观逻辑的一些对冲策略

这一部分需要交易员具备大局观和敏感性，本章第四节重点介绍。

三、基于国际资本流动的一些全球市场机会

这是近几年我们应该倾注更多心血研究的，尤其是在美元变动周期与国际资本流动周期比较频繁的时间节点上。资本到底是从哪里往哪里流动？全世界现金流的方向是怎么走的？比如，全世界的现金流可能没有很明显的趋势，但是局部地区是否有现金流的矛盾？比如，2012 年安倍上台后，日本央行选择超预期的宽松，安倍三支箭，导致美元兑日元的汇率从 80 多直接飙到了 100。在外汇市场上，短期出现 20% 以上的涨幅，如果你只做美元兑日元，可能未必稳妥。这其实就是国际资本流动的一些全球市场机会。

四、大类市场配置

在市场配置上，我们有时候会根据不同的周期做不同的考虑。比如，我现在是不是应该买股票卖债券？把债券的久期配成负的？美国的“债王”格罗斯 2015 年曾发表过一个观点，说自己现在的美债久期是负的。什么意思？俄罗斯是净空头头寸，等于是在做空美债。买股票抛债券，意味着它认为“美林时钟”正在从衰退期往复苏期走。

做这些对冲，我们主要的目的是获得超越配置的收益。做了这么多年交易，我认为真正的赚钱不是在单一市场里面去赚跑过市场

的钱，而是在配置上赚钱。比如说过去十几年我的配置在房地产市场，那么从 2014 年开始，我的配置全部挪到了股市，可能再过个 3 年或者 5 年，我又把我的一大部分资产挪到了商品市场。在这些大类市场配置里面，我获得的超额收益，可能比我单纯在某一个市场获得的超额收益要多得多。

第三节 产业链研究和跨品种对冲

一、商品期货产业链研究方法

很多人问我，你这些交易思路都是从哪里来的？你从哪里找来各个产业各个行业的资料？那我现在就给大家讲讲这方面的内容。

1. 多学习交易所的公开资料

首先，去各大交易所网站找各种各样的公开资料。这是我们研究产业的第一步。比如焦炭或者焦煤的上市资料，80 多页的 PDF 文档，过去三五年的一些行业细节以及之前二三十年的行业发展和今后三五年的行业前瞻都放在里面。交割知识、产地、物流、基本的供求情况等全部有很详细的介绍。

2. 产业链结构特点

其次，研究整个产业链的结构特点。

比如你研究黑色商品，那就要研究从焦煤到焦炭是怎样的生产工艺；铁矿石跟焦炭一起变成粗钢又是怎样的工艺；从粗钢到钢坯是什么工艺；从钢坯到螺纹钢是什么样的加工过程。能把这些东西理解清楚，最起码你对这个产业链的情况已经有所了解。

在了解整个生产分工情况的时候，你也能够感受到，在这个产业链里哪家公司或者哪个环节是有话语权的。比如，锂电池的产业链从哪里找？你先去网上查锂电池怎么做出来的，然后从锂矿一路就能找到最后的锂电池应用。中间有哪几个环节？最后应用在哪儿？短板在哪儿？这些你都可以在网上找到答案。关键是要有这个思路，努力去搜索和学习整理。这些资料都是公开的，实在不行，找券商的研究报告也可以。

3. 工艺和贸易流程

最后一个就是工艺和贸易流程，重点是贸易流程。

在贸易流程里面，我们应该关注它是不是进口的；有没有进口贸易关税的情况，海外产地的情况，包括一些其他细节的东西，我们都要逐一去研究。

当你把这三大类都搞清楚之后，如果还想深入地去理解一个产业链，我的建议是去跟现货企业聊一聊。比如，原来我对热镀锌完全不了解。我有一个朋友，他是做热镀锌自动化仪器控制设备的，我就找他聊了几次。热镀锌下游情况怎么样？上游情况怎么样？今年你们的软件卖得怎么样？维护得怎么样？愿意跟 80 后打交道还是愿意跟 60 后打交道？问了这一大圈之后，我对整个热镀锌行业就会有一个比较深的了解。基于这些认识我就知道了：为什么铁塔股份之前业绩是那样的，后续热镀锌的亮点在哪里，到底是在高速上，在特高压的电架上，还是船或者汽车上。这是我们对产业链研究的基本方式和方法。

二、产业链逻辑框架构建

当理清楚整个产业链的结构之后，我们在整个产业链的逻辑框架里，就可以找到相应的交易逻辑。这里举最简单的两个例子。

1. 产业链间利润的转移

我们拿钢产业举例。

从 2002 年开始的波澜壮阔的炼钢大发展，其实伴随着我国固定资产投资增速的急速上行。在 2002 年之前，铁矿石的价格是十几美元一吨，而当时螺纹钢的价格是多少呢？是 4 000 元左右一吨。2015 年是什么情况？ 2015 年，铁矿石的价格是 40 美元一吨，而螺纹钢的价格 1 700 元一吨。2012 年螺纹钢每吨价格从 3 400 元涨到 4 000 元，焦炭的价格是 2 000 元一吨。2015 年螺纹钢每吨价格是 1 700 元，焦炭每吨价格只有 600 多元，焦煤只有 500 元。这就是产业链各个环节之间利润在发生转移。

2000 年之前，黑色产业链利润点在钢厂，当时的说法是一个月再挣一个小钢厂。但是随着时间的推移，钢厂的利润跑到了矿山。铁矿石最贵的时候，从原来的十几美元卖到 180 ~ 200 美元一吨。2008 年市场暴跌，后来弹上去，2015 年又杀回到 40 美元。即便杀到 40 美元，整个产业链里的利润谁占大头？还是矿山。

一开始的时候，利润在钢厂，在焦化厂，后来利润在煤炭企业，现在利润又回归到了矿山。一个夕阳产业所有的环节都在去产能，都在去利润的过程中，最后一定是这个产业链的所有环节，即便是最强势的利润部门都开始赔钱。

2015 年左右矿山的成本，FMG（第四大矿山）基本上是 30 美元多一点，当时可能是跌到 30 多美元的时候确实跌不动了，但是也有可能会短暂地跌破这个成本价。如果我们当时认为黑色链条里面的利润是从矿山向钢厂转移，那么就应该去买钢厂的股票，同时去抛铁矿石的股票。

钢厂的利润产生有两种情况：一种情况是产成品在涨价，铁矿石也在涨价，但是产成品比铁矿石涨得快；第二种是铁矿石价格在下跌，产成品的价格下跌得少。那么这两种情况下我们都应该买螺纹钢抛铁矿石。但是如果我们认为钢厂的利润会被挤压，钢厂利润会回到矿山，那么就应该买铁矿石抛螺纹钢。我们应该随着产业链里面利润的转移，构建相应的对冲头寸。

2. 贸易融资对进口大宗商品的影响

再举一个例子，贸易融资对进口大宗商品的影响。先说什么是贸易融资。我进口一个商品到国内来卖，那么我怎么进口这个东西呢？有可能是进口原材料，有可能通过转口贸易。不管是哪种，我去购买海外商品的时候，有一种购买方式是我从银行申请信用证，银行帮我把美元付掉，半年之后我还给银行美元。我把这些商品进口之后，加工完卖掉，我获取的是加工的利润和本金的收益。我可能两个星期就能够把东西都卖掉，这样一来我手上就多了一笔钱，这笔钱我半年以后才需要以美元的形式还给银行，那么这时候我就可以把这笔钱存到银行买个理财产品。如果理财产品的利息很高，比如说半年期的年化收益率是 6%，同时我在海外美元贷款的利息很低，比如只有 1%，那么我这半年兜一圈就能挣 2.5%。如果我进口一吨 5 万元的商品，我的亏损在 1 250 元以内（5 万元亏 2.5% 的话是亏 1 250 元），而我现在进口一吨只亏 400 元，那我也是愿意做的。兜了一圈，我一边可以获得 1 250 元（理财收益），一边只亏损 400 元（进口损失）。这个其实就是贸易融资对大宗商品的影响。

一旦我认为融资贸易有比较大的利差的时候，那我就倾向于做这样的融资贸易。融资贸易的亏损有可能是没底的。为什么呢？因为我为了让自己的钱转起来，能够承受的亏损可能很大。举个例子，有一家房地产企业，现在急需用钱，眼下去借贷的话，可能一个月需要支付 6% 的利息。但是如果通过这种贸易公司，借用它们开信用证的资质，让它们帮忙把商品点进来卖掉。借贷每个月 6%，房地产公司给贸易公司 3%，那贸易公司愿不愿意做？如果这些贸易企业评估下来，觉得这个房地产企业没有破产的风险，是愿意去做这样的事情的。在这样的情况下，亏损就能亏到一个月 3%，那么转一圈，折到 6 个月去是多少？都亏 18% 了！如果是一个 5 万元的商品，18% 相当于你可以亏 9 000 元，就算你挣一半的钱，净亏 4 500 元你也是愿意的。

这就是为什么有时候进口一吨铜都已经亏到 4 500 元了，还有人在做进口。这是融资贸易对大宗商品的影响。

一般融资贸易国内做得最多的就是铜（融资铜），铁矿石也有人做。但是铁矿石的问题在于仓储有点贵，而且堆场比较大。不像铜，单价高、密度大、堆起来不占地方。融资铜另外的优势是贸易流程很成熟，套保、点价、贸易、物流都很简单。另外，海外的铜到国内就能用。伦敦铜和上海铜互认，直接拉去交割都是没问题的。我不知道大家见没见过标准的铜，商品期货交割的铜我第一次见也挺震撼的，大家有兴趣可以查一下图片，很壮观。

这也是我们交易的一个逻辑框架。当我认为融资需求在中国死灰复燃的时候，我应该倾向于买进口铜，抛国内铜。当我觉得人民币要升值的时候，应该怎么办？我也应该倾向于做这个交易，买国外的铜再到国内去卖。大家可以再去想想刚才我说的融资贸易的流程，如果在这个过程中，人民币还升值了，你是不是更应该做呢？最初你借的是美元的债，人民币这 6 个月升值的，是不是额外给予的利润？这就是融资贸易在人民币长期慢牛升值的过程中，一步一步得到强化，有那么多人做的另外一个原因。

总结一下：一方面，我们确实有融资需求，银行解决不了；另一方面，在人民币长期缓慢升值的过程中做这样的融资贸易，本身就会给予人民币升值的额外利润。

三、工业品的现状和未来

我认为目前的产业链在各个环节都比较差，尤其是工业品，包括农产品其实也不好。工业品主要有以下几个因素和特点。

1. 供给侧改革

这是我国经济增长方式的一个转折点，对于原材料类商品来讲，面临着长期需求动力不足。我们拿铜来举例子，铜是原材料，所有的商品都在去产能，用原材料的人就少了。所以对于大多数的商品，供给侧的改革都将是向下的。

如果市场做空的预期非常一致，这种一致会有两种现象产生：第一是加速下跌，镍是典型，2015 年某段时间下跌速度非常快；第二是一旦反抽波动率特别大，2015 年 11 月 20 日晚上的锌是典型，最多的时候外盘锌涨了 70 多美元，从 1 400 多点弹到了 1 600 多点，当天的波动幅度非常大。作为商品这样的波动幅度非常可怕，只要弹 8% 很多人就爆仓了。

2. 并非一蹴而就

我的感受是，所有的去产能不可能一蹴而就。我了解到很多企业都在熬，多数的实体企业还没有放弃幻想，都在等翻身的机会，觉得只要能熬过去就能好很多。因此真正的去产能其实是一件很困难的事情。

3. 产成品需求特点

我现在比较关注产成品的需求。如果产成品的需求很差，那么整个产业链其实没有做对冲的土壤，在这样的行情里去追空甚至大仓位的追空是很难赚到钱的。首先，高位的单子不多，持仓就很慌；其次，它的反弹有可能非常剧烈。比如锌为何弹成那个样子？就是因为冶炼厂表示要限产 30%。于是锌就涨起来了，这就是囚徒困境。那么，对此我们要看它下游的产成品到底有没有什么需求上的亮点，如果它的产成品需求非常刚性，也就是说它产成品的价格是下不来的，原材料暴跌对它而言就是超级利好。比如，一些化工企业、印染行业，原材料价格在大幅度地下降，但是它的产成品需求是刚性的。这些内容我们一定要花精力去关注和研究。

4. 投机过度的标志

市场也许会投机过度。去产能不是一蹴而就的，比如说本来去产能要搞 5 年，结果两个月内投机品的价格预期就已经打到了 5 年以后的价位上，那今后 5 年就躺着吗？这是不可能的。举个例子，假如我看到 5 年之后商品上国内铜的价格是 30 000 元，那你觉得我现在就把铜做到 30 000 元对吗？这是不现实的，不能指望 5 年中这个价格一点波动都没有，如果 5 年后是 30 000 元，那么中间一定会有低于 30 000 元的时候，也一定有弹起来高于 30 000 元的时候。

那么，投机过度的标志是什么？如果现有企业的全流程生产成本，在这个价位上不可能维持，那么这个价格一定就已经投机过度了。那我们现在就去考量，哪些东西是投机过度，哪些东西还没有投机过度？比如，我们去考量 2015 年的铁矿石，大家觉得过度了吗？当时铁矿石的成本是 40 美元左右，FMG 的成本在 30 多美元，打到这个位置其实大家都不挣钱了，那可能它就无法长期持续，产能自然要削减。如果此时就已经把它做到 30 美元了，那这个位置一定过火了，这就是过度。包括焦煤，当时曾有人说焦煤要被打到 460 元，全中国 2015 年 1 月是没有一吨焦煤的价格是这样的，如果打到这个位置一定是过度了。

5. 对产业未来的思考

2015 年的时候，我认为工业品在此后的两三年几乎没有亮点，可能会有反弹。原先我的判断一直都是 L 形平的，逻辑就在于需求端是没有亮点的。供应端是在一轮一轮地削减产能，这样就导致了 L 形的形态。本来以为能稳住然后阴跌，后来看后边可能还会继续下探，所以我后来肯定不愿意去空，它弹几天才能再去空。

这是对于整个市场中关于产业链上的一些想法，可能对于工业品来讲，逢高空暂时还是对的。原来不敢逢高空或者说原来认为逢高空是错的，是担心局部的刺激导致整个商品市场有一个巨幅的反弹。现在看，反弹来源已经不可能从刺激端产生，只能是跌多了再弹。所以就要看这个品种的弹性到底有多好，跌多了让它自然弹。这个时候我们就不需要去考虑政策的问题，而是直接去看图操作。在图形上，可能反弹的幅度、支撑、压力位等更简单一点。

四、跨品种对冲核心

我们在做跨品种对冲的时候需要注意以下几个问题。

1. 因果关系前后唯一

跨品种对冲的因果关系应该前后唯一。比如，我是做大钢厂利润的，那就应该买螺纹钢抛矿石。当发现钢厂的利润没有扩大，反而在缩窄，那我买螺纹钢抛矿石这个头寸就应该获利了结。我们跨品种对冲的时候，它短期的逻辑关系应该是唯一的。也就是说，影响头寸的因素应该是唯一的，最多一个主要矛盾，一个次要矛盾，你要做的这个逻辑应该是主要矛盾。不能够很多因素在影响这个比价关系，你交易的那个逻辑却是一个次要因素，这是不对的。

2. 政策风险的预防

举个例子，比如又印钞了，又来个 4 万亿元的刺激，这就是政策的风险。我们要不要去提前预防？这种我们应该怎么预防呢？其实也很简单，比如我做个买螺抛矿的商品，同时再做多股指，或者干脆买股指抛商品。这已经变成一个战略配置的问题了。

3. 尽可能地把各类信息列表

尽可能地把各类信息要素列一个表：什么时候会发生什么事情，为什么要这么做？这叫推演，也叫逻辑链构建之后的演绎。你在脑子里进行列表，或者把它写下来，当遇到这种因素会发生什么样的情况？发生了这种情况之后，要选哪个选项？如果什么都没发生，会产生什么问题？然后继续再往下推演。信息列表是为逻辑推演做准备的，也有人管这个叫沙盘。我经常举这个例子，这就相当于一张平着的渔网，我手捏其中的一个节点，把它拎起来，别的网格都在跟着变化，我拎起来之后的形状，是一个由近到远蔓延的过程。在蔓延的过程中，可能会有一些新的交易逻辑产生，然后你再去评估这些新的交易逻辑是不是有交易价值。

4.停损和时机

如果我们做进去，发现这个逻辑不对，或者说逻辑对了但是没有效果，那我们就需要停损。同样，我们做进去的时候也需要时机，做进去先套半年和做进去就赚肯定不一样。

第四节　宏观逻辑和其他对冲策略

一、宏观逻辑构建

前面讲的都是产业链的问题，下面介绍基于宏观逻辑的一些其他对冲策略。

1. 敏感度培养

当你听到一个新闻，观察到一个现象之后，你的第一反应应该是在交易上出现这种情况怎么办？举个例子，巴黎发生爆炸了。你们第一反应是什么？很多人是安防，对不对？肯定是对的。那选什么样的公司呢？有没有想过，去研究一下巴黎摄像头用的是哪里的，有没有国内制造的。这其实就是一种敏感度。

也许你研究下来发现巴黎不用摄像头，那说不定对国内的一些摄像头出口企业是好事。或者你研究发现巴黎的摄像头已经用满了，而且用的全是国外的品牌，那也没关系，我们顶多做了一项没有意义的工作而已。但是我们毕竟去抓了这个机会，有这个敏感度。

敏感度的培养，需要日积月累。像我带的学生，他们最大的收获其实应该就是敏感度的培养。日常生活中，可能我给他们一个指点，他们的敏感度立刻就起来了。比如：泰国一发洪灾，他们就去做多橡胶了；澳大利亚一刮台风，他们就去做多铁矿石了；智利地震，赶紧买了 200 张铜合约。这就属于敏感度，可能他们做这个东西，情绪上发泄一两分钟就平了，后面刚反应的人，追进去做多的时候，他们已经走了。靠一个新手自己去琢磨这个太难了，可能需要大量阅读和思考，远不如跟一些交易老手来得快。因为老手们见多识广，以前遇到过这种情况，有经验。敏感度与逻辑构建、对冲头寸构建是没有任何关系的。它只是一种基础性的工作。

2.大局观培养

比如说中国人口结构拐点产生，会带动房地产市场新开工面积下来，然后整个去产能开始产生，而人们的消费能力又在日益提升，这就导致我们对于一些进口商品的需求会特别热，那么有没有想过去买新西兰纽币抛澳大利亚澳元呢？在2012—2013年，可以买纽币抛澳币，现在是不是仍然可以这么做？或许现在这样操作就有问题，虽然新西兰纽币便宜了，但之前有一阵子纽币比澳元都要贵，这在两国历史都是很少见的。这是一个宏观上的例子。

还有一个例子是我经常说的美豆和玉米，美豆和玉米比价高的时候在3，低的时候在1.7～1.8，波动非常大。如果今年美豆赚钱，明年农民更愿意种豆子，两年之后豆子过剩了，那明年我就可以抛美豆买玉米，因为玉米的供应少了。

这就是宏观逻辑。所有的这些逻辑，其实都有内在的原因。不需要它最终一定会发生，只要市场预期它会发生，在预期发生的这个过程中，我走一段就行了。这里就会有一个问题，你到底是要做一个追随者，市场刚刚开始谈论的时候就做？还是做一个引导者？这要看你的交易风格。你愿意做一个引导者，其实你是在做左侧；你愿意做一个追随者，你是在做右侧。这是宏观逻辑构建的一种思考方式。

二、宏观逻辑操作要领

宏观逻辑的操作要领，我总结了以下三句话。

第一，做多有益的，做空不利的。

第二，做多政府鼓励的，做空政府限制的。

第三，做多供应少的，做空供应大的。

三、事件驱动

很大程度上，宏观逻辑其实就是在做事件驱动。

1. 二分法

当发生一个事件之后，你把这个事件的因素分成两大类：一个是对该事件起正面作用的因素；一个是对该事件起负面作用的因素。买正面的抛负面的就可以了。任何一个事件我们都可以应用简单的二分法。

2. 将谈未谈

那么，用什么样的方法去抓这个时机？你进去太早，也许时机不对，你的头寸可能在不利的方向会走得很远。你刚走了，它又回来了，这个很痛苦。这个时机如何把握？其实就是在大家将谈未谈的时候你去做。那么，怎么去发掘刚刚有人谈论的时间点呢？这需要一个契机。什么样的契机？比如做多鼓励的，做空限制的，那不就是冬季雾霾吗？当出现雾霾的时候才做，没来雾霾就别做。万一今年没雾霾，这事就不谈了，有了雾霾我再做，这就是契机。

3. 活用列表

其次，看列表。比如开气候大会，这里就会有一个谈论的问题。你想想看，2014 年全世界气候大会的时候，是连篇累牍的报道。这个东西有时候是看灵感，关键是你自己要真正做好准备。比如每个月初把这些开会的日程都做一下列表，你都能想到那天的新闻应该是什么样。巴黎气候大会，是不是新闻肯定会报道？这跟当时炒地图是一个道理，只是现在炒时间表。这些其实不难，关键是你要用心。这其实就是事件驱动。

但是这种驱动，你要分清楚，要有大局观。像巴黎气候大会肯定是件大事。如果是一个与机器人相关的会就是件小事，小事的话可能就那么一天，甚至连表现都不表现。你自己要人为地去标记一下。比如说连着 3 天全是这个大会，那你就要给这个题材打 5 颗星，这个题材一定要强烈关注；如果就那么一点点，那你就打 1 颗星，能做就做，不能做拉倒。甚至如果是一个下降行业的东西，它只是往上拱了一下，这反而是个空的机会。比如有色金属年会，你现在看这个点，有色金属年会一定是哭穷，号召减产，大家抱团取暖。开这个会之前，你先平空单。开会的时候放消息出来：我们抱团取暖。一下弹很高，你再空回来就行。其实这已经不是沙盘推演了，而是单纯地去研究各种信息，以及怎么去用这些信息。但实际上，如果去推演的话，可能要比这个复杂得多，这只是宏观逻辑上的一些要领和方法。

四、逻辑蔓延和逻辑推演

1. 逻辑蔓延

什么是逻辑蔓延？我有一个主线的逻辑，当把它拎起来的时候，随着这个逻辑的深入，会有一系列分支的逻辑变化，有一些必然结果将会出现。这就是逻辑蔓延推演，在逻辑蔓延推演过程中，你会发现很多操作依据和需要规避的节点。

2. A股的推演

2014 年年末的时候，我和一位朋友聊天。我们认为牛市可能马上就会来，主要的驱动力有三个：第一，无风险利率下行；第二，大类资产配置转向；第三，市场本身比较便宜。这三个主线逻辑最终产生，让市场上涨，一定会有一个标志。那么，我当时考虑的就是这个标志是什么？换句话讲，钱来了的标志是什么？

在这三个主线逻辑里，二三点不是最关键的。因为市场已经便宜很多年了，而大类资产配置转向，一定是市场表现之后才有，不会在一潭死水的时候发生。唯一的一个因素就是无风险利率下行。当降息的时候，就是无风险利率下行。那么，降息就是牛市开枪的那一下。结果，2014 年 11 月 21 日宣布降息，大家去翻当时的 K 线图，看看降息之后，第一天的走势是什么样子。这是推演的第一步。

随着行情走，这位朋友问我："牛市来了应该买什么？"我就想，上一轮牛市来了，买什么？买券商嘛。上一轮牛市只有一家券商中信证券，后来海通证券才来。那这一轮牛市券商很多，券商股的涨跌明显分化，涨得最凶的是华泰证券，涨得最少的是中信证券。他问我："你怎么看券商股的分化？"我的看法是，如果是结构性行情，小券商的弹性肯定好，大券商的弹性肯定不好，如果是大牛市来了，涨幅应该一样。他很机灵，立刻把他的小券商全部换成了中信证券。

A 股后来变成什么样了？ A 股从那个时候开始进入了融资时代，大量地上杠杆，所以这个牛市一定会特别快，迅速起来，高位震荡剧烈。一直推演到 2015 年 1 月 19 日，券商降两融杠杆查两融，一下全部跌停板。

这是要干什么？最主流的板块被摁倒了。它们被摁倒了之后，应该怎么去考虑这个问题？这位朋友给我打电话说："券商大旗倒了，我们应该选什么？"我说我也不知道。但是依据我的经验，我又跟他说："现在肯定是调整了，春节之后一定会有一波更凶的行情。"他问我为什么？我说中国人春节喜欢串门，春节之后大部分人都有钱了，因为赚钱效应，这批钱春节之后是会跑步进场的。后来我们看到春节之后指数起来了。这是我们用逻辑蔓延去推演 A 股整个牛市的进程。

3. 港股的推演

我之前跟大家说过好多次港股。港股是跟着 A 股涨，跟着美股跌的。美股一说要加息，这边立刻就下跌。美元如果加息的话，港币怎么办？这是两难选择。实际上这就是为什么现在港股市场最便宜的原因。

4. 商品的推演

逻辑蔓延的过程，不仅仅集中在金融衍生品市场。对于一些商品，我们的一些逻辑蔓延可能会更有意思一点。比如我们继续去考虑刚才说的去产能问题。去产能去到一定程度的时候，比如到全市场都认为去产能的时候，我们一定是认为远期升水的，远期的价格一定会升高。

为什么呢？因为现在产能大，将来产能小，所以将来的价格一定比现在价格高。那如果现在还有一些商品的品种，是远期平水或者是远期贴水，我们是不是就应该关注？比如说，铁矿石 1 月和 5 月合约的价差还是 1 月合约高，5 月合约低，那么，如果我判断铁矿石的去产能会在 2016 年的 5 月之前进入大规模的阶段，那么 5 月和 9 月合约的价差就应该倒过来，应该 9 月合约高，5 月合约低。如果 2015 年 5 月合约对 9 月合约还是贴水的，那我当时就应该买 9 月合约抛 5 月合约。当时，微博上已经有人着急去做螺纹钢的 1 月和5月合约的反套，这也许是对的。他做1月和5月合约反套的逻辑就是1月之前，螺纹是不太会有大规模的去产能情况，而在1月和5月之间会有去产能。

这是推演去产能，我们从结构上已经推演完，那可以再去推各个品种。焦炭是不是也应该这样？焦炭如果去产能，前面去得比较彻底，也许5月和9月的焦炭也应该摆上来。所有的商品，在2016年的5月之前，哪个去产能的节奏会比较慢？哪个会比较快？快的那个可能早摆上来，慢的那个，一定是晚摆上来。从逻辑上讲，应该是越靠近消费端越容易去产能，越靠近原材料端越难去产能。因为它毕竟成本低，或者说是成本控制最好的那个商品，它的去产能一定是最慢的，还没有到亏损的边缘。而现在已经亏损的这些商品，反而去产能会比较快。你也可以用铁矿石的正套去覆盖螺纹钢的反套，或者是用铜的正套去覆盖螺纹钢的反套，来规避去产能不彻底或者去产能缓慢的风险。你用一个套利头寸去对冲另外一个套利头寸，也是可以的。这其实都是逻辑在蔓延。

5. 不在于结论，而在于推演的过程

其实大多数时候我们不用在意推演的结论，而要在意这个过程。关键是你要学会自己去推演、去分析、去修正，然后在实践中去运用。能够有一两次用到，你就会发现这个东西是无价之宝，会让你非常振奋。

逻辑推演这部分，没有什么更好的办法，我只能不断地举例子。然后，我们可以拿现在的一个现象或者现在的一个思路一直往后去考察。但是大家问这种能力怎么培养？这个只能靠坚持不懈地去训练，从交易敏感度上开始下功夫，然后一直到这种逻辑推演。多想

想总是好的，大多数人交易做不好的原因是：做得太多，想得太少；想得太多，总结得太少；总结得太多，改正得太少。你要把这几个太多太少都改好了，肯定没问题。

第五节　国际资本流动

一、美元周期

美元周期几乎是人人都在谈论的一个问题。从 2000 年互联网泡沫结束到 2008 年，这是一个长周期。从 2008 年金融危机，美联储把美元利率降低到接近零的位置，已经维持了很多年。在这个过程中美联储一直在实行一些宽松的政策，而美联储仅仅是把宽松的“笼头拧住”，虽然把放水的开关拧住了，但是它还没有收水，没有把水抽走。从升息到降息，然后再到升息，历次的美元周期都伴随着剧烈的全球资本流动。

我的观点是：美联储制定所有政策的考量目标只有一个，就是对美国经济有益。它的思维方式是这样的：如果对中国不利，我要不要做？首先我要看这件事情对中国不利了之后，中国的反应会不会对我不利？如果对我不利，那我要衡量一下这个不利到底能不能接受：如果可以接受，那我就做；如果不能接受，那我就不做。

我的判断是：整个国际资本在美元周期的初期一定是回流美国的，美国这轮的美元周期必然会伴随着降杠杆。上杠杆的过程是全球撒美元的过程；收杠杆是倒过来，全球的美元重新回到美国，美联储的资产负债表缩表的一个过程。

在这个过程里可能存在着一个资本流动，资本可能从新兴市场往美国市场流，从非美地区流向美国地区。那么，资本流入美国之后去干什么？是去拆杠杆，而不是回流实体企业。美国的上市公司再投资的欲望其实是很低的，它们在派红利回购股票。这是整个美元周期和资本流动问题。

二、欧洲困局

欧洲的困局体现在两个方面：一个是高失业率，像希腊高达50%的失业率；第二个是发展太不均衡了，整个欧洲的发展，领头羊是德国，几乎是德国一家托全欧洲。为什么德国人愿意托着，那是因为德国制造在欧洲倾销。

面对整个欧洲的困局，欧洲央行其实没有过多的选择去应对，它只能印钞去刺激。包括希腊，它是一定要救助的。欧洲的任何一个欧盟国家，它都要去救助。虽然它说退出也是选项之一，但这都是假的。你看看那些港口和地理位置，就知道它不可能不要这些国家。所以整个欧洲现在面临的问题就是宽松。只要宽松，欧洲就源源不断地在吐钱。

在这种情况下，去空欧洲的股指肯定没有去空它的货币好。空货币一定是性价比最高的。空欧元空到股市出现明显泡沫，然后就是所谓的滞胀情况，通胀上来了，资产价格还在上边，但是实体企业还是不行，失业率还是高，出现金融危机的时候，可以继续空货币，同时还可以再把它的指数给空上。这就是欧洲的困局。

欧洲现在是不敢紧缩，也没有任何紧缩的必要。但是这些宽松政策始终刺激不到真正的实体，为什么？因为欧洲的福利太好了，我们在那个福利状态下也不愿意干活。只要你不断地印钞，通胀一定会出现。

这是欧洲的问题。那么相应来讲，欧元更多地承担了一个融出货币的角色。欧元在这样宽松的环境里面，利息很低甚至是零利率、负利率，就没有用了。没用怎么办？还是要从银行体系吐那么多货币出来，有人就去借银行的欧元换成美元，然后把美元存在银行，有息差；不存到银行，就拿美元去买美国资产。所以我们可以看到德拉吉在2015年10月说：我要更加扩大我的宽松规模。按照他的想法会出现什么情况？只要是欧洲开盘时段，美股的表现都很好。为什么？就是因为很多大银行借了欧元，然后把欧元换成美元去购买美国资产，这其实就是全球的国际资本在流动。欧元是融出的一方，借了欧元换成美元。长期这么看的话，你说欧元与美元的汇率会到哪儿？肯定会往下走，欧元的汇率一定会下去。这也是从2014年开始,欧元兑美元从1.4跌到1.0的主要原因。它的钱没有地方去，只能以这样的一种形式进行国际资本流动。

三、中国参与的亚洲新秩序

国际资本流动比较关键的就是中国参与的亚洲新秩序。过去东盟各国大都是美国的盟国，美元一加息，这些钱有可能都会从这些国家走掉，回到美国。

四、国际资本流动的核心

所有这些国际资本流动的核心其实都是一个——投资回报率。为什么钱愿意从马来西亚回到美国去？或者愿意从欧洲跑到美国去？因为美国的投资回报率在往上走，而欧洲的投资回报率还维持着极低的水平，甚至是在往下走。这就是我之前考虑的问题，就是说可以把标准普尔的空单，换成空这些新兴市场，或者空欧元的头寸，这其实也是一种交易的思路。

五、资本配置种类和周期

1. 配置的角度

大类的配置就是股票、债券、大宗商品、外汇和房地产这几类。那么在配置的周期上，一定要再去回顾一下美林周期。眼下我们处在一个什么样的周期？如果眼下我们处在一个通缩周期，从通缩往复苏这个路上走。这个时候其实是应该配股票的，因为债券的表现已经快完了，整个通缩的过程就是债券表现的过程。我们既然已经从通缩过程往复苏过程上去，那么我们肯定是在买股跟卖债的这个角落。

2.大宗商品

关于大宗商品，在通缩的末端肯定会有一个非常剧烈的下杀。这个下杀其实就是所谓的加速下跌。

3. 外汇

可能很多人觉得人民币的外汇不行，要去换成美元。但是我还是比较相信我们央行的操控能力。

4. 房地产

房地产过去10年都处于黄金发展时期，三四线城市已经开始去库存。只有北上广深，大概还是会表现不错的。对于配置，我们的大局观要更好一点，因为它体现在很多地方，配置对了会事半功倍。

本章小结

对冲的本质

有关对冲的本质，我总结了以下几点。

第一，对冲交易的专业性比较高，策略性比较强。与之相应的是，对于交易员综合能力的要求也比较高，所以大家在操作的时候要谨慎，关键是要学。

第二，不要为了对冲而对冲。

第三，所有对冲的本质都在于买强抛弱。所以对于强与弱在盘子上的表现，在技术图形上的表现，大家还是要下点功夫，要学会买强抛弱。

第四，逻辑链条的构建，需要长期不断地学习、完善和积累。

第十四章
如何走上交易之路

第一节 情绪和梦想

一、事实和数据，情绪和梦想

> 人们若是只想把股票变动与商业统计挂钩，而忽略股票运行中的强大想象因素，一定会遭遇灾难，因为他们的判断仍是基于事实和数据这两个基本维度，而他们参与的这场游戏却是在情绪的第三维和梦想的第四维上展开的。

这是《对冲基金风云录》[①]里的话，我第一次看到这段话的时候，感受不是很深。一直到2007年的泡沫破灭之后，重新读这本书的时候，我觉得这段话写得太好了。因为许多人在股票上遭受损失，基本上都是由于判断的依据是事实和数据，输在了情绪和梦想上。我们以前一直在说，在市场上，如果能够学会利用人的情绪，哪怕仅仅是学会了识别情绪，就可以躲过很多灾难并赚很多钱。如果可以利用这些情绪，那这个市场基本上就是提款机。如果学会把人群从一边赶到另一边去，利用他们的情绪这么做，那真的是有赚不完的钱。

很多时候，我们很奇怪：为什么有些股票质地很好，前景也非常好，但就是不涨；而有些个股，比如特力A，就能一飞冲天，然后从上面到下面像过山车一样来回三四遍。如果你2015年一年都持

① 《对冲基金风云录》中文版由中信出版社出版。——编者注

有特力 A，并猜对每个高点和低点，估计至少赚 15 倍以上。市场上会有这种情况，这其实也是因为情绪的第三维和梦想的第四维。

很多年前，我还在证券公司上班的时候，曾经接待过一个客户，他和老伴都是高级知识分子，尤其是老先生，是数学教授。有一次，老先生自己一个人来打对账单的时候，我俩在柜台上聊天。他就特别不服气地跟我说，他不管干哪行都非常好，但只有炒股不行，怎么做都是错的。他就问我："奇怪吧，小伙子，为什么我一个教授，就是炒不好股票？这些技术指标我一看就都知道它们的数学原理，我甚至可以利用这些技术指标自己再编一些东西，但我就是赚不到钱，为啥？"

那个时候，我不知道答案，只是在跟他聊天，或者说是在安慰他。现在，我能够体会到了。让他赔钱的可能有好多种因素，但首先是他的想象力肯定不够好。其次，他的情绪控制肯定不怎么样。

情绪控制得好，一般来讲不会亏大钱。如果想象力很好，想赚钱其实并不难，也许就是那么一层窗户纸。很多人可能基于事实和数据这两块都没问题，但是情绪控制和想象力不过关。想象力本身也是我的短板，也需要提高。

二、情绪对人的影响

先跟大家讲讲我自己的经历。我做这么多年交易，也有情绪失控的时候。2004 年，刚学豆子的炒单，第一天我亏了 500 多元，第二天亏了 300 多元，第三天亏了 50 元，后边连着好几天，都是这种微赚微亏的状态。但是有一天，我做失控了。那天，我一上午做了 40 笔交易，一次对的都没有，下午就开始反过来做。看涨的时候，我就故意下空单；看跌的时候，我就故意做多。那时，我已经完全失控了。

还有一次是2014年，某天晚上，我针对美国的一个数据赌行情。本来打算美国出这个数据之后再做，结果抖机灵，在2点钟出数据之前，1点58分的时候，我突然间觉得应该下跌，然后就空进去，空进去了之后，2点钟数据出来，直接跳涨2%。凭借交易员的本能，那个价格一闪，瞬间我就敲了平仓。在平仓的那一刻，我心里有一种强大的预感，自己平的一定是最高的价位，一定平在了最差的位置。平完之后，两分钟之间就跌到我开仓的位置，并一路下去。当时我很失落，觉得自己干了一件很傻的事情。

一般来讲，我很少因为交易发脾气，或者情绪失落。从这里头我能够感受到，像我这种不太容易激动，或者不太容易失控的人，一旦失控起来是挺可怕的。所以，我对交易的控制很谨慎。比如，交易室里好多人打网游，我不打，因为我怕控制不住。我戒掉了烟，但是对于网游我未必抵抗得住诱惑。在情绪控制上，我们每个人都应该自律，从开始就不要做。

三、失控，在所难免

在我的交易生涯和我带的学生中，失控是每个人都会有的情绪，不管谁都会经历，关键是在这种情绪到来时你应该做到两点：第一，要能意识到；第二，在意识到了之后要马上补救，将损失降到最低。其实大多数人都能意识到，知道自己在搏命，但只是知道了，不想去善后。比如，被套1元之后，你会本能地认为再跌两毛三毛都不是钱。其实这就是有没有人提醒，如果有人提醒，还是很容易避免的。

就情绪而言，没有更好的训练方法，只能靠大家互相提醒。如果钱比较多，找一个人帮你报单，也许是最好的办法。只要跟报单员交代清楚到哪个价格给你平掉，真到那个价位的时候，你不要反悔就行。事前把容易失控的概率降低，克制住自己，什么也不做，比事后补救要容易得多。

四、我对情绪的反思

跟交易相关的人性弱点，一个是贪婪，一个是恐惧。一般来讲，贪婪释放情绪是比较慢的，是脉冲式的，一次，再一次；而恐惧的释放非常快，是集中式的。比如，2015 年 11 月 27 日，下午两点多，突如其来的恐惧一下集中释放。

贪婪和恐惧，是根植于人性的，根本就没有办法克服，我们也不要想着去克服。我们能做的就是事后或者事中去弥补一下。这是人性，要是把这都克服了，就没人性了，没有人味儿了，人毕竟不是机器。从另外一个角度来讲，我们也要正确理解盈亏同源。比如你赚钱可能是因为你的贪婪赚到的，或者因为恐惧避免了赔大钱。所以，两者对你既有好处，也有坏处。你割舍不掉，也不能割舍。真的割舍了之后，你会发现，可能你赢利的那一部分也没有了。

五、我的交易之路

1. 起步

1998 年，当时我还在上大学。我们有一门专业课——国际金融，是讲西方股市的，我当时觉得很有意思。那时候，A 股的行情还蛮好的，我在同学的怂恿之下去开了股票账户。我记得很清楚，自己买的第一只股票是稀土高科（旧名），我同学买了云南铜业。我当时没多少钱，刚刚够买 100 股，赚了两三天，然后就开始被套，很痛苦，因为要等着钱吃饭，就把这只股票砍了。那是一次客串。

2000 年，我去证券营业部实习，一下就喜欢上了这个地方，觉得太刺激了，当时帮客户打一张对账单都能收 5 角钱。我们那个营业部热火朝天，每天可以看到很多人在里面跑来跑去，很多人炒 B 股，有大户室、家庭大户室，用 ISDN 专线做交易。对于我来说，一切都很新鲜。我在那儿实习，1 天有 100 元补贴。大家可以想一下，那时的证券公司多么财大气粗。我们营业部的马路对面就是振鼎鸡，每天中午跟着同事去吃振鼎鸡，下了班还能领 100 元回家，真的非常开心。所以，暑假过完，我就下定决心要做证券从业人员。

大学毕业，我自己找到了证券公司这条路。进来以后，我运气很好，跟着一个老手，帮他敲了将近一年单。我当时胆子特别小，以为错单要自己赔，怕赔不起，所以我没有错单。通过那段时间的锻炼，我对交易的理解比原来要多多了。所以，我挺感激那时候能有这样的机会。当时，别人不愿意做这件事情，我很愿意做。我那时一敲就是好几万股，现在买 300 万股都不一定能上排行榜，但是当时买 3 万股就能上股民排行榜。那时候我很痴迷交易，每天自己画 K 线图，这是我的起步阶段。

2. 发展

真正开始进行自己的长期实践，是从 2002 年开始，我主要做短线。现在做短线的环境比那个时候好太多了，当时手续费很贵，佣金为 1.65‰，印花税约为 3‰，光这两项一年就要做掉一倍多的本金。当时算下来，我第一年的收益率不到 10%，第二年的收益率将近 20%。

在这个阶段，其实自己懵懵懂懂地抓住了一些书本外的东西，比如当时就想着追板：怎么追这个板？这个板的角度、斜率怎么样？下午 2 点以后的板怎么追？上午 10 点以前的板是闭着眼睛必追的。一天两个来回，就这样，我积攒了大量的交易经历，交易经验长得飞快。在股票领域，一直到了 2004 年、2005 年的时候，我才有底气，已经可以确保在股票上不赔钱。当时，我信心很足，觉得已经形成了自己的交易体系。但是到了 2006 年，我的信心又开始动摇了。

2006 年，指数从 1 300 点涨到 2 000 点，几乎没有特别大的回调，是一轮超级大行情，但是我却放跑了无数只大牛股。比如：4 元的股票，我买了，然后在 4.6 元时我走了，结果这只股票涨到 40 元；10 元的股票，我买了，吃两个涨停板后，我跑了，结果这只股票调整三天，连头都不回，一路涨到 35 元。

我的信心开始动摇，觉得自己完全不能应付新的格局。那段时间是我看书最多的时候，有一阵子，我很痴迷找那些所谓的 tenbagger（十倍股），现在想想其实挺幼稚的。因为十倍股其实是小概率事件，但当时不懂。2007 年，我不敢做了，在“5·30”之前就溜了，一听说要加印花税，听到这个提法我就溜了。2007 年的下半年，我以打新股为主。2008 年一年，我除了手上有一个 ST 量不大，被套住了以外，别的基本上就没做过。这期间做了点债券，也是我的老本行，算是尝到了甜头。

2008 年，我深刻地体会了市场的残酷。大家现在看到的是冷冰冰的 K 线，但是当时我看到的是活生生的人。第一轮，大盘从 6 000 多点杀到 3 000 点，半年跌了一半；第二轮，大盘跌幅 75%

以上，大多数个股跌掉 8 成市值。在第一轮杀跌后，当时一些巴菲特的信徒抱着“如果你不想持有一年，就不要持有一秒”的目标，一个个踌躇满志地抄底优质蓝筹股，结果被无情地腰斩再腰斩。我眼睁睁地看着他们从千万富翁变成了百万富翁、“负翁”。经历过那次股灾，“股神”的神话在我心里破灭了。

3. 体系

2009 年，我觉得自己通了，知道赚在哪儿，也知道会赔在哪儿了。因为截至 2009 年，我走完了两轮完整的牛熊布。但是前面那一轮，我在做短线，根本就没有考虑过牛熊布。所以，很多人觉得自己会了，但连一轮完整的牛熊市都没经历过，他们的经验不可靠。

经历过这一轮，我彻底地搞清楚了自己的体系，知道了自己的专注，也知道了自己的能力到底在哪儿，应该怎么做。从那时候开始，我已经意识到，做投资也好，做投机也好，要把它当成一项事业，而不是把它当成一个爱好。如果你把它当成一个爱好，纯玩票了，那也无所谓。但是你要想在这一行有所成就，还是要把它当成一个事业。所谓事业，就是自己可以做好久。你抱着这个念头去做的话，会主动地去形成自己的体系，构建自己的体系。

我比较幸运，在构建自己体系的过程中，得到过很多人的帮助，有很多人指导过我，告诉我应该避免什么。其实，领路人给你带来的技巧很少。因为他的技巧也许适合他不适合你，但是他会告诉你，这条路是行不通的，或者那里是有陷阱的。也许他不能教会你该做什么，但是一定会告诉你不能做什么，这个很关键。一旦知道了不能做什么之后，你就可以排除一个错误答案，难度立刻就降低了。

本来是 4 选 1，现在变成 3 选 1 了；如果原来是 2 选 1，那现在就已经只剩唯一一条正确道路。所以，从那个时候开始，我自己也是一步一步地在修正自己的交易体系。

4.在路上

到目前为止，我只能说，我还是在路上。还是一个学习者，就是我说的，我也还是个孩子，正通过自己的努力在学习。在所有交易者中，我天分应该不算好的，但我是一个挺努力的人，每天大概有 16 个小时是在交易上。我觉得如果大家都这样，想不成功其实都很难的。

六、晋级三部曲

我认为，一个合格的交易者，晋级路上必须要经过三道槛。

1. 赚过一次大的

你一定要深刻地知道，自己为什么赚的这笔钱、怎么赚的，甚至赚这笔钱的过程中的波动，包括心理波动，也要能完全记下来。

2. 赔过一次大的

就是说，你要知道自己错过一次很离谱的。一般来讲，赔得最大的都是自己的钱，因为自己觉得无所谓，觉得心里承受得起，会赔个超级大的。

3. 可以稳定赢利

赚过一次大的，知道什么是该你赚的；赔过一次大的，知道什么是你最容易赔的。一个给你信心，一个给你警惕。当你赚过大的也赔过大的，现在可以稳定赢利了，那你基本上就合格了。

相应来讲，大概 99% 的人都是不合格的。所以从这个角度讲，我们现在都是学习者，还都在路上。写这一章的时候我远远没有写前面几章的自信。为什么？因为前面那些章节，可以说是我领着你们做，但是这一章是我在探索的东西。这条路是很难的，每个人都是因为执着才能走到现在。而正是因为执着，你可能会遭受非常大的损失。这本身就是一个矛盾。所以，学无止境。

第二节　反身性理论

一、发现反身性

> 市场并不是像教科书所讲的那样理性和有效，而是具有高度的不确定性和反身性，这会带来泡沫和市场的崩溃。

这是索罗斯《金融炼金术》里的话，我推荐大家去读一下这本书，好好体会反身性的东西。我事先要跟大家说，这本书是很枯燥的。我当时买完以后根本就看不下去，这老头儿在说什么，完全不懂。虽然我当时强迫自己把它看完了，也没什么感触。一直到后来，我看了一篇文章，这篇文章也是一个美国人写的，他反思道：美国从互联网泡沫破灭到 2002 年美股复苏，再到 2007 年金融危机，然后全面崩溃。他分析了美国经济从房地产复苏，一直到房地产泡沫盛行，最终泡沫被捅破的所有金融现象、交易现象以及市场表现。

我看这篇文章的时候，突然想到了《金融炼金术》里面讲到的反身性，当再把这本书翻出来看的时候，发现它真的好有道理。

从那一刻开始，我再去观察一些相当长的交易逻辑时都会想，这个交易逻辑里有没有反身性存在？如果有反身性存在的话，这个反身性会体现在哪里？或者现在已经到了反身性的哪一个阶段？在我接触的交易理念中，我认为反身性可以很完美地解释市场运行波动，运用这种理论是可以赚到大钱的。

二、价格围绕价值波动的本质

下面，我介绍一下什么是反身性。反身性其实很简单，就是我们学过的马克思主义政治经济学原理里面经常说的一句话：价格围绕价值波动。

反身性理论是这么理解这个世界的：基本面是客观存在的，价格是主观判断的。反身性理论认为，价格永远不会与基本面趋于一致。为什么呢？因为价格是人们主观形成的，人们的主观情绪导致价格的形成，而价格又反过来影响人们的主观情绪。换句话讲，你对这个东西看涨，当你看涨的时候，就会去行动，去买它，它的价格自然就会涨；而这又会影响更多的人看涨，他们看涨之后也会买它，导致它的价格进一步上涨，这就是反身性。就好像我们左右脚在互相踩，然后又弹了200丈的高度。反身性理论认为，整个市场均衡的时候非常少，甚至是没有的。我认为这从很大程度上揭示了价格围绕价值波动的本质。我第一次接触这个理论的时候没看懂，后来发现它以后，觉得里面有很多东西是值得我们耐心琢磨的。

三、我理解的反身性

1. 反身性的三个阶段

我认为：如果有反身性存在的话，我们应该尽快地识别这个反身性处在什么阶段。我把它分为三个阶段：第一，形成阶段，这个阶段是价格开始抬头，刚刚开始突破的时候；第二，自加强正反馈阶段，这个阶段是加速的阶段；第三，最后一个阶段，在这个阶段主观判断的价格和基本面的背离达到极致。

2. 反身性起于平衡市

平衡市（也叫震荡市或无规律市）是没有反身性的，但是反身性应该源起于平衡市或者震荡市。也就是说，它是从平衡和震荡中找到了一种自加强的方向。在这个方向里，它选择了自加强。或者说，就是因为有了这个自加强的外在基础，它才会去选择这个方向。而且，它一定会向一个能够让它的趋势加强的方向去运行，而不是走向另外一个方向。

3. 反身性的本质在于趋势自加强

这方面最典型的例子是2002年兴起的房地产大牛市。1996年，上海房地产市场有过一次牛市，后来迅速地崩掉了，之后一直波澜不惊。从2000年开始，上海市政府推出了许多刺激房地产的举措，其中比较有名的是买房送蓝印户口、买房退税，但是各种各样的措施始终不太起作用，一直到2002年开始的城市大拆迁。

大家有没有想过，这一轮房地产牛市的起点在哪儿？真正意义上的我们收入的增加，其实是在2001年以后，所谓改善型需求的人多了起来。原来靠工资买房跟现在困难差不多，是买不起的。但是为什么当时有钱买房子呢？因为所谓的城市改造（市政工程）让政府把土地价值盘活了。土地价值被盘活之后，一定是助推楼价的，这个价格一形成，自我强化立刻就出来了。

大家想象一下：因为楼价在涨，所以大家都往楼市里面涌，银行开始大量地提供按揭贷款，楼市越涨银行按揭就越积极。我的一位大学同学，在2003年的时候有上百套房子，那是什么概念？他自己就是小银行。所以，这其实就是一个趋势的自强化。刚开始的时候是北京房价比上海贵，后来上海房价比北京贵得多，北京房价又上来，两个城市的房价就一直比着涨，这个趋势自加强一直持续到今天。中间只有小幅的，可能一年都不到的小下跌。这就是反身性。

美国的次贷危机，也是因为楼市的趋势自加强，反身性出现，房地产市场复苏，大量的资金进入房地产市场，因为房地产市场赚钱，更多的钱涌进来，银行也投身到这个市场。穷人买不起房没关系，给他们次贷产品，可以把他们的贷款打包，资产证券化卖给卜家。于是进来的钱越来越多，一直到把这个自加强趋势打到离谱。什么时候算离谱？房贷开始有呆坏账，资产证券化打包卖出去的产品收不回现金流，这个游戏大家进行不下去了，次贷危机爆发。

四、运用的难点

我自己对反身性的理解是，反身性的本质也在于一个趋势的自加强。但是在运用上面，其实是很有难度的。这里面有两个最核心的问题。

1. 到底有没有反身性

现在，股票市场有没有反身性？对于这个问题，只能说有了融资融券之后，它的反身性大大加强了。原先没有融资，没有外来放大的杠杆资金，它的趋势自加强是很难的。有了融资，再加上我们的做空手段不完整，所以它的趋势自加强就更加容易了。中国市场为什么没有慢牛？中国市场有融资，没有融券，有做多，做空力量很小，做空一下人人喊打。在这样的市场里，朝上的反身性特别容易出现，但往下很难。

反之，现在大宗商品是不是另外一种反身性？对于大宗商品的生产商来讲，价格下跌怎么办？要么停产，要么死，要么扛价格，要么增产，最后大家全增产。一增产，价格又往下跌，跌了之后还要去弥补利润。怎么弥补？还要靠增产。这是商品往下的反身性。2015 年的 A 股市场出现的就是特别典型的往上的反身性，一涨，疯牛，管都管不住。配资一打，杠杆一拆，又暴跌。

在反身性上，我们可以去考量很多东西。

2. 我们怎么去识别现在反身性的阶段

如果是酝酿阶段，我们应该观察，看看这个反身性能不能起来。如果这个反身性成立的话，我们应该大力地做趋势，在这个反身性很离谱的时候，我们应该十分警惕。

如果看一下索罗斯的交易，你会发现他有很多试错的交易。他是在试什么？现在你让我去理解他的这些试错，我觉得他实际上是在试现在处于反身性的哪个阶段。一旦试出来是哪个阶段，他可能就全力以赴地做。你会发现，索罗斯做的趋势类的操作全是这个样子的，不管是之前做白银还是空标普，他前面一定有一个试的过程。

他在试什么呢？就是在试这个反身性到底有没有。他肯定有自己的判断依据，或者他是在盘中试自己的感觉。如果所有的试单都是赢利的，他可能就认为自己的方向是对的，趋势自加强一定会出现。

第三节　牛市三部曲

一、牛市三阶段理论

对于反身性的理解，可以跟大家聊一聊我的一些思考，这些思考和我们前面说的情绪和梦想实际上是一回事。这些思考是我在2010年的时候总结的。我认为一轮牛市可以分为价值发现、价值重估、价值幻想三个阶段。

对应反身性的三个阶段，牛市这三个阶段可以这样定义：价值发现阶段就是赚钱效应的正反馈，也就是说它是赚钱效应的反身性酝酿阶段；价值重估阶段其实就是一个趋势的自加强阶段；价值幻想阶段是最离谱、脱离常识的阶段。

这和我们的情绪和梦想也是对应的：价值发现的时候，我们的情绪是从低潮期往兴趣期过渡；价值重估的时候，我们是从兴趣期到了高潮期；价值幻想就是已经稳定在高潮期了，这其实已经不是情绪了，已经从幻想过渡到了梦想阶段。

二、价值发现阶段

1. 价值发现阶段的行情特点

价值发现期在过往的几轮行情里比较典型的，2013年到2014年就出现过一次，再往前是2004年到2005年的那次。这两次的间隔刚好是 10 年。

在价值发现阶段，有以下几个特点。

第一，长期下跌之后的缩量盘整期。

大家可以自己去看，这个缩量盘整期越长，底部就越扎实。尤其是 2004 年、2005 年的时候，那个底部时间特别久，很磨人。上证指数一天的成交量才二十几亿元，有的股票一天连一笔成交都没有。

第二，股息率令人满意。

市场上会有一些股息率非常好的股票，我们把这种股票叫作“现金奶牛”。比如 2004 年、2005 年的佛山照明、新兴铸管，股息率基本上能到 4% 或 5%。2013 年、2014 年的宁沪高速、建设银行，它们的股息率同样也很令人满意。

第三，期指从贴水走向升水并有反复。

我们可以看 2013 — 2014 年的那一轮行情，期指是从贴水走向升水，并且来回反复的。

第四，非周期行业估值低。

大家对于这一点的争议特别大。很多人觉得，现在的市场估值不高，比如银行股的平均市盈率就非常低，那为什么看起来一点也不像价值发现阶段？我的观点是：周期行业在牛市顶端的时候，它的市盈率是最低的；在牛市起步的时候，它的市盈率反而是比较高的。所以剔除周期行业之后，观察非周期行业的估值是高还是低才是关键。比如现在的医药、消费类股票，它们的市盈率并不低。

2. 价值发现阶段的情绪特点

大家可以想一下，在价值发现阶段，市场情绪的特点是什么？

这个阶段市场的情绪特点，让我用一个词来形容就是半信半疑。有人觉得很便宜，股息率很好，可以买；有人觉得，这也许是假的，可能明年就没这么好的东西了。大家争议比较大。

在这个阶段，我们最常见的持股原因是什么？就是红利好。我很尊敬这样的人。在这么差的情绪环境里面，他们依然认为自己买的这只股票的股息率很好，真的挺了不起。说实话，让我在熊市特低迷的时候还去拿着股票，我是做不到的。这是性格问题，不确定的东西我不太想碰。在价值发现阶段，有底气拿股票的，基本上都是真正的价值投资者。我认识的朋友中，尤其是 2005 年坚定买股票的朋友中，真的有很多大神。

这个情绪特点，其实也蕴藏了一个真理：真正在底部的时候，能够扎扎实实赚到钱的人是很少的。这个时候大部分人不是在想怎么去买股票，而是想着自己只要解套了，立刻就溜了。我在小说里也写到过这样的场景，其实这些场景真的是我切身经历过的。跌破 998 点那天早上，我这么说一点都不夸张，整个交易大厅的人连一桌牌都凑不齐。有个客户过来跟我说："来，跟我们打牌吧。"我还跟她说："今天是见证历史的时刻，从四字头跌到三字头。"结果那个阿姨跟我说："你记着，以后每天都是历史。"她的意思就是说：以后天天都是三字头。最后当跌破的那一瞬间，整个交易大厅里股民都在鼓掌，自暴自弃，不把钱当钱，跌破 1 000 点在鼓掌。但实际上 10 点钟瞬间漏了一下，马上就冲起来。冲起来的时候，我跑到楼上大户室，一片静悄悄，很多人在抄底。这是一个多么神奇的现象！很多东西你经历过之后再去回想，真的挺值得回味的。所以，这个时候的情绪特点就是，半信半疑、有点犹豫，甚至是自暴自弃。

三、价值重估阶段

1. 价值重估阶段的行情特点

这一阶段的行情特点主要有以下几个。

第一，经历过了一段上涨。

第二，各板块基本表现一轮了。

第三，期指以大升水为主。

这个阶段的期指一般都是以升水为主，尤其是在国内，下次再来重估阶段的话，我认为一定还是大升水。

第四，市场活跃度很高。

大升水就意味着杠杆的价值更高一点，市场的活跃度很好。

2. 价值重估阶段的情绪特点

在这两轮牛市的重估阶段，我见过非常有意思的市场情绪。

比如 2006 年，当时的主线逻辑是股改。第一批四只股票股改完之后都很快就填满权。当时我们还在犹豫到底要怎么搞。有的经济学家说这就是实质性地推倒重来。花荣说，这是千载难逢的买入机会。他认为：原来政府是以市价卖给你，现在不光不是以市价卖，还给你补偿，10 送 3 不就是给你补偿吗？先跟你商量，对价给你，然后才换取自己的流通权，完全把自己跟你的利益绑到一起了。按照他当时的观点，应该砸锅卖铁买股票。但是，许小年就认为大盘要跌到 800 点。当时的争议非常大。

在这个过程中，因为主线逻辑是股改，所以价格重估的逻辑链是非常清楚的：只要股改，我们就往股改上冲，只要是进行股改的我就让你涨，谁进行股改谁的股票就涨，大家的情绪一下就变了。

原来研究基本面的，不研究基本面了，既然重估是以股改为标准，那我们就去找进行股改的股票，只要股改的股票，一报预案，先打一通涨停。所以进行股改的前六批股票，几乎是公布一批，涨停一批。

2015 年的主线是什么？2015 年的重估是以中字头的股票为主的，涨不是因为股票名称的后面两个字，而是因为前面俩字是“中国”，这些就是 2015 年最强的那轮牛市里冲得最猛的股票。这其中的原因有两个：第一，这些股票是“带路党”（股票），中国出击海外的龙头；第二，这些企业是国企混合所有制经济。这是 2015 年的行情特点。至于大盘股搭了台，指数冲起来之后，小股票开始疯狂地表现，那就是另外一回事儿了。

价值重估阶段的情绪特点实际上就是：抓着一个主线拼命弄的时候，也是反身性最强、主线逻辑最突出的时候。所以 2015 年最坚决的板块是券商，连“带路党”（股票）都没这么坚决。这轮行情从 2014 年 11 月启动，一直涨到 2015 年 1 月 19 日，最后是证监会把券商股掐死了。这是最坚决的一个大型板块，几乎所有券商股都涨了 3 倍，这其实就是重估的标志。因为市场活跃了，牛市回来了，所以我们要给牛市重新定价。原来市场是熊市，我们给券商定了一个价，现在市场是牛市，我们给它另外一个定价。是谁把这条路给断了？大家都知道，因为所有的打击都是冲券商来的。

四、价值幻想阶段

（一）价值幻想阶段的行情特点

1. 期指大贴水

在价值幻想阶段，期指一定是大贴水。为什么呢？因为聪明人开始看空了。但是期指大贴水不是充分条件，而是必要非充分条件。看到大贴水，一定来熊市？这可未必。但是熊市前面一定能看到期指的大贴水，我相信聪明人一定存在。

2.交易异常活跃

交易量和换手率非常高。如果你做的那只股票的换手率经常维持在 20% 以上，这只股票真的是可以放弃的。长期跑赢指数的个股，一定是波动率低的个股，而不是波动率高的个股。所以，如果看到一只股票换手率很高，维持很大的一个量，而且始终不收敛，那么就要非常小心。如果这个价位还是在相对高位，比如已经有了 2 ~ 3 倍的涨幅，那么在这个位置就应该出逃。你可以留 2 000 股做种，但是不能把赚钱的希望寄托在这上面。

3. 非周期类个股估值偏高

比如医药、消费、公用事业类的股票，包括高速公路、机场类股票，这些股票的估值都在偏高的区间。

4.指数波动率增加

指数的波动国内最强，如 2015 年 11 月 27 日应该是三个 Σ 。

（二）价值幻想阶段的情绪特点

1.交叉持股类的个股会涨得特别猛

“因为我持有你，所以你持有我，所以你涨的时候我一定要涨，我涨了确认了你的上涨。”这是当时大牛市时被说得最多的一句话。

2. 故事很宏大

这个市场讲的故事都很宏大，只要一讲就讲得很遥远。

3. 害怕错过机会的人非常多

市场的参与者是生怕自己上不了车，到哪儿都有人谈论股票，害怕错过机会的人非常多。在 2001 年那轮牛市的顶部，我听到的最响亮的口号是：消灭 10 元以下的股票。当时听到这个口号之后，我也血脉喷张。第一个月挣的工资赶紧存进去买了轻工机械（旧名），我还跟我表姐说了一声，她也买了，结果赔惨了。

4. 都在赚钱，找不着赔钱的人

短线的人在这个阶段赚钱非常容易，甚至生手都在赚钱。在这个阶段，你找不着赔钱的人，大家都在赚钱。

5. 看着调整心不慌

这个阶段最危险的一种状态是认为“这次不一样”。人们当时手上有股票，看着调整，但是心里不慌。

（三）群体梦想

在价值幻想这个阶段，大家的梦想度量，是层层递进的。比如对于行业和上市公司的发展，大家开始是憧憬这个行业和上市公司会如何发展，紧接着会提出一个概念的拓展，比如说这是一个 VR（虚拟现实）概念，最后给你一个口号式的价格目标：一定会出新高！在整个幻想阶段，大家的梦想比较多，但实际上外面的资金是比较少

的，这是幻想阶段的特点。

在这个阶段，以前有人用很多很复杂的技术指标去判定，但实际上，我们只能靠常识。所谓的疯了，就是有别于我们的常识了。

在上一轮牛市中，我认为什么时候是疯了？就是中国石油上市的那天。我们的一个大型机构客户打新股中了 80 万股中国石油，一开盘看到开盘价，立刻 80 万股砸下去，砸下去之后分笔成交明细是人均一笔成交 400 股。大家可以想一下，谁在买？散户在买。

那个时候我就基本上确认，已经到顶了，后面也许深不见底。但当时说这话根本没人会信，我虽然看空，但也没想过后来能跌得那么惨。我从 4 000 点就开始打新股了，觉得能调整到 4 000 点 吗？我当时真不知道。当时的情况给我的感觉就是：我 4 000 点卖的，调整到 4 000 点，等于我不赚不亏；我肯定不会来，至少要到 3 000 点。当时你会想到要跌到 1 600 点吗？不太可能。所以，这些很难去度量，只能靠常识。

本章小结

操作为王

关于操作，我给大家总结了以下几点。

1. 中长期选择一个方向

如果我现在做一个长周期的话，肯定只会选择一个方向，所以本质上我已经抛弃了平衡市。比如我现在看多，才会过来做多，那么在做多的过程中，我可能一笔空都不会做。我就是买，涨多了，减一些量，股价下来之后再加回来，这样滚动地做，但是，中长期我只会选择一个方向。很多人总是试图多空都吃到，尤其是在商品期货上。包括现在很多初学日内交易的人，我也跟他们说得很清楚：以你们眼下的水平，每天就认准一个方向做，不要做两个方向，做两个方向会非常难受。

2. 在操作实践上要有底线思维

不管怎么样，我不能只认一只股票，输到一定程度，就血本无归了，一定要站起来。还有一点是，随着趋势一直在往后运行，你的量应该是逐渐缩小的，而不应该逐渐变大。比如做 200 万元的头寸，涨了一倍之后翻到了 500 万元头寸。为什么牛市里面大多数人赔钱？就是这么赔的。底下的单子太薄，上面的单子太厚，2 000 点的时候没做，一旦觉得牛市来了，别人都挣了大钱，才觉得自己挣这么点那怎么能行？满仓加融资，结果一轮大跌，反而牛市赔钱了。

3. 用月线等长周期参数去考量

你看看上证指数在 6 124 点时上升的月线图会不寒而栗，已经涨 6 倍了。指数涨 6 倍，我们还在坚持做多，简直是疯了。一年之后看，真的觉得是疯了，但是当时你看过月线图吗？你如果当时看了月线，就不会那么笃定地认为要涨。

包括 2015 年，如果看过月线图的话，8 月底 9 月初的时候，你也不会那么笃定地认为要崩盘了。时不时扫一眼月线挺有效果的，最起码让我们在大方向上不会太离谱。

4. 做之前想清楚

很多人做之前从来不研究基本面，做之后滔滔不绝地讨论基本面，开始变成一个长线交易者。一般来讲，买之后才变成长线交易者都是被套的人。

5. 杠杆交易不能太固执

很多分析师不能做杠杆交易的原因就在于此。分析师总想证明自己是对的，所以很固执。我们是要赚钱的，不是为了证明自己是对的。要明确这一点，不要太固执，尤其是在杠杆上。

6. 慎用把利润赌光

凡是抱着要把利润赌光的心态去赌的，基本上都把利润赌光了，你们也可以自己试一下，看看自己是不是也是如此。

7. 想象力锻炼

我就是一个非常缺乏想象力的人，但这个市场很需要想象力。比如微博上我挺佩服梁瑞安的，他敢想：铁矿石要跌破 300 点，玉米要跌破 1 300 点。不管有没有发生，至少他敢想，这是超越市场普遍观点的。比如他和别人对赌铁矿石，对赌棉花，都还实现了。许小年直接说要跌破 800 点，多少年他都是这个论调：要崩，要崩溃。谢国忠也挺有想象力的，说了那么多年房地产市场崩溃，就没对过。这已经不是我们要的想象力了。真正的想象力是他想到了，也去做了，并且确实如他所想实现了。所以，想象力是需要锻炼的，不是拍脑袋想出来的，而是经过深思熟虑的。

8. 要学会在矛盾的观点中思考

矛盾的观点，有可能是自己的，也有可能是你听两拨人的观点得来的，一拨看多，一拨看空，令人非常矛盾。怎么在这种矛盾的观点里吸收有用的东西？我的经验是：在听别人聊的时候，就试图去找他逻辑上的漏洞，如果他的逻辑上没有漏洞，那么我就认为他的观点是正确的，至少是我不能证伪的。我们要学会跟别人交流这些观点，在互相矛盾的观点中筛选、过滤，最终吸取自己所要的观点。

结　语

可能很多人听过我的课或看了这本书，会觉得难度太大，学不会，也没有精力学。印象最深的是 10 年前曾经有人跟我说：一个交易员白天可以交易 A 股，晚上可以交易美股，偶尔还做商品。我当时觉得这不可能，他是在吹牛。10 年前，有人告诉我说我现在可以做这么多东西，我完全想象不出来。

但是现在到了我这个位置，我不觉得这有多么了不起。这些东西是人人都可以学会的。10 年前无法想象的事情，现在我不光能想到，甚至已经做到了。很多东西在时间面前就是一层窗户纸而已，坚持去做就能做到。一方面，我希望你们不要妄自菲薄；另一方面，也希望你们能有一个目标，不要单纯局限在股票市场。因为抛开股票市场，还有很多东西都是可以做的。

致 谢

这是一本很特别的书。主要内容来自我在网上的在线视频课程。

结构十分完整，从最初的普及类知识一直到非常专业的套利交易，涵盖了整个交易领域，更记录了我数十年交易之路的探索过程。

本书的出版凝聚了很多人的心血和付出，希望我们可以在交易之路上越走越好。